Lineke Burmeister

Gastgewerbliche Berufe in Lernfeldern

Prüfungsvorbereitung
Fachkraft im Gastgewerbe
Fachmann/Fachfrau für Systemgastronomie

1. Auflage

Bestellnummer 93216

Bildungsverlag EINS
westermann

Die in diesem Produkt gemachten Angaben zu Unternehmen (Namen, Internet- und E-Mail-Adressen, Handelsregistereintragungen, Bankverbindungen, Steuer-, Telefon- und Faxnummern und alle weiteren Angaben) sind i. d. R. fiktiv, d. h., sie stehen in keinem Zusammenhang mit einem real existierenden Unternehmen in der dargestellten oder einer ähnlichen Form. Dies gilt auch für alle Kunden, Lieferanten und sonstigen Geschäftspartner der Unternehmen wie z. B. Kreditinstitute, Versicherungsunternehmen und andere Dienstleistungsunternehmen. Ausschließlich zum Zwecke der Authentizität werden die Namen real existierender Unternehmen und z. B. im Fall von Kreditinstituten auch deren IBANs und BICs verwendet.

Die in diesem Werk aufgeführten Internetadressen sind auf dem Stand zum Zeitpunkt der Drucklegung. Die ständige Aktualität der Adressen kann vonseiten des Verlages nicht gewährleistet werden. Darüber hinaus übernimmt der Verlag keine Verantwortung für die Inhalte dieser Seiten.

service@bv-1.de
www.bildungsverlag1.de

Bildungsverlag EINS GmbH
Ettore-Bugatti-Straße 6-14, 51149 Köln

ISBN 978-3-427-**93216**-1

westermann GRUPPE

Fachkräfte im Gastgewerbe

Fachkräfte für Systemgastronomie

Vorwort

Mit dem vorliegenden Werk möchten wir Sie auf die theoretische Prüfung in den Berufen Fachkraft für Gastgewerbe und Fachmann/Fachfrau für Systemgastronomie vorbereiten. Die erste Hälfte des Buches beschäftigt sich mit Prüfungssituationen des Berufes „Fachkraft für Gastgewerbe" und die zweite Hälfte beinhaltet die Prüfungssituationen des Berufes „Fachmann/Fachfrau für Systemgastronomie".
Es handelt sich hier vor allem um die Vorbereitung auf die schriftliche Prüfung. Allerdings können während der praktischen Prüfung Fragen gestellt werden, die Sie theoretisch wissen müssen. Sie werden beim Durchblättern erkennen, dass die Aufgaben als Situationsaufgaben formuliert sind, wie Sie sie wahrscheinlich auch aus Ihrem Fachunterricht in der Schule kennen. Wichtig ist, dass den offen formulierten Fragen sogenannte Unternehmensbeschreibungen und Situationen vorangestellt sind, die wichtige Informationen zu den im Anschluss folgenden Aufgaben enthalten (können). Sie sollten diese Situationsbeschreibungen immer für die Lösung der Aufgaben im Hinterkopf behalten, um nicht die Lösungen in einen falschen Zusammenhang zu stellen und dann falsch zu beantworten. Die im Anschluss vorgeschlagenen Lösungen sind lediglich als Vorschlag zu verstehen, zu denen auch weitere individuelle Lösungen passen können.

Um die Lesbarkeit zu verbessern, wurde in diesem Buch für die Berufsbezeichnung nur die männliche Form verwendet. Natürlich sind damit gleichermaßen Frauen wie Männer gemeint.
Eine Prüfung ist eine außergewöhnliche Situation und fordert sehr viel Aufmerksamkeit und Energie. Folgende Tipps können Sie bei Ihrem Lernprozess unterstützen:

TIPP 1

Ernähren Sie sich gesund!
Die meisten Prüflinge fangen besonders in der Vorbereitungszeit an, sich anders und meist kalorienreicher zu ernähren. Dabei bewegt man sich meistens etwas weniger, weil man viel sitzen muss. Nehmen Sie sich ausreichend Zeit gesundes Essen zuzubereiten und auch für die Mahlzeiten sollten Sie sich ausreichend Zeit nehmen. Sehen Sie die Mahlzeit als gesunde Pause in Ihrem Lernprozess. Gönnen Sie sich diese Zeit.

TIPP 2

Bewegen Sie sich!
Unser Gehirn arbeitet am besten, wenn „es" sich bewegt. Die meisten Prüflinge bewegen sich in solchen Vorbereitungszeiten eher weniger. Das erschwert das Lernen an sich. Um weiterhin in Bewegung zu bleiben, hilft es, seinen wöchentlichen Sport beizubehalten.

TIPP 3

Machen Sie regelmäßig Pause und schlafen Sie ausreichend!
Kurz vor der Prüfung lernen wir meistens sehr viel. Es hilft, wenn Sie die Intervalle zwischen Lerneinheiten und Pausen nicht zu lange machen und regelmäßig eine Pause einlegen. Ein Nickerchen kann beispielsweise dazu beitragen, dass die alltägliche Leistung des Gehirns verbessert wird. Der temporäre Speicher wird aufgeräumt, es wird Platz für neue Informationen geschaffen, Informationen werden in den Langzeitspeicher verschoben und die Erinnerungen des Tages werden verfestigt.

TIPP 4

Seien Sie konsequent!
Versuchen Sie aber, Ihre Pausen nicht zu lange zu machen. Darüber ärgern Sie sich dann meistens hinterher. Arbeiten Sie systematisch und konsequent. So kommen Sie an Ihr Ziel.

Was wird geprüft?

Die Abschlussprüfung besteht aus einer praktischen und einer schriftlichen Prüfung. In der praktischen Prüfung wird die Prüfungskommission herausfinden wollen, wie Sie Ihr Wissen, dass Sie sich in den vergangenen drei Jahren angeeignet haben, anwenden. In der schriftlichen Prüfung wird die Prüfungskommission berufsrelevantes, aber auch allgemeines Wissen in Bezug auf den Beruf abfragen.

Schriftliche Prüfung

Fachkraft für Gastgewerbe	**Fachmann/Fachfrau für Systemgastronomie**
Teil 1: Prüfungsbereich „Produkte und gastorientierte Dienstleistungen" • Umgang mit Gästen, Beratung und Verkauf • Einsatz von Geräten, Maschinen und Gebrauchsgütern, Arbeitsplanung • Grundtechniken der Verarbeitung ausgewählter Rohstoffe	Teil 1: Prüfungsbereich „Systemorganisation" • Gastronomiekonzepte • Qualitätssicherung • Marketing • Aufbau- und Ablauforganisation
Teil 2: Prüfungsbereich „Warenwirtschaft" • Bedarfsermittlung und Lagerhaltung • Inventur • Preisermittlung	Teil 2: Prüfungsbereich „Steuerung und Kontrolle, Personalwesen" • Kostenkontrolle • Kennzahlen • Warenwirtschaft • Personaleinsatzplanung • Personalverwaltung und -beschaffung
Teil 3: Prüfungsbereich „Wirtschafts- und Sozialkunde" • Allgemeine wirtschaftliche und gesellschaftliche Zusammenhänge der Berufs- und Arbeitswelt in diesem Falle werden die Fragen gebunden beantwortet.	Teil 3: Prüfungsbereich „Wirtschafts- und Sozialkunde" • Allgemeine wirtschaftliche und gesellschaftliche Zusammenhänge der Berufs- und Arbeitswelt in diesem Falle werden die Fragen gebunden beantwortet.

Vorwort

Das Buch beinhaltet verschiedene Prüfungssituationen. Ich habe versucht ähnliche Situationen zu schildern, die in einer schriftlichen Prüfung behandelt werden können. Damit kann der Prüfling sich an die Fragestellung gewöhnen und sich in der Beantwortung der Fragestellung üben. Zudem habe ich versucht, die relevanten Informationen aus Ihrem Beruf mit einfließen zu lassen, sodass alle Bereiche des Berufes in diesem Buch vorkommen.

Dieses Werk ist eine Hilfestellung für die Vorbereitung auf die Prüfung, garantiert aber nicht die Vollständigkeit des benötigten Wissens. Auch die im Buch vorgeschlagenen Lösungen erheben nicht den Anspruch auf Vollständigkeit. Weiterhin sollten die Unterlagen der Berufsschule, die Bücher und die Unterlagen Ihres Unternehmens berücksichtigt werden.

Wenn es noch unbekannte Begriffe gibt, dann können diese mithilfe der 3-Stufen-Methode recherchiert und eingeprägt werden:

1. Begriff in einer Suchmaschine recherchieren
2. Die Definition durchlesen
3. Die gelesene Information in eigenen Worten notieren

Ich möchte allen danken, die mich bei der Erstellung dieses Buches unterstützt haben. Auch das Zusammenstellen fiktiver Prüfungssituationen muss man lernen!

Lernen ist ein Prozess, der Zeit benötigt. Nehmen Sie sich diese Zeit, um sich mit Ihrer Zukunft auseinander zu setzen. Ich wünsche Ihnen viel Zuversicht, Erfolg und Glück für die anstehende Prüfung!

Lineke Burmeister

Lübeck 2018

Produkte und gastorientierte Dienstleistungen

1 Unternehmensbeschreibung:
Sie sind Mitarbeiter/-in im Hotel und Restaurant „Heringsdorfer Hof", Kaiserstraße 45, 17454 Heringsdorf (Usedom, Ostseeküste), Telefon: 03838/123456, E-Mail: info@heringsdorferhof.de, Inhaberin: Nadine Müller

1.1 Situation: Auf der Insel Usedom findet in der Zeit vom 06.09. bis 09.09.20.. das Musikfestival „Usedomer Jazztage" statt. Das Hotel-Restaurant beteiligt sich daran. Während des Festivals soll den Gästen ein abwechslungsreiches Programm geboten werden: Im Restaurant wird ein Menü angeboten und während des Diners wird ein Jazz-Duo auftreten. Das Angebot ist auf 80 Personen beschränkt.

a) *Sie sind zurzeit im Service eingesetzt und assistieren dem Chefkoch des Restaurants. Folgendes Menü wird für das Jazzdiner festgelegt:*

Diner zum Jazzabend

Kürbis-Ingwer-Schaumsüppchen

***

Herzhaftes Risotto mit Pfifferlingen

***

Pflaumen-Zimt-Sorbet

***

Lammkoteletts mit Minikartoffeln und farbigem Zucchinigemüse

***

Zimtparfait

Nennen Sie fünf Regeln, die bei der Zusammenstellung der Speisen berücksichtigt werden sollen.

b) *Einer der Gäste weiß nicht, was ein „Zimtparfait" ist. Erklären Sie den Begriff und die Herstellung eines Parfaits.*

c) *Nennen Sie drei weitere Nachspeisen, die zum Menü passen würden.*

1.

2.

3.

d) *Sie müssen den Live-Auftritt des Jazz-Duos bei der zuständigen Institution anmelden. Nennen Sie den Namen dieser Institution und umreißen Sie kurz ihre Aufgabe.*

e) *Nennen Sie drei der Informationen, die Sie dieser Institution zukommen lassen müssen.*

1.2 Situation: Im Rahmen der Aktion „Usedomer Jazztage“ soll im Raum „Kogge“ des Hotel-Restaurants „Heringsdorfer Hof“ eine Tanzfläche mit Bar eingerichtet werden.

a) *Sie werden beauftragt, ein Getränkeangebot für die Bar zu erstellen. Füllen Sie die Liste entsprechend aus.*

Getränke	Marke und Verkehrsbezeichnung
Alkoholfreie Getränke	1. ______ 2. ______ 3. ______ 4. ______ 5. ______
Biere	1. ______ 2. ______ 3. ______
Digestifs	1. ______ 2. ______ 3. ______
Schaumwein	1. ______ 2. ______
Wein (Anbaugebiet, Rebsorte und Qualitätsstufe)	1. ______ ______ 2. ______ ______
Kaffeespezialitäten	1. ______ 2. ______ 3. ______ 4. ______ 5. ______

Getränke	Marke und Verkehrsbezeichnung
Teespezialitäten	1. ______ 2. ______

b) *Die Preise des Getränkeangebots fehlen noch. Der Bankettchef möchte, dass es ‚runde' Preise gibt, damit das Rechnen einfacher wird. Folgende Verkaufspreise werden festgelegt:*

Wein	3,50 €
Bier	3,00 €
Digestif	5,50 €

Errechnen Sie jeweils den entsprechenden Mehrwertsteuer-Betrag.

c) *Als Sie ins Weinlager gehen, um zu entscheiden, welchen Wein Sie für das Getränkeangebot wählen sollen, finden Sie Flaschen mit der Bezeichnung „A.O.C." (Appellation d´origine controlée). Erklären Sie: Was bedeutet diese Abkürzung?*

d) *Erklären Sie, bei welcher Temperatur Rotwein fachgerecht serviert wird.*

e) *Beim Betreten des Restaurants stolpert eine Dame über ein dickes Elektrizitätskabel. Sie stürzt und verletzt sich. Das Kabel war nur schwer zu sehen. Beantworten Sie die folgenden beiden Fragen: Was hätte berücksichtigt werden müssen, damit dieser Unfall nicht passiert wäre? Wer haftet?*

f) *Die Dame, die über das Kabel gestürzt ist (siehe: e), muss vom Krankenwagen abgeholt werden und im nächstliegenden Krankenhaus behandelt werden. Es stellt sich heraus, dass sie am Knie operiert werden muss. Erklären Sie, wessen Versicherung die Kosten für diesen ‚Schaden' übernimmt.*

1.3 Situation: Sie sind erneut in der Bankettabteilung eingesetzt und richten gemeinsam mit einer Ihrer Kolleginnen den Raum „Kogge" her, wo heute Abend getanzt werden kann.

a) *Erstellen Sie passend zur geschilderten Situation einen entsprechenden Plan, wie der Tanzraum und die Bar aussehen können. Benutzen Sie für Ihren Plan ein leeres DIN-A4-Blatt.*

b) *Sie sind verantwortlich für das Mise en Place in der Bar. Was wird dazu benötigt?*

Nennen Sie 10 Beispiele.

1.
2.
3.
4.
5.
6.
7.
8.
9.
10.

c) *Cocktails liegen sehr im Trend, doch leider bietet die Bar noch keine an. Der Bankettleiter beauftragt Sie, zwei Cocktails auszusuchen und eine Liste der benötigten Zutaten und Materialien zu erstellen.*

1.4 Situation: Sie sind Mitarbeiter des Hotels „Heringsdorfer Hof". Sie werden heute in der Warenwirtschaft und Lagerlogistik des Hotelwesens eingesetzt. Es wird von Ihnen erwartet, dass Sie einen guten Einsatz zeigen und viel lernen.

a) *Das Hotel-Restaurant „Heringsdorfer Hof" will das Unternehmen ökologisch führen. Kreuzen Sie an Sie, welche der folgenden Maßnahmen dazu beitragen können (mehrere Antworten sind möglich):*

- ☐ in den Toiletten wassersparende Spülungen anbringen
- ☐ die herkömmlichen Glühsparlampen gegen LED-Lampen austauschen
- ☐ die Fenster gut isolieren, damit die Wärme in den Räumen bleibt
- ☐ Teppich über/statt Parkettfußboden verlegen
- ☐ den Fahrstuhl stilllegen und nur die Treppe nutzen lassen
- ☐ die Nutzung der Elektrizität an Zeitlimits binden

b) *Eine wichtige Kennziffer in der Lagerwirtschaft ist die Umschlagshäufigkeit. Definieren Sie am Beispiel Wein, was Umschlagshäufigkeit bedeutet. Kreuzen Sie an: Welche der folgenden Aussagen ist korrekt?*

- ☐ Sie gibt an, wie viele Tage das Lager voll ist.
- ☐ Sie gibt an, wie viele Tage die Weine im Keller liegen, bevor sie verkauft werden.
- ☐ Sie gibt an, wie viele Monate die Weine im Keller liegen, bevor sie verkauft werden.
- ☐ Sie gibt an, wie oft das Hotel-Restaurant neue Weine bestellen muss.
- ☐ Sie gibt an, wie oft die Weine im Keller umgelagert werden.

c) *Am 25.06... befindet sich auf dem Konto „Kreditoren" eine Summe in Höhe von 22 880,70 €. Berechnen Sie – unter Berücksichtigung der folgenden Belege – den neuen Kontostand:*

Belege mit dem Datum 27.06.20..:

- offene Rechnung des Großhandels „Chef Culinar" über frische Lebensmittel in Höhe von 775,14 €
- Rechnung über Lieferung von Blumengestecken für das Hotel in Höhe von 121,80 €
- offene Rechnung an die Buchbinder Möbelwerke für die Möbel im Salon in Höhe von 2 360,70 € inkl. Lieferung
- Kostenvoranschlag für die Renovierung von zwei Badezimmern (Zimmer 212 und 214) in Höhe von 3 478,00 €
- Bezahlung der offenen Rechnung seitens der Metzgerei Duret in Höhe von 1 345,89 €

d) *Im Wellnessbereich reinigt das Hotel-Restaurant „Heringsdorfer Hof" die Anlagen selbst. Eine der Mitarbeiterinnen hat sich dabei eine Armverletzung durch ätzende Reinigungsmittel zugezogen. Kreuzen Sie an: Welche der folgenden Erste-Hilfe-Maßnahmen muss sofort ergriffen werden?*

☐ Sie müssen die Wunde mit destilliertem Wasser spülen und dann verbinden.
☐ Sie müssen die Wunde sofort mit einem sterilen Pflaster abdecken.
☐ Sie müssen sofort den Notarzt verständigen.
☐ Sie müssen die Wunde sofort mit kaltem Wasser spülen.
☐ Sie müssen laut schimpfen, dass man so etwas nicht macht!

e) *Sie arbeiten seit Kurzem in der Marketingabteilung. Bringen Sie die folgenden Arbeitsschritte zur Realisierung einer Werbeaktion in den sozialen Medien in die richtige Reihenfolge, indem Sie die Ziffern 1 bis 6 in die Kästchen neben den Arbeitsschritten eintragen.*

☐ Marktuntersuchung durchführen

☐ Aktionszielsetzung festlegen

☐ Layout und Text herstellen

☐ Soziale Medienkanäle auswählen

☐ Layout und Text hochladen

☐ Werbeerfolg kontrollieren

1.5 Situation: Aus dem Hotel-Restaurant „Heringsdorfer Hof" liegen Ihnen für den vergangenen Monat folgende Zahlen vor:

Ertragsquelle	Bruttoumsatz	Nettoumsatz	Variable Kosten	Fixe Kosten
Übernachtungen	225 000,00 €	210 280,37 €	24 587,00 €	125 000,00 €
Speisen	140 000,00 €	117 647,05 €	65 000,00 €	45 000,00 €
Getränke	95 889,00 €	80 578,99 €	19 177,80 €	16 500,00 €
Summe	**460 889,00 €**	**408 506,42 €**	**108 764,80 €**	**186 500,00 €**

a) *Ermitteln Sie den Kalkulationsfaktor für den Posten ‚Speisen'.*

b) *Ermitteln Sie, wie viel Euro Gewinn/Verlust im Restaurant erzielt wurden. Setzen Sie hinter das Ergebnis in Euro entweder die Kennziffer 1, wenn ein Gewinn erzielt wurde, bzw. die Kennziffer 2, wenn ein Verlust erzielt wurde.*

c) *Zu den fixen Kosten gehören u. a. die Versicherungen. Kreuzen Sie an, welche zwei weiteren Positionen aus der folgenden Liste zu den Fixkosten des Betriebes zählen (zwei Antworten möglich):*

☐ Miete für das Hotelgebäude
☐ Kosten für den Energieverbrauch
☐ Löhne für die festen Mitarbeiter
☐ Vorsteuer
☐ Prämie für die Mitarbeiter
☐ Kosten für den Wasserverbrauch

1.6 Situation: Sie führen ein Verkaufsgespräch mit Frau Guddemeyer. Sie ist Geschäftsführerin des Musikfestivals „Usedomer Jazztage" und möchte nach dem Festival in Ihrem Haus eine Tagung ausrichten. Es sollen insgesamt 65 Personen teilnehmen. Vormittags sollen die Ergebnisse des Musikfestivals in einem großen Raum vorgetragen werden. Nachmittags soll in kleineren Gruppen von maximal 11 Menschen in separaten Räumlichkeiten gearbeitet werden.

a) *Geben Sie die geeignete Bestuhlung an, die Sie Frau Guddemeyer für den Vormittag vorschlagen würden.*

b) *Sie führen das Verkaufsgespräch mit Frau Guddemeyer. In welchen der folgenden Fälle stellen Sie ihr eine sogenannte Suggestivfrage (mehrere Antworten sind möglich)?*

☐ „Wie kann ich Ihnen behilflich sein?"
☐ „Kann ich Ihnen behilflich sein?"
☐ „Haben Sie eine bestimmte Vorstellung zum Ablauf des Tages?"
☐ „Sie möchten doch bestimmt auch etwas essen, oder?"
☐ „Es ist bestimmt zu warm im Wellnessbereich, oder?"

c) *Frau Guddemeyer hat im Gespräch Ihre Vorschläge angenommen. Jetzt müssen die Abteilungen im Hotel-Restaurant „Heringsdorfer Hof", die an der Umsetzung mitwirken, informiert werden. Ordnen Sie die folgenden sieben Tätigkeiten vor der Veranstaltung dem richtigen der drei ebenfalls unten genannten Zuständigkeitsbereiche zu. Welche beiden Tätigkeiten gehören in keinen der genannten Zuständigkeitsbereiche (zwei Antworten)?*

Tätigkeiten vor der Veranstaltung:

1. *Veranstaltung bei der GEMA anmelden*
2. *Beamer aufbauen und anschließen*
3. *Erstellen des Personaleinsatzplanes für den Service*
4. *Porzellan und Bestecke spülen*
5. *Reinigung der Tagungsräume*
6. *Aufstellen der Bestuhlung und der Tische*
7. *Getränkeeinkauf vornehmen*

Zuständigkeitsbereiche: *F&B-Manager – Bankettoberkellner – Haustechniker*

d) *Es wird ein gemeinsamer Lunch stattfinden. Pro Gast soll 0,2 l Roséwein aus Flaschen mit einem Nennvolumen von 0,75 l ausgeschenkt werden. Der Schankverlust ist mit 3 % zu kalkulieren. Ermitteln Sie für diesen Roséwein den Gesamtbedarf (Liter) für die Veranstaltung.*

e) *Ermitteln Sie für diesen Roséwein den Gesamtbedarf an 0,75-l-Flaschen.*

1.7 Situation: Frau Müller unterstützt mit ihrem Hotel-Restaurant „Heringsdorfer Hof“ das Mutter-/Vater-Kind-Kurheim und spendet daher jährlich eine bestimmte Summe. Außerdem unterstützt das Hotel-Restaurant das Weihnachtsfest im Kurheim.

a) *Welches Marketinginstrument wendet Frau Müller durch ihre jährliche Spende an das Kurheim an? Erklären Sie: Zu welchem Zweck tut sie dies – abgesehen vom reinen Wohltätigkeitszweck?*

1.8 Situation: Sie sind damit beauftragt, das Silvester-Angebot des Hotel-Restaurants „Heringsdorfer Hof“ an Ihre Stammgäste zu senden:

Silvester im „Heringsdorfer Hof“

30.12.20..–02.01.20..

3 Übernachtungen im EZ / DZ mit HP / VP
Begrüßungscocktail
frisches Obst, Tee und Kaffee auf dem Zimmer
Sauna- und Schwimmbadbenutzung inkl.
Silvester-Party mit 5-Gänge-Menü und einer Flasche Champagner
1 Neujahrsmassage/Kosmetikbehandlung
HP 399,00 €/Person (Stammgäste: 350,00 € / Person)
VP 550,00 €/Person (Stammgäste: 499,00 € / Person)

a) *Welche beiden der folgenden fünf Möglichkeiten sind geeignet, um Ihre Stammgäste über dieses Silvester-Angebot zu informieren? Kreuzen Sie an (fünf Antworten sind möglich).*

☐ Mailing
☐ Gemeinschaftswerbung
☐ indirekte Werbung
☐ Newsletter
☐ Zeitungsartikel

b) *Die beiden Ehepaare Schmidt und Krüger, welche Stammgäste sind, buchen aufgrund dieser Aktion zwei Doppelzimmer mit Vollpension. Ermitteln Sie den Gesamtpreis der Buchung für diese vier Personen.*

1.9 Situation: Sie sind Mitarbeiter im Hotel-Restaurant „Heringsdorfer Hof" und in der Abteilung Housekeeping beschäftigt. 15 Zimmermädchen sind für die Reinigung des Hauses und der 50 Hotelzimmer zuständig. Nun wird eine neue Mitarbeiterin eingestellt. Heute ist ihr erster Arbeitstag und Sie überreichen ihr eine Stellenbeschreibung.

a) *Kreuzen Sie an: Welche der folgenden Informationen sind in einer Stellenbeschreibung vorhanden (mehrere Antworten sind möglich)?*

- ☐ ihre Weisungsbefugnisse
- ☐ die Kündigungsfrist
- ☐ die Urlaubstage pro Jahr
- ☐ der Stundenlohn
- ☐ die ihr übertragenen Aufgaben
- ☐ die für die Stelle erforderlichen Qualifikationen
- ☐ die für die Stelle erforderlichen Anforderungen

b) *Kreuzen Sie an: Wie kann rationelles, d. h. zweckmäßiges, Arbeiten durchgeführt werden (mehrere Antworten sind möglich?*

- ☐ Schulung und Weiterbildung des Personals
- ☐ autoritäre Führung
- ☐ bei Neu- oder Umbau pflegeleichte Einrichtung wählen
- ☐ Mitarbeiter körperlich trainieren lassen, damit sie schneller werden
- ☐ systematisch Zeit durch niedrigere Leistungsstandards einsparen

c) *Die neue Mitarbeiterin hat am Donnerstag 12 Zimmer gereinigt. Sie arbeitet von 9:00 Uhr bis 16:00 Uhr. Für das Vor- und Nachbereiten brauchte sie 30 Minuten gebraucht und hatte 30 Minuten Pause. Wie viele Minuten brauchte die neue Mitarbeiterin, um ein Zimmer zu reinigen? Ermitteln Sie die durchschnittliche Zeit pro Zimmer.*

d) *Die Wäschepflege nimmt sehr viel Zeit in Anspruch. Kreuzen Sie an: Welche Möglichkeiten hat ein Hotel, weniger Zeit für die Wäsche aufzuwenden (mehrere Antworten sind möglich)?*

- ☐ Fremdvergabe an eine Wäscherei
- ☐ Eigenvergabe an eine interne Wäscherei
- ☐ Rationalisieren von Arbeitsprozessen
- ☐ Streichen der Urlaubsansprüche der Mitarbeiter in der Wäscheabteilung

e) *Die Arbeit in einem Hotel-Restaurant ist anspruchsvoll und kostet viel körperliche Energie. Wie kann ein Vorgesetzter sein Personal dennoch motivieren? Kreuzen Sie an (mehrere Antworten sind möglich).*

- ☐ Bonuszahlungen
- ☐ Überstunden machen
- ☐ Keine Splitt- oder Teildienste
- ☐ Jobrotation
- ☐ Fehlerkultur ablehnen

f) *Drei Auszubildende polieren innerhalb von 60 Minuten 360 Besteckteile. Ermitteln Sie, wie viele Auszubildende bei gleicher Arbeitsleistung eingesetzt werden müssen, wenn innerhalb von 120 Minuten insgesamt 1 800 Besteckteile für eine Sonderveranstaltung poliert werden müssen.*

g) *Ein Auszubildender hat beim Abräumen des Tisches eine Kerze umgeworfen, dabei ist Wachs auf die Tischdecke gekommen. Wie kann das Wachs wieder aus der Tischdecke entfernen? Kreuzen Sie an.*

- ☐ Tischdecke mit Alkohol begießen
- ☐ Tischdecke in kaltem Wasser einweichen lassen
- ☐ Wachs mit dem Bügeleisen ausbügeln

2 Unternehmensbeschreibung:

Sie sind Mitarbeiter/-in im Hotel-Restaurant „Lübecker Hof", Königstraße 45, 22367 Lübeck, Telefon: 0451/123456, E-Mail: info@luebeckerhof.de, Inhaber: Nico Schuster.

2.1 Situation: Im Hotel-Restaurant „Lübecker Hof" wird das Silvesterfest vorbereitet. Es werden 240 Gäste im Restaurant feiern. Im Hotel gibt es 42 Zweibettzimmer; diese sind für die Silvesternacht alle ausgebucht.

a) *Der Restaurantleiter hat beschlossen, dass es ein großes Büfett geben soll. Natürlich soll es auch eine breit gefächerte Auswahl an Canapés geben. Erklären Sie kurz, was Canapés sind und welche Zutaten man für sie üblicherweise verwendet. Beschreiben Sie dann drei Beispiele für verschiedene Canapés.*

b) *Das Büfett wird im Speisesaal aufgebaut. Der Restaurantleiter bitte Sie, eine Skizze für den Aufbau des Büfetts zu machen. Zeichnen Sie Ihren Vorschlag auf eine separate DIN-A4-Seite.*

c) *Die Hygiene im Umgang mit Lebensmitteln muss stets gewährleistet sein, wenn sich viele verschiedene Menschen am Büfett bedienen. Was kann das Servicepersonal tun, damit möglichst wenig Keime in die Speisen gelangen? Nennen Sie fünf Möglichkeiten.*

1.
2.
3.
4.
5.

d) *Damit sich die Menschen im Raum besser verteilen, soll es verschiedene Bars geben (zum Beispiel eine Limobar, Sektbar, Bierbar und Cocktailbar). Sie dürfen sich um den Bierbar kümmern. Folgende Biere können gezapft werden: Pils, Braunbier (Köstritzer). Weiterhin gibt es die folgenden Biere in Flaschen: alkoholfreies Bier (Veltiner), Weizenbier (Paulaner), alkoholfreies Weizenbier (Paulaner), Ale (Störtebeker Brauerei) und Flavoured Bier (mit Zitrone und Grapefruit).*

1. *Erklären Sie die verschiedenen Schritte des Bierbrauens.*

2. *Erklären Sie den Unterschied zwischen einem „Pilsener" und einem „Ale".*

3. *Erklären Sie, wie Braunbier (‚dunkles Bier') entsteht.*

2.2 Situation: Im Rahmen der Vorbereitung der Silvesterparty werden die Tischaufstellung und die Tischdekoration im Restaurant geplant.

a) *Skizzieren Sie auf einer separaten DIN-A4-Seite die Tischaufstellung von 12 Tischen im Raum, damit die geladenen 240 Personen bequem sitzen können.*

b) *Die Tische werden vorher eingedeckt. Sie sollen für einen Gang eindecken. Erklären Sie: Welche Menage muss auf den Tisch gestellt werden?*

c) *Nennen Sie drei verschiedene Serviettenformen.*

d) *Damit es am Silvesterabend besonders festlich im Restaurant aussieht, werden alle silbernen Kronleuchter geputzt und aufgestellt. Erklären Sie: Was muss bei der Pflege von Silber beachtet werden?*

2.3 Situation: Sie haben die Aufgabe, einem Gast die Rechnung zu bringen. Der Restaurantleiter hat Sie zudem beauftragt, die Gäste auf den Feedbackbogen aufmerksam zu machen.

a) *Erklären Sie, warum Dienstleister Feedbackbögen benutzen.*

b) *Manche Gäste waren leider mit dem Silvesterfest im Restaurant nicht völlig zufrieden, haben sich aber erst am 3. Januar 20.. gemeldet. Haben die Gäste noch ein Recht auf Entschädigung? Erläutern Sie Ihre Antwort.*

2.4 Situation: Am Silvesterabend werden kurz vor Mitternacht viele Flaschen mit Sekt oder Champagner bestellt. Sie haben in der Sektbar schon vieles vorbereitet.

a) *Erklären Sie, welche Vorbereitungen (Mis en Place) getroffen werden müssen, damit der Service kurz vor Mitternacht reibungslos verläuft.*

b) *Erklären Sie den Unterschied zwischen Sekt und Champagner.*

c) *Wie sollen Sie Champagner am Tisch servieren? Beschreiben Sie den Ablauf.*

2.5 Situation: Das Angebot für das Silvester-Diner lautet wie folgt:

99,00 € p. P. incl. Champagner

159,00 € Diner, Champagner und eine Übernachtung mit Frühstück

a) *84 Gäste wählen das Angebot zu 159,00 €, 156 Personen das Angebot zu 99,00 €. Berechnen Sie: Wie viel Umsatz macht das Hotel-Restaurant „Lübecker Hof"?*

3 Unternehmensbeschreibung:
Sie sind Mitarbeiter/-in im Hotel-Restaurant „Lipperland", Lippische Hauptstraße 45, 33567 Bad Salzuflen, Telefon: 05222 123456, E-mail: info@lipperland.de, Inhaber: N. Schmidt

3.1 Situation: Der Britische Veteranenverein veranstaltet einen großen Ball im Kurhaus von Bad Salzuflen. Das Hotel „Lipperland", das größte Hotel der Stadt, übernimmt jedes Mal das Catering im Kurhaus. Außerdem sollen die Gäste des Balles auch im Hotel übernachten. Sie sind heute im Catering eingesetzt.

a) *Beim Ball wird vielen Gästen zur gleichen Zeit das Essen serviert. Deshalb hat sich das Serviceteam für die amerikanische Servicemethode entschieden. Erklären Sie diese – und deren Vorteile bzw. Nachteile.*

b) *Nennen und erklären Sie zwei weitere Serviermethoden inklusive deren Vor- und Nachteile.*

c) *Die Serviceleiterin ruft ihr Team vor dem Beginn des Balles noch einmal zusammen. Sie erklärt das Menü und zeichnet auf, wie das Essen auf dem Teller angeordnet werden soll. Zeichnen Sie auf, wie die folgende Speise auf dem Teller angeordnet werden soll: „Rinderfilet auf Gärtnerinart und Schlosskartoffeln".*

d) *Sie gehen mit Ihren Kollegen/-innen ‚in Kolonne' (hintereinander) in den großen Saal und setzen die Teller ein. Von welcher Seite müssen Sie die Teller einsetzen? Nennen Sie die allgemeinen ‚Servierregeln'.*

3.2 Situation: Wie Ihnen bereits aus der Planung bekannt ist, nehmen die Gäste auf dem Veteranenball gerne einen Digestif zu sich. Viele trinken gerne verschiedene Whiskeys, andere wählen auch gerne einen Likör, besonders die Damen. Die Serviceleiterin hat deshalb kleinere spezielle Bars aufgebaut. Sie dürfen die Likörbar betreuen, da Sie viel darüber wissen.

a) *Beschreiben Sie drei Liköre, welche Sie den Gästen vorschlagen können.*

Likör (woraus ist der Likör gebrannt?)	Beispiel (Marke)	Verkehrsbezeichnung	Ausschankmenge

b) *Zu einem Digestif oder Likör werden gerne auch Kaffeespezialitäten bestellt. Beschreiben Sie drei typische Kaffeespezialitäten. Vervollständigen Sie dazu die nachfolgende Tabelle.*

Kaffeespezialität	Zubereitung und Service	Glas oder Gefäß

3.3 Situation: Alle 140 Gäste auf dem Ball bekommen beim Empfang ein Glas Champagner.

a) *Errechnen Sie, wie viele Flaschen Champagner benötigt werden, um allen Gästen ein Glas (0,15 l) anbieten zu können (Inhalt der Flasche = 70 cl; 10 % Schankverlust).*

b) *Die Besonderheiten des Champagners sind die leichte Kohlensäure sowie der besonders milde Weingeschmack. Erklären Sie: Wie kann das Serviceteam dafür sorgen, dass die Kohlensäure nicht zu schnell entweicht und dass die Gäste ein gut gekühltes Glas Champagner bekommen?*

c) *Der Ball ist ein großes Fest, die Tische sind festlich gedeckt. Zeichnen Sie einen voll eingedeckten Tisch für ein 3-Gänge-Menü für vier Personen auf. Bezeichnen Sie alle Utensilien und Materialien, die notwendig sind. Das Menü wird von zwei Weinen begleitet.*

d) *Beim Eindecken der Tische kommt die Serviceleiterin aufgeregt mit weißen Handschuhen herbeigeeilt. Erklären Sie, was die Mitarbeiter im Service vergessen haben.*

3.4 Situation: Immer häufiger setzen Hotels und Restaurants Tischwäsche ein. Von allen Mitarbeitern im Service wird erwartet, dass sie wissen wie man mit der Tischwäsche umgeht und aus welchem Material es besteht. Mittels einer Schulung durch die Executive Housekeeper (oder auch Hausdame) wird das Wissen der Mitarbeiter auf den neuesten Stand gebracht.

a) *Alle Tische werden mit großen Tischdecken und Stoffservietten gedeckt. Erklären Sie: Was müssen Sie beim Auflegen der Tischdecke und der Servietten beachten?*

b) *Die Tischdecken werden aus reiner Baumwolle hergestellt. Es gibt am Ende des Abends viele verschiedene Flecken, die entfernt werden müssen. Erklären Sie, wie die folgenden Flecken in der Textile behandelt werden müssen:*

Art der Flecken	Behandlungsmethode
Rotwein	
Kerzenwachs	
Fettflecken	

3.5 Situation: Von den Mitarbeitern wird erwartet, dass die Rechnungen sorgfältig erstellt werden. Trotz dieser Voraussetzung passieren manchmal Fehler, weshalb die Buchführung die Rechnungen nochmal überprüfen muss.

a) *Beim Kontrollieren der Rechnung ist der Serviceleiterin aufgefallen, dass sich ein Fehler eingeschlichen hat. Finden Sie heraus, welcher Punkt falsch berechnet worden ist.*

Einstandspreis Champagner	3,65 €
Gemeinkosten	7,38 €
Gewinn (10 %)	0,63 €
Bedienungsgeld (20 %)	1,40 €

Gemeinkosten = 175 %; Gewinn = 10 %; Bedienungsgeld 20 %; gesetzliche Mehrwertsteuer

4 Unternehmensbeschreibung:

Sie sind Mitarbeiter/-in im Hotel-Restaurant „Goethe und Schiller", Goethestraße 1140, 99427 Weimar, Telefon: 03643 123456, E-Mail: info@Goetheundschiller.de, Inhaberin: Anna Scholl

4.1 Situation: Weimar ist berühmt für die zwei Namenspaten des Hotel-Restaurants, die Schriftsteller Goethe und Schiller, welche in der Stadt lebten und wirkten. Deshalb gibt es viele Touristen, die auf die Spuren der deutschen Literatur wandeln – und von denen viele im „Goethe und Schiller" zu Gast sind.

a) *Der Koch hat das folgende Menü für die Touristen zusammengestellt.*

Touristenmenü

Zwiebelsüppchen

***

Jägerschnitzel mit Mischgemüse und Bratkartoffeln

***

Rote Grütze mit Vanillesoße

Bei der Zusammenstellung eines Menüs gibt es Regeln, welche ein Koch zu beachten hat. Nennen Sie mindestens fünf dieser Menüregeln.

1. ______

2. ______

3. ______

4. ______

5. ______

6. ______

b) *Schlagen Sie zwei Biere vor, die zum Menü passen (Name/Herkunft, Geschmacksangabe).*

c) *Schlagen Sie ebenfalls zwei Weine zum Menü vor (Name/Herkunft, Rebsorte, Qualitätsstufe, Geschmacksangabe).*

d) *Viele Gäste gehen abends nach einem Spaziergang durch den Goethepark noch auf die Terrasse oder in die Bar des Hotel-Restaurants. Dort spielt Musik; manchmal kommen Musiker der Musikhochschule oder aus der Umgebung; manchmal wird Musik gestreamt. Erklären Sie: Welche rechtlichen Bedingungen in Bezug auf die gespielte Musik müssen dabei im Sinne der GEMA berücksichtigt werden?*

4.2 Situation: Die Touristen trinken sehr gerne deutsches Bier, von dem es viele verschiedene Sorten gibt.

a) *Vervollständigen Sie die folgende Tabelle zum Thema ‚Bier' und erklären Sie zudem die Begriffe „untergäriges" und „obergäriges" Bier'.*

Bier (Erklärung)	Beispiel (Marke)	Verkehrsbezeichnung	Ausschankmenge
Untergäriges Bier			
Obergäriges Bier			

b) *Erläutern Sie in Einzelschritten, wie die Herstellung von Bier abläuft.*

4.3 Situation: Alle Gäste bekommen beim Empfang im Hotel-Restaurant „Goethe und Schiller" eine Flasche Bier einer lokalen Brauerei als Gastgeschenk.

a) *Errechnen Sie die Anzahl der Bierflaschen, die benötigt werden, um allen Gästen des Hauses eine Flasche anbieten zu können. Die durchschnittliche Bettbelegung pro Jahr liegt bei 85 % bei 80 Betten.*

b) *Das o. g. Gastgeschenk kostet das Hotel pro Flasche lokales Bier 0,65 € ohne Pfand und MwSt. Berechnen Sie, wie viel das Hotel dieses Gastgeschenk unter Miteinbeziehung dieser Werte kostet. Nutzen Sie Ihre Ergebnisse aus Aufgabe (a) (Gästeanzahl) und gehen Sie davon aus, dass die Gäste die leer getrunkenen Flaschen nach Verzehr im Hotel zurücklassen.*

4.4 Situation: Viele Gäste in Ihrem Hotel kommen aus asiatischen Ländern oder aus den USA. Der Geschäftsführer des Hotels hat deshalb beschlossen, dass das Servicepersonal in Dirndl und Lederhosen gekleidet werden soll.

a) *Erklären Sie: Welche Rolle spielt Kleidung in unserem Arbeitsalltag?*

b) *Erklären Sie: Welche Aspekte müssen in Bezug auf Arbeitskleidung im Sinne des Arbeitsschutzes und der Gesundheitsvorsorge beachtet werden?*

4.5 Situation: Im Hotel verschwinden immer einmal wieder Messer und Löffel. Deshalb ist jetzt neues Besteck bestellt worden.

a) *Erklären Sie, aus welchen Materialien Besteck gemacht wird und welche Varianten für die Gastronomie geeignet sind.*

b) *Erklären Sie: Wie müssen die verschiedenen Bestecksorten gereinigt werden?*

c) *Im Nachbarhotel gibt es Besteck aus Silber. Erklären Sie, wie dieses gepflegt werden muss.*

4.6 Situation: Sie arbeiten heute in der Küche und müssen selbstständig die Rezepturen abarbeiten. Diese enthalten viele Fachbegriffe.

a) *Erklären Sie in eigenen Worten die folgenden Begriffe:*

Begriff	Erklärung
Parieren	
Reifung	

Begriff	Erklärung
Hobeln	
Raspeln	
Zentrifugieren	
Passieren	
Dekantieren	
Destillieren	
Tournieren	
Kannelieren	

4.7 Situation: Das Hotel ist Mitglied der „Gastronomen in Weimar", einem Interessensverband der Gastronomie in Weimar. Der Verband möchte durch Qualitätsansprüche eine gewisse Qualität der Gasthäuser gewährleisten. Einer dieser Qualitätsansprüche ist der nachhaltige Umgang mit der Umwelt.

a) *Überlegen Sie sich fünf Maßnahmen zum Umweltschutz im Hotel-Restaurant „Goethe und Schiller".*

1. ______
2. ______
3. ______
4. ______
5. ______

b) *Nicht nur beim Thema Abfallbeseitigung kann man umweltbewusst vorgehen, sondern auch beim Umgang mit eventuellem Lärm. Beschreiben Sie jeweils drei Formen von Lärm pro Abteilung im Hotel.*
Abteilung Service:

1. ______________________________

2. ______________________________

3. ______________________________

Abteilung Küche:

1. ______________________________

2. ______________________________

3. ______________________________

Abteilung Housekeeping (Etage):

1. ______________________________

2. ______________________________

3. ______________________________

5 Unternehmensbeschreibung:

Sie sind Mitarbeiter/-in im Hotel „Sadison" in Hamburg. Dieses Hotel hat ein Restaurant und ein Bistro. Adresse: Holstentorbrücke 2142, 21073 Hamburg, Telefon: 040 12345-678, E-Mail: info@Sadisonhamburg.com, Inhaber: Sadison Group GmbH.

5.1 Situation: Das Hotel Sadison gehört zu den 5-Sterne-Häusern in Hamburg. Es hat 240 Zimmer und befindet sich unmittelbar in Sichtweite der neu gebauten Elbphilharmonie. Seit deren Eröffnung ist die durchschnittliche Belegung des Hotels von 66 % auf 85 % gestiegen. Im Empfang ist nun deutlich mehr zu tun.

Sie sind Mitarbeiter/-in im Service. Es ist Sommer und viele Gäste wählen nun eher leichte bzw. besonders ‚gesunde' Speisen. Der F&B-Manager hat das folgende vegetarische Menü zusammengestellt:

Klares Gemüsesüppchen

***

Meerrettich-Risotto-Törtchen mit Zucchiniblüten

***

Moussaka überbacken mit Hüttenkäse

***

Sorbet-Eis aus Himbeeren, Johannisbeeren und Erdbeeren

a) *Risotto wird der Gruppe „Reis-Gerichte“ zugeordnet. Erläutern Sie, wo Risotto herkommt und wie es in der Regel zubereitet werden muss.*

b) *Schlagen Sie zwei Fitnessgetränke vor, jeweils mit Name (eventuell auch Marke) und Geschmacksangabe.*

c) *Erklären Sie, welche Sorte Wein allgemein zu welcher Art Speise passt.*

d) *Erklären Sie die Reihenfolge der verschiedenen Weinangebote in einem Menü.*

e) *Schlagen Sie passend zum o. g. vegetarischen Menü zwei Weine vor, jeweils mit Angabe von Rebsorte, Qualitätsstufe und Geschmack.*

f) *Viele Gäste im „Sadison" benutzen die Wellness- und Fitnessräumlichkeiten des Hotels. Dort werden gerne Proteinshakes bestellt. Erläutern Sie, warum dies so ist.*

5.2 Situation: Hamburg ist der größte Umschlagshafen für Kakaobohnen. Nicht nur im Winter wird Kakao gerne getrunken, sondern auch das ganze Jahr über in der Küche des Hotels verarbeitet.

a) *Erklären Sie die Herstellung von Kakao von der Frucht/Ernte an und erläutern Sie außerdem, in welcher Form er in der europäischen Küche verwendet wird.*

b) *Neben Kakao spielt auch Kaffee eine wichtige Rolle in Hamburg. Dort haben große Kaffeeröstereien ihren Hauptsitz (zum Beispiel Tchibo und Darboven). Erklären Sie die Herkunft und Herstellung von Kaffee, beginnend mit der Kaffeebohne.*

c) *Beschreiben Sie die Herstellung der folgenden Kaffeespezialitäten:*

Kaffeespezialität	Herstellung
Filterkaffee	
Espresso	
Cappuccino	
Latte Macchiato	
Melange	
Fiaker	

d) *Nennen Sie zwei Kaffeespezialitäten, die mit einem alkoholischen Getränk zubereitet werden, und erläutern Sie diese Zubereitung.*

5.3 Situation: Die Gäste in Ihrem Haus ernähren sich sehr bewusst. Neuerdings ist Ihnen aufgefallen, dass die Gäste fragen, welches Öl in der Küche verwendet wird. Ein paar Tage später lesen Sie in der Zeitung, dass es sogenannte „gute Fette" gibt. Sie wollen mehr über das Thema ‚Fett' herausfinden.

a) *Erklären Sie, welche Bedeutung Fette in unserer Ernährung haben.*

b) *Erklären Sie, was geschieht, wenn Fett ‚erstarrt' und was deshalb im Umgang mit fetthaltigen Speisen zu beachten ist.*

c) *Erklären Sie den Begriff „Emulsion".*

d) *Der menschliche Körper braucht viel Eiweiß. Erklären Sie den Grund dafür.*

5.4 Situation: Auf dem Dach Ihres Hotels ist neuerdings einen Outdoor-Fitness-Bereich eingerichtet worden; dazu gehört auch eine „Wasser-Bar".

a) *Erklären Sie, welche Bedeutung das Wasser für den menschlichen Körper hat.*

b) *Viel Wasser zu trinken ist gut für den Stoffwechsel. Beschreiben Sie, was unter „Stoffwechsel" zu verstehen ist.*

c) *Enzyme haben Einfluss auf die Verdauung. Erklären Sie, wie ein Enzym funktioniert.*

5.5 Situation: Die Küche des Hauses ist bekannt für seine guten Speisen. Der Chef-Koch legt viel Wert auf gutes Handwerk und allgemeine Kenntnisse über Lebensmittel. Vor allem das Verarbeiten von Lebensmitteln liegt ihm sehr am Herzen.

a) *Der Chefkoch hat gehört, dass einige der Auszubildenden kurz vor ihrer Prüfung stehen. Deshalb hat er für sie eine Übersicht zum Thema ‚Vorbereitungsschritte bei der Nahrungszubereitung' erstellt. Allerdings ist seine Übersicht leider durcheinandergeraten. Ordnen Sie die Übersicht, indem Sie das Passende mit einer Linie verbinden – welcher Vorgang (1–6) gehört zu welcher Beschreibung (a–f)?*

Vorgang	Beschreibung
1. Waschen	a. Dem getrockneten Lebensmittel muss das entzogene Wasser wieder zugeführt werden. Die Lebensmittel werden eine Zeit lang Weile ins Wasser gelegt.
2. Schälen und Putzen	b. Hierbei entsteht Alkohol. Dadurch können Getränke länger haltbar gemacht werden. Beim Backen wird so der Teig gelockert und Bier erhält einen besseren Geschmack.
3. Wässern	c. Alle Bindegewebe, Knorpel, Sehnen und Fettgewebe werden vom Fleisch abgeschnitten. Anschließend wird das Fleisch in Form geschnitten
4. Parieren	d. Unerwünschte Stoffe werden durch die Zufuhr von Wasser aus dem Nahrungsmittel gelöst und fließen ab.
5. Gärung	e. Bei Obst und Gemüse müssen Schale und Unebenheiten entfernt werden. Da die Schale meistens mit Keimen behaftet ist, müssen Obst oder Gemüse danach gewaschen werden.
6. Einweichen/Quellen	f. Manche Nahrungsmittel haben viele mögliche Keime, andere kleine Schwebeteilchen. All diese müssen unter strömendem Wasser entfernt werden.

b) *Ergänzen Sie folgende Tabelle zum Garverfahren.*

Garverfahren	Technologie	Eventuelle Vor-/Nachteile
Pochieren		• für eiweißreiche Produkte • schonendes Kochverfahren
Dämpfen		
Dünsten		• kein Auslauchen • voller Geschmack des Nahrungsmittels bleibt erhalten
Kurzbraten	Garen in wenig heißem Fett ca. 160 °C – 200 °C Pfanne nicht zugedeckt	
Langzeitbraten		• für große Fleischstücke • Flüssigkeit verdunstet
Schmoren		
Backen im Ofen	Garen von Teigen und Massen mit einer Rundumhitze ca. 150 °C – 200 °C	
Frittieren		• Speisen nehmen viel Fett auf. • Speisen sind schnell fertig
Grillen		• Fett schmilzt • Röststoffe entstehen

c) *Nahrungsmittel sind verderbliche Ware. Falsche Temperatur oder Feuchtigkeit sorgen schnell für optimale Bedingungen für die Entwicklung von Bakterien, weiteren Keime und Schädlingen. Ergänzen Sie in Stichworten die fehlenden Informationen zu den angegebenen Temperaturen bzw. -bereichen:*

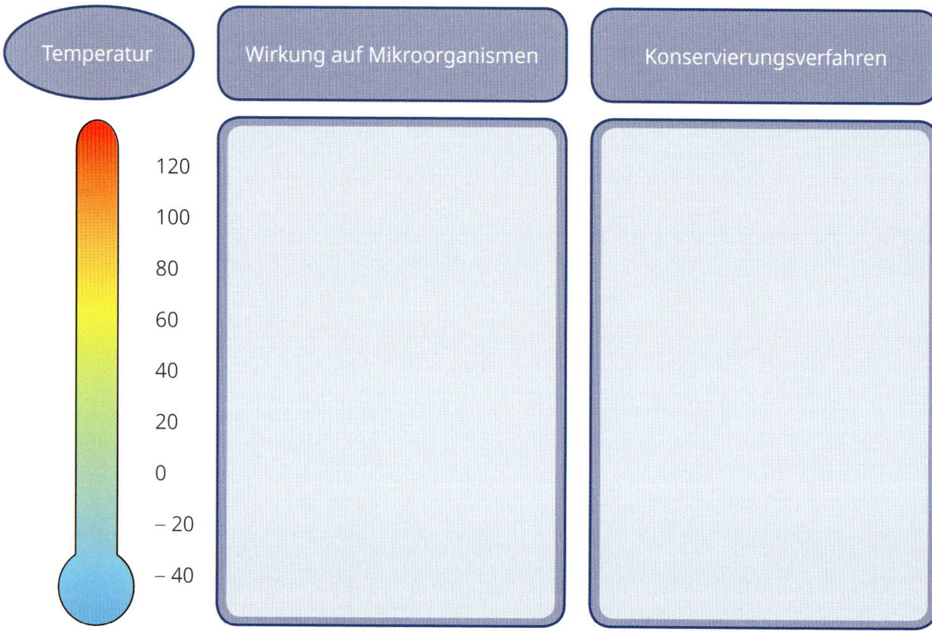

Lösungen Produkte und gastorientierte Dienstleistungen

Aufgabe 1.1

a) *Der Prüfling soll sich die Regeln der Menülehre einprägen. Relevante Regeln sind:*

- *die ernährungsphysiologischen Grundsätze (ein ausgewogenes Verhältnis zwischen Eiweiß, Fetten, Kohlehydraten usw.),*
- *der Sättigungswert (– im Gegensatz zu zum Beispiel einem Mittagsessen in der Kantine für körperlich schwer Arbeitende, das wirklich satt machen sollte, soll dieses Diner zum Musikfestival nur relativ sättigen –),*
- *Saison und Marktangebot (hier: September, d. h. reiches/breites saisonales Angebot),*
- *Wiederholungen (in Farbe, Rohstoff, Zubereitungsart, Garungsart und Geschmacksrichtung) sollten vermieden werden; das Menü soll sich zum Hauptgang hin noch steigern,*
- *folgende Reihenfolge sollte eingehalten werden: kalte Vorspeise, Suppe, warme Vorspeise, Hauptspeise, Nachspeise (Kaffee oder Digestiv können außerdem angeboten werden).*

b) *„Parfait" steht für das französische Wort „Perfekt". Es handelt sich hier um eine perfekte Speise. In der deutschen Küche kennen wir Parfait als eine Süßspeise, die in unserer Küche als Dessert gegessen wird. In der Regel wird ein Gemisch aus Zucker und Eigelb geschlagen. Dann wird ihm ein Geschmack verliehen, indem z. B. Himbeeren und Sahne untergehoben werden. Die Masse wird anschließend in ein Gefäß abgefüllt und stehend eingefroren (im Gegensatz zu Eis, was „drehend" gefroren wird).*

c)

1. *Obst und Früchte, zum Beispiel Obstsalat, Rote Grütze*
2. *Crèmes und Gelees zum Beispiel Crème brûlée, Bayerische Crème*
3. *Crêpes, Süßspeisen aus Teiggebäck oder -masse, zum Beispiel Biskuitmasse, Schaummasse*

d) *GEMA (Gesellschaft für musikalische Aufführungs- und mechanische Vervielfältigungsrechte). Die Erlaubnis zu öffentlichen Tanzveranstaltungen und Schaustellung von Personen muss je nach Bundesland beim Landratsamt, Ordnungsamt oder der örtlichen Polizeibehörde eingeholt werden. Die Erlaubnis ist gebührenpflichtig. Gesellschaften wie GEMA, GLV und VG-Wort wurden zum Schutz der Urheberrechte gegründet; sie erheben für die geschützten Rechte beim Nutzer Gebühren und leiten diese an die entsprechenden Beteiligten weiter. Die GEMA schützt die Interessen der Künstler.*

e)

- *wer die Musik spielen will (Radio, Band, DJ etc.)*
- *wo die Musik gespielt wird (im Restaurant; bei Benefizveranstaltungen (hier gewährt die GEMA 10 % Nachlass), im Fahrstuhl etc.)*
- *wann die Veranstaltung stattfindet (vorher: Erlaubnis des Künstlers einholen!)*
- *Adresse und Name des Unternehmens/Hotels/der Gaststätte*
- *ob es eine einmalige Veranstaltung ist oder ob dauerhaft Bands auftreten werden*
- *Steueridentifikationsnummer, Kontoverbindung und -nummer (zur Abbuchung der Gebühren)*

Aufgabe 1.2

a) *Lösungsvorschlag:*

Getränke	Marke und Verkehrsbezeichnung
Alkoholfreie Getränke	*1. fritz-kola/Coca Cola/Coca Cola Light* *2. Mango-Maracuja-Limonade (aus eigener Herstellung)* *3. Bitter Lemon (Schweppes)* *4. Zitronenlimonade (Sprite, 7-Up)* *5. stilles Wasser/Wasser mit Kohlensäure (Apollinaris)*
Biere	*1. Pilsner Biere vom Fass (Holsten Pilsener)* *2. Hefeweizen in der Flasche (Paulaner)* *3. Hefeweizen alkoholfrei in der Flasche (Paulaner)*
Digestifs	*1. Wodka (Wodka Gorbatschow)* *2. Aquavit (Malteserkreuz Aquavit)* *3. Cognac (Hennessy)*
Schaumwein	*1. Sekt (Rotkäppchen)* *2. Champagner (Moët & Chandon)*
Wein (Anbaugebiet, Rebsorte und Qualitätsstufe)	*1. Rotwein (Portugieser, Saale-Unstrut 2015)* *2. Weißwein (Silvaner, Saale-Unstrut 2015)*
Kaffeespezialitäten	*1. Espresso* *2. Cappuccino* *3. Caffè Americano (Café Crema)* *4. doppelter Espresso* *5. Latte Macchiato*
Teespezialitäten	*1. Früchtetee* *2. Schwarzer Tee (Darjeeling)*

b)

Wein	*3,50 €*	*(3,50 € : 119) · 19 = 0,56 €*
Bier	*3,00 €*	*(3,00 € : 119) · 19 = 0,48 €*
Digestif	*5,50 €*	*(5,50 € : 119) · 19 = 0,88 €*

c) *Die Güteklasse „A.O.C." (Appellation d´origine controlée) ist die höchste Qualitätsstufe französischer Weine.*

- *Die Herstellung der Weine findet auf traditionelle Weise statt.*
- *Die Trauben müssen aus der Region stammen, das Produkt muss dort hergestellt werden und zumindest ein Teil der Reifung soll in diesem Gebiet geschehen.*
- *Die definierten Qualitätsstandards bleiben gleich und das Produkt soll diesem definierten Qualitätsstandard entsprechen.*
- *Die Herstellung wird durch eine Kontrollkommission, die AOC-Standards, streng überwacht.*

d) *Der Prüfling soll sich hier nicht absolut auf eine Temperatur festlegen, sondern argumentieren, dass die Gäste eine Präferenz haben können. Die meisten Gäste trinken Rotwein gerne bei einer Temperatur zwischen 14 °C und 17 °C. Es gibt keine festen Temperaturvorgaben. Der Wein sollte allerdings nicht zu warm oder zu kühl serviert werden.*

e) *Das Kabel hätte mittels einer Rampe in den Boden versenkt werden müssen, damit die Gäste darübersteigen können. Wenn dies nicht möglich ist, muss das Kabel durch Sicherheitsbänder (schwarz-gelb gestreift/rot-weiß gestreift) kenntlich gemacht werden.*

Ein Wirt haftet für eigenes Verschulden und für das Verschulden seines Personals. Die Pflicht zur Haftung besteht auch, wenn es noch nicht zu einem Vertrag zwischen Gast und Wirt gekommen ist. In diesem Falle gibt es keinen Vertrag. Der Wirt haftet für die Sicherheit in seinem Unternehmen. Der Wirt ist in diesem Falle verantwortlich für den Sturz der Dame.

f) *Es handelt sich hier um einen Schaden für den Gast. Die Haftpflichtversicherung des Unternehmens kommt für die entstandenen Kosten des Gastes auf.*

Aufgabe 1.3

a) *Bedingungen am Raumeinteilung: Fluchtwege einhalten. Routing einhalten (keine Sackgasse!), Platzierung der Bar muss die Möglichkeit zur ‚Schlangenbildung' ohne Beeinträchtigung der Tanzenden bieten, ansonsten freie Einteilung; Ziel der Aufgabe ist das Visualisieren einer Planung*

b)

1. Biergläser	*6. Espressotassen*
2. Weingläser	*7. Latte-Macchiato-Gläser*
3. Sektgläser	*8. Cocktailshaker*
4. Digestifgläser	*9. Obst*
5. Kaffeetassen	*10. Eis*

Weitere Beispiele: Crushed Ice, Getränkevorräte, Barmixer, Blender, Kasse, Wechselgeld, Kommunikationsmöglichkeit

c) *Vorschläge für zwei Cocktails:*

Beeren-Daiquiri

Benötigte Zutaten:

50 g pürierte frische Beeren (Erdbeeren, Himbeeren, Blaubeeren etc.)

2 cl Grenadine-Sirup

6 cl Orangensaft

1 Löffel Crushed Ice

mit einem Blatt Basilikum garnieren

Materialien:

Blender, Messbecher, Cocktailglas

Screwdriver

Benötigte Zutaten:

4 cl Wodka

6 cl Orangensaft

1 Orangenscheibe

ein wenig Orangenschale

Materialien:

Barshaker, Eiswürfel, Messer, Brett, Messbecher, Rührstäbchen

Aufgabe 1.4

a)

- *in den Toiletten wassersparende Spülungen anbringen*
- *die herkömmlichen Glühsparlampen gegen LED-Lampen austauschen*
- *die Fenster gut isolieren, damit die Wärme in den Räumen bleibt*

b) *4*

c) Soll — Kreditoren — Haben

Soll		Haben	
Metzger Duret	1 345,89 €	Anfangsbestand	22 880,70 €
		Chef Culinar	775,14 €
		Möbelwerke	2 360,70 €
Saldo	24 792,45 €	Blumengestecke	121,80 €
Summe	**26 138,34 €**	**Summe**	**26 138,34 €**

NUR der Metzger wird tatsächlich bezahlt.

d) *4*

e) *1, 2, 4, 3, 5, 6*

Aufgabe 1.5

a) *Es handelt sich hierbei um den Aufschlag auf den Einstandspreis der Waren. Der Kalkulationsfaktor ergibt sich, indem man den Listenverkaufspreis durch den Einstandspreis dividiert.*

Variable Kosten und fixe Kosten werden addiert und dann durch den Bruttoumsatz geteilt, um den Listenpreis zu erhalten.

Variable Kosten der Speisen = 65 000,00 €

Fixe Kosten der Speisen = 45 000,00 €

Bruttoumsatz Speisen = 140 000,00 €

140 000,00 € : (65 000,00 € + 45 000,00 €) = 1,27

b)

Ertragsquelle	Bruttoumsatz	Nettoumsatz	Variable Kosten	Fixe Kosten
Übernachtungen	225 000,00 €	210 280,37 €	24 587,00 €	125 000,00 €
Speisen	140 000,00 €	117 647,05 €	65 000,00 €	45 000,00 €
Getränke	95 889,00 €	80 578,99 €	19 177,80 €	16 500,00 €
Summe	**460 889,00 €**	**408 506,42 €**	**108 764,80 €**	**186 500,00 €**

Nettoumsatz – Gesamtkosten =

408 506,42 € – (108 764,80 € + 186 500,00 €) = 113 241,62 € (Kennziffer 1, Gewinn)

c) *1–3*

Aufgabe 1.6

a) *Theaterbestuhlung A oder B*

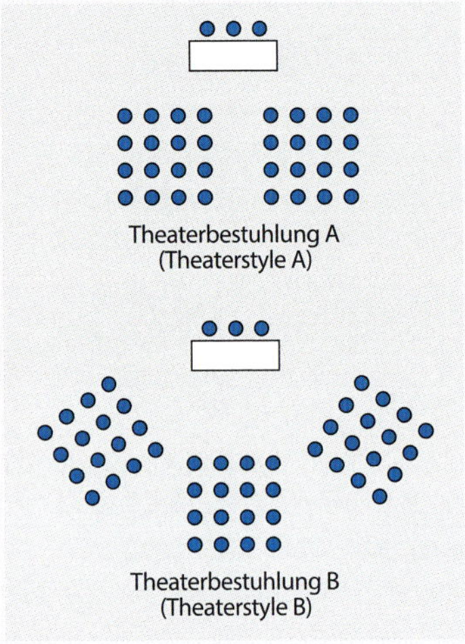

b) *4, 5*

c) *F&B-Manager 3 – Bankettoberkellner 6, 7 –*

Haustechniker 1, 2 – keiner der drei Bereiche 4, 5

d) *65 Personen → 65 · 0,2 l = 13 l*

Allerdings muss noch der Schankverlust (3 %) berücksichtigt werden:

13 l · 0,03 = 0,390 l

→ 13 l + 0,390 l = 13,390 l Wein werden benötigt.

e) *13,390 l Wein werden benötigt (siehe: d). Eine Flasche enthält 0,75 l.*

→ 13,390 l : 0,75 l = 17,85 Flaschen, also 18 Flaschen Wein werden benötigt.

Aufgabe 1.7

a) *Die Spenden werden getätigt, um positive PR zu erhalten. PR steht für den englischen Begriff ‚Public Relations' und bezeichnet die Werbung/Öffentlichkeitsarbeit/Beziehung zwischen der Öffentlichkeit und einem Unternehmen. PR ist ein Marketinginstrument.*

Aufgabe 1.8

a) *1, 2*

b) *4 · 499,00 € (VP-Preis/Person (Stammgast) = 1 996,00 €*

Aufgabe 1.9

a) *1, 5, 6, 7*

b) *1 bis 3*

c) *von 9:00 Uhr bis 16:00 Uhr = 7 Stunden*

– 1,5 Stunden (Vor- und Nachbereitung, Pause) → 7 Std. – 1,5 Std. = 5,5 Std.

5,5 · 60 Minuten = 330 Minuten

330 Minuten : 12 Zimmer = 27,5 Minuten pro Zimmer

d) *1, 3*

e) *1, 3, 4*

f) *60 Min. = 360 Besteckteile = 3 Auszubildende*

1 Auszubildende(r) poliert (360 : 3 =) 120 Besteckteile in 60 Min.

1 Auszubildende(r) schafft in 120 Minuten (60 · 2) = 240 (= 120 · 2) Besteckteile

1 800 : 240 = 7,5

7,5 (= 8) Auszubildende müssen polieren, um die Besteckteile rechtzeitig fertig zu bekommen.

g) *3*

Aufgabe 2.1

a) *Canapés sind auf kleinen Brotscheiben angerichtete Häppchen. Es werden viele verschiedene Brotscheiben verwendet, entweder mit Butter oder einer Crème bestrichen und dann besonders belegt. Übliche Beläge sind Fisch (geräuchert oder als Konserve), Fleischwaren (Wurst, Schinken, Tatar), Käse in allen Variationen sowie vegetarische und vegane Aufstriche.*

3 Beispiel-Canapés:

- *Pumpernickel, mit Butter, belegt mit Hering, garniert mit gehackter Zwiebeln und Petersilie*
- *Baguette, bestrichen mit Meerrettichcrème, belegt mit geräuchertem Lachs, garniert mit einem kleinen Klecks Remouladensoße*
- *Kürbisbrötchen, bestrichen mit Clotted Cream, belegt mit Orangemarmelade, garniert mit einer dünnen Orangescheibe*

b)

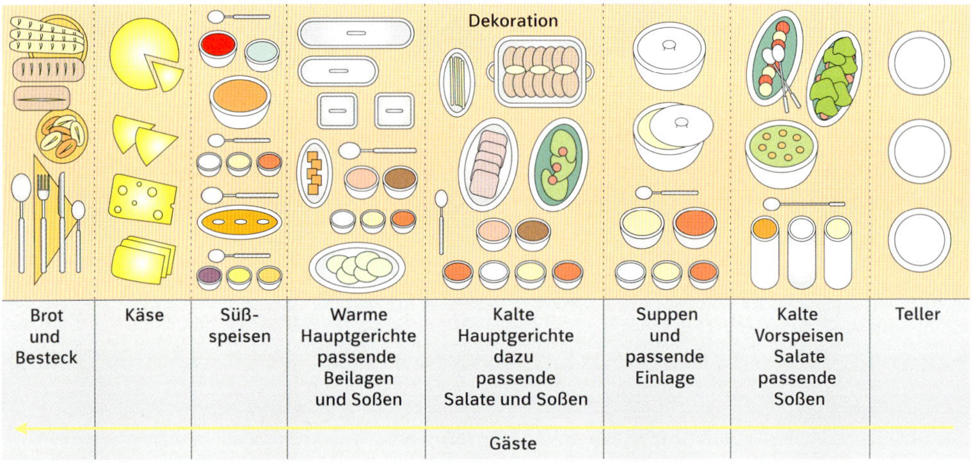

c)

1. *Das Servicepersonal soll ständig beim Büffet präsent sein. Wenn Schalen und Platten fast leer sind, werden diese sofort durch volle ersetzt. So stehen die warmzuhaltenden Speisen erfahrungsgemäß nicht länger als ca. eine halbe Stunde offen auf den Warmhalteplatten.*
2. *Die Speisen, die gekühlt werden müssen, werden vom Servicepersonal ebenso beobachtet. Die Kühlung wird immer wieder geschlossen, wenn einen Gast dies vergessen sollte.*
3. *Das Besteck, mit dem die Gäste ihre Speisen am Büfett auf ihre Teller legen, muss umgehend wieder gesäubert werden. So wird verhindert, dass Keime über den Griff des Besteckes ins Essen wandern.*
4. *Die benutzten Teller werden schnellstmöglich abgeräumt und abgewaschen. Der Gast wird aufgefordert, neue Teller zu nehmen.*
5. *Die Gäste können (zum Beispiel durch Plakate) freundlich daran erinnert werden, vor dem Essen ihre Hände gründlich zu waschen.*

d)

1. *Die Bestandteile des Bieres sind Brauwasser, Hopfen, Braumalz und Hefe.*

   Aus Gerste (Weizen, Dinkel, Roggen) wird ein sog. ‚Grünmalz' hergestellt. Dies bedeutet, dass das Getreidekorn im Wasser eingeweicht wird, damit der Zucker im Getreide sich umwandelt.

   Nach der Keimung des Grünmalzes muss dieser Prozess gestoppt werden. Dies wird ‚Darren' genannt. Anschließend wird das Darrmalz geputzt, d. h., die fetthaltigen Keimblätter werden entfernt und danach zu Schrot verarbeitet. Dieser Schrot wird in der Braupfanne mit Wasser gemischt und stufenweise erhitzt.

   Nach einer Weile wird die Maische (also das Gebräu mit flüssigen und festen Teilchen) geläutert und die Würze bleibt zurück. Diese Würze wird unter Beigabe von Hopfen gekocht und entwickelt sich zu der Stammwürze des Bieres. Dieser wird dann noch Hefe zugefügt; anschließend vergärt diese Mischung zu einem trinkfertigen Bier.

2. *Ein Pilsener ist ein untergäriges Bier und vergärt bei einer Temperatur von 4 bis 9 °C. Die Hefe setzt sich am Boden des Fasses ab.*

   Ein Ale ist ein obergäriges Bier und vergärt bei einer Temperatur von 15 bis 18 °C. Die Hefe schwimmt dabei oben auf dem Bier.

3. *Dunkles Bier entsteht, indem das o. g. Grünmalz bei einer Temperatur von 100 bis 110 °C gedarrt wird. Dabei wird das Grünmalz dunkel.*

Aufgabe 2.2

a) *grafische Darstellung auf einer separaten DIN-A4-Seite; 12 kreisrunde Tische (jeweils mit der Nummer 12 darauf (= Anzahl der dort sitzenden Gäste)); die 12 Tische sollen gleichmäßig im Raum verteilt sein*

b) *Die in diesem Fall angebrachte Menage ist/sind der einfache Pfeffer- und Salzstreuer; bevor das Dessert serviert wird, wird diese Menage vom Tisch entfernt.*

c) *Serviettenformen: Lilie, Bischofsmütze, der doppelte Tafelspitz, die Jakobinermütze, die zweifache Welle*

d) *Silber ist ein relativ weiches Edelmetall und muss deshalb vorsichtig behandelt werden. Das Silber wird mit einer Reinigungslösung gespült, anschließend mit Wasser nachgespült und zum Schluss mit einem Silberputztuch nachpoliert.*

Aufgabe 2.3

a) *Ein Feedbackbogen ist eine Möglichkeit für Unternehmen, um direkte Marktforschung durchzuführen. Die schriftlich vom Gast rückgemeldeten Daten können sofort mit den unterschiedlichen Abteilungen ausgewertet und deren Service so schnell verbessert werden.*

b) *Es würde sich in diesem Fall um eine Reklamation handeln. Die unzufriedenen Gäste hätten ihre Beschwerden aber bereits sofort am Silvesterabend kundtun sollen. Ein Gastwirt muss zunächst die Möglichkeit erhalten, seine Leistung auszubessern oder nachzubessern. Wenn der Kunde trotz allem noch nicht zufrieden ist, kann über eine Entschädigung (z. B. Gutschein, Reduzierung des Preises oder sogar die Erstattung aller Kosten) verhandelt werden. In diesem Falle beschwert der Gast sich aber zu spät und damit ist der Anspruch auf Entschädigung erloschen.*

Aufgabe 2.4

a) *Die Sekt- und Champagnerflaschen müssen im Kühlhaus bereits ausreichend lange vorher kaltgestellt werden. Circa um 23:00 Uhr werden die Flaschen dann in Sektkühler gestellt. Eine Stoffserviette wird über die Flasche und den Kühler gelegt. Die Gläser sind bereits im Vorfeld poliert worden und werden verteilt. Kurz vor 0:00 Uhr werden die Servierkräfte an den Tischen eingesetzt, um die Flaschen feierlich zu öffnen, damit alle Gäste ein gefülltes Glas in der Hand haben, sobald die Uhr Mitternacht schlägt.*

b) *Sowohl Sekt als auch Champagner sind Weine, die Kohlensäure gebildet haben. Champagner ist ausschließlich der sprudelnde Wein aus der Champagne in Frankreich. Die Gärung findet bei Champagner in der Flasche statt, bei Sekt in Tanks.*

c) *Der Champagner soll ausreichend vorgekühlt sein und im Weinkühler transportiert werden. Dann wird eine Serviette um den Flaschenhals gelegt und die Folie entfernt, sodass der Korken mit Krone sichtbar ist. Die eine Hand wird um den Korken gelegt; mit der anderen Hand dreht man die geflochtene Drahtkrone auseinander. In der Flasche entsteht Druck, dem man mit der Hand entgegenwirkt. Ganz vorsichtig wird der Korken aus der Flasche gedreht. Wenn der Champagner nicht ausreichend gekühlt ist, wird er sprudelnd aus der geöffneten Flasche entweichen.*

Aufgabe 2.5

84 Personen · 159,00 € = 13 356,00 €;

156 Personen · 99,00 € = 15 444,00 €;

Umsatz an Silvester = 28 800,00 €

Aufgabe 3.1

a) *Die amerikanische Serviermethode beinhaltet das Anrichten von Speisen auf dem Teller in der Ausgabestelle (Küchenpass). Anschließend nimmt die Servicebrigade die Teller und setzt diese am Tisch rechts vom Gast ein. Der Teller wird genau zwischen dem erforderlichen Besteck platziert.*

Ein Vorteil dieser Methode ist, dass das Essen zügig eingesetzt werden kann und nicht verfrüht abkühlt. Für Küche und Service ist diese Methode übersichtlich und ‚sicher'.

Der Nachteil dieser Methode ist, dass die Interaktionsmöglichkeit zwischen Service und Gast nur kurz möglich ist. Der Gast hat keinen Einfluss auf die Portionsgröße. Das Servicepersonal muss das Tempo genau beachten: Zwar sollen die Teller zügig eingesetzt werden, aber das Lauftempo soll ebenfalls angemessen (d. h. auch nicht zu schnell) sein.

b) *Zwei weitere etablierte Serviermethoden sind:*

- *Französische Serviermethode:*

  Das Essen ist auf großen Platten ausgelegt. Der Gast kann sich selbst bedienen oder das Servicepersonal legt die Speisen auf den Teller des Gastes. Der Vorteil ist die Möglichkeit zur Interaktion sowie das Bestimmen der Portionsgröße durch den Gast.

  Der Nachteil ist das potenzielle ‚Stören' beim Ablauf durch den Einzelgast, zum Beispiel wenn dieser sich intensiv unterhält. Diese Methode fordert mehr Bewegungsraum für das Servicepersonal und ist zeitintensiver. Außerdem muss genügend Servicepersonal zum Auslegen der Speisen vorhanden sein.

- *Englische Serviermethode:*

  Die Speisen werden auf Platten angerichtet und dem Gast präsentiert. Danach werden die Platten auf einen Beistelltisch abgestellt; anschließend wird die Speise zugeschnitten (tranchiert, filetiert etc.; oder flambiert), damit das Servicepersonal den Teller anrichten kann.

  Der Vorteil ist, dass der Gast das Anrichten seiner Speise miterleben kann. Auch der Service wird als Erlebnis wahrgenommen; es findet eine intensive Interaktion zwischen Gast und Servicepersonal statt. Der Gast kann auswählen, welchen Teil er essen möchte. Mögliche Nachteile sind der Wärmeverlust der Speisen (Zubereiten im Speisesaal) und die Tatsache, dass das Personal geschult sein muss, um diese Zubereitungen am Tisch durchführen zu können.

c) *Anrichtung auf dem Teller: „Rinderfilet auf Gärtnerinart und Schlosskartoffeln“:*

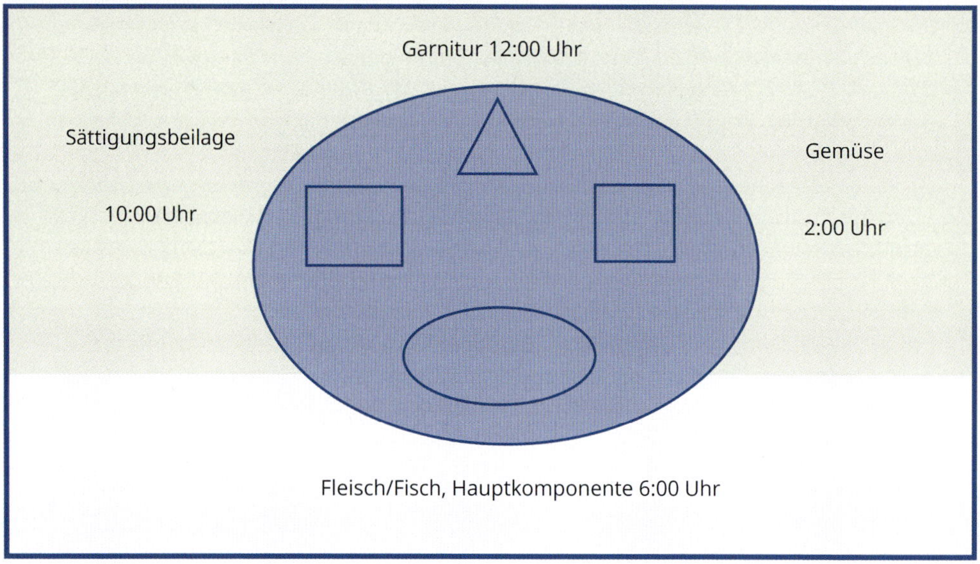

d) *Ein Teller wird rechts vom Gast eingesetzt.*

Servierregeln:

Die meisten Menschen sind Rechtshänder. Deshalb ist der Tisch ‚rechtsorientiert‘ gedeckt.

An der rechten Seite des Tellers liegen/stehen die meisten Dinge. Deshalb wird von rechts eingesetzt/eingeschenkt/ausgehoben/eingedeckt (– alles, was rechts eingedeckt werden muss –).

An der linken Seite des Tellers liegen die Gabeln und der side plate (Brotteller mit Buttermesserchen). Diese werden von links eingedeckt. Alle Speisen, die vorgelegt werden müssen (s. französische Serviermethode), werden von links angeboten. Dabei hat der Gast seine rechte Hand zur Verfügung, um sich eventuell bedienen zu können. Das Servicepersonal hat dabei ebenfalls die rechte Hand frei, um vorlegen zu können, da die Platte auf der linken Hand ruht.

Aufgabe 3.2

a)

Likör (woraus ist der Likör gebrannt?)	*Beispiel (Marke)*	*Verkehrsbezeichnung*	*Ausschankmenge*
Likörwein	*Graham´s* *Osborne* *Trinacria* *Kourtaki Samos* *Malaga Burke*	*Portwein* *Sherry* *Marsala* *Samos* *Malaga*	*2 cl*
Fruchtaromaliköre	*Grand Marnier* *Cointreau* *Maraschino*	*Grand Marnier* *Cointreau (Orangenlikör)* *Maraschino*	*2 cl*
Kräuterliköre	*Averna* *Ramazzoti* *Campari* *Bénédictine*	*Averna* *Ramazzoti* *Campari* *Bénédictine*	*2 cl*

b)

Beispiele:

Kaffeespezialität	Zubereitung und Service	Glas oder Gefäß
Espresso *Varianten von Espresso:* • *doppelter Espresso,* • *Espresso Macciato (mit einer Haube Milchschaum)* • *Ristretto (nur mit 20 ml Wasser zubereitet, also sehr konzentriert)* • *Romano (mit Zitronenscheibe)*	*Ca. 7 bis 8 g sehr fein gemahlenes Kaffeepulver (meistens aus einer Espresso-Röstung) werden mit 30 bis 40 ml Wasser im Druckbrühverfahren zubereitet*	*Serviert wird Espresso in einer kleinen Tasse mit Unterteller, zwei Würfeln Zucker und einem kleinen Gläschen Wasser.*
Cappuccino • *Espresso mit aufgeschäumter Milch*	*Der Espresso wird in einer großen Tasse vorbereitet; anschließend wird aufgeschäumte Milch hinzugefügt.*	*Benötigt werden eine große Tasse mit Unterteller sowie zwei Würfel Zucker.*
Wiener Melange • *Filterkaffee, Milch und Kakaopulver*	*Ein hohes Gefäß wird zur Hälfte mit Kaffee (Filterkaffee) und zur Hälfte mit aufgeschäumter Milch gefüllt.*	*Wiener Melange wird meistens in einem hohen Becher oder einem hohen Glas serviert.*

Aufgabe 3.3

a) *Alle Gäste bekommen 0,15 l Champagner.*

140 Gäste · 0,15 l = 21 l Champagner

(21 l : 100) · 110 = 23,1 Liter Champagner (inkl. Schankverlust)

23,1 Liter Champagner : 0,70 l Flaschen = 33

benötigt werden also 33 Flaschen Champagner

b) *Zur Vorbereitung sollte im Kühlhaus genügend Champagner kühl gestellt worden sein. Im Servicebereich kann eine Bar aufgebaut werden, auf welcher die Sektkübel mit Eis platziert werden. Die Champagnerflaschen werden dort hineingestellt. Abschließend wird eine Serviette darübergelegt, damit die Hände des Servicepersonals beim Servieren nicht abrutschen.*

Die Gläser sollten (→ Mise en Place) bereits auf Tabletts vorbereitet und poliert sein.

Wenn die ersten Gäste kommen, werden die ersten Gläser vorbereitet und serviert.

Das Servicepersonal sollte stets aufmerksam verfolgen, welche Gäste neu hinzukommen. Leere Gläser sollten schnell eingesammelt werden.

c)

d) *An den Händen sind im Allgemeinen viele Keime vorhanden. Diese Keime werden auf die Tischdecken, Servietten und das Besteck übertragen. Wenn die Hände gut gereinigt sind und saubere Handschuhe getragen werden, ist die Chance auf Verkeimung des unbenutzten Geschirrs geringer.*

Aufgabe 3.4

a) *Tischdecke:*

Nach Möglichkeit soll schattenfrei eingedeckt werden, deshalb soll sich der Oberbruch der Tischdecke so nahe wie möglich an der Lichtquelle befinden oder parallel zur Lichtquelle laufen.

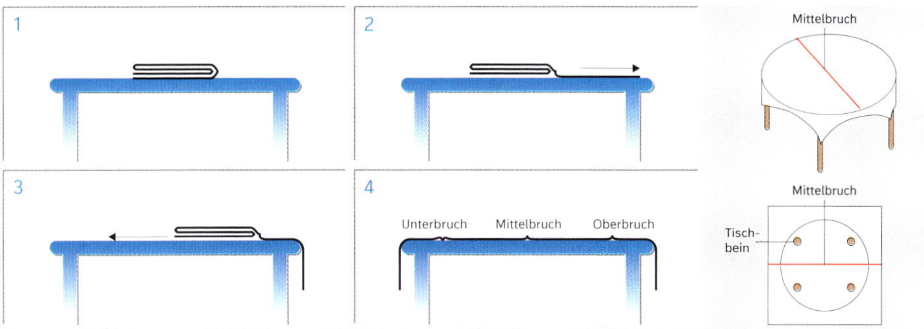

- *Der Mittelbruch muss oben liegen und mittig fixiert sein.*
- *Am oberen Teil der Tischdecke ziehen, sodass die eine Seite des Tisches bedeckt ist.*
- *An dem unteren Teil der Tischdecke ziehen, sodass die andere Seite des Tisches bedeckt ist.*
- *Wenn die Tischdecke falsch aufgelegt wird, dann höchstens an den Ecken wieder anheben. Es kommt Luft darunter; danach soll die Tischdecke vorsichtig wieder auf den Tisch gelegt werden.*
- *Bitte nicht mit den Händen die Tischdecke glatt streichen!*

Da bei einem Ball meistens runde Tische verwendet werden, müssen die Tischdecken oder Tafeltücher zu zweit aufgelegt werden. Bei runden Tischen muss man auf die Sitzeinteilung des Tisches achten.

Stoffservietten:

Ein festlicher Ball eignet sich besonders für das kunstvolle Legen der Servietten. Die Serviceleiterin entscheidet sich meistens für eine Form. Beim Legen der Mundservietten sollen immer Handschuhe getragen werden.

b)

Art der Flecken	*Behandlungsmethode*
	allgemein: *Flecken bestehen immer aus einem Gemisch aus Farbstoffen, Eiweißen, Fetten und Ölen. Aber auch Pigmente und Stärke sind hartnäckig zu entfernen. Viele Vollwaschmittel entfernen Flecken erfolgreich und vollständig. Manchmal ist zuvor noch eine Vorbehandlung nötig.*
Rotwein	*Rotwein kann entfernt werden, wenn man den Stoff in einer lauwarmen Feinwaschmittellösung einweicht.*
Kerzenwachs	*Das Kerzenwachs wird mit einem Stück Küchenpapier abgedeckt. Danach wird mit einem heißen Bügeleisen über das abgedeckte Wachs gebügelt. Das Wachs schmilzt und setzt sich im Küchenpapier fest. Es bleibt jedoch ein Fettfleck übrig.*
Fettflecken	*Fettflecken werden herkömmlich mit Waschbenzin oder Fleckenwasser entfernt.*

Aufgabe 3.5

a) *Der Fehler liegt in der zweiten Spalte; die* ***Gemeinkosten*** *(175 %) betragen* ***6,38 €.***

Aufgabe 4.1

a) *Zusammenstellung eines Menüs – grundsätzliche Regeln:*

1. *ein ausgewogenes Verhältnis zwischen Eiweiß, Fetten, Kohlehydraten und Ballaststoffen herstellen*
2. *Sättigungswert beachten (zum Beispiel also bei mehr als drei Gängen keine gebundene Suppe)*
3. *Saison und Marktangebot beachten (zum Beispiel Spargel im Mai)*
4. *Farbwiederholung bei Speisen vermeiden*
5. *verschiedene Rohstoffe verwenden*
6. *unterschiedliche Zubereitungsarten nutzen*
7. *verschiedene Garungsarten nutzen*
8. *unterschiedliche Geschmacksrichtungen anbieten*

b) *Beispiele:*

Weizenbier (Kristallweizen oder Hefeweizenbier; Paulaner), 0,5 l

Pilsner (Köstritzer), 0,3 l und 0,5 l

(Mit dem Augenmerk auf ausländische Gäste ist zu beachten, dass diese beiden Varianten die am häufigsten bestellten Biere sind.)

c) *Der Prüfling sollte einen Weißwein und einen Rotwein auswählen.*

Da Weimar in der Nähe vom Weinbaugebiet Saale-Unstrut liegt, wäre es passend, Weine aus jener Region zu wählen. Es handelt sich hier um das nördlichste Weinbaugebiet und folgende Rebsorten werden hier u. a. angebaut:

Müller-Thürgau, Weiß- und Grauburgunder, Bacchus, Riesling, Silvaner, Gutedel und Kerner, blauer Portugieser, Dornfelder, blauer Spätburgunder und blauer Zweigelt.

Berühmte Beispiele aus dieser Region sind:

- *Müller-Thürgau, Weißwein, Rotkäppchen, 2015*
- *Silvaner, Weißwein, Rotkäppchen, 2016*
- *Roter Dornfelder, Rotkäppchen, 2016*
- *Roter Eilfer, Weingut Weimar, 2016*

d) *In öffentlichen Einrichtungen, also solche, die eine Zusammenkunft von Menschen ermöglichen, zum Beispiel einem Hotel, fallen beim Abspielen von Musik GEMA-Gebühren an. Die GEMA (Gesellschaft für musikalische Aufführungs- und mechanische Vervielfältigungsrechte) beschützt die Urheberrechte der Künstler. Deshalb müssen alle Einrichtungen eine Gebühr bezahlen, sobald Veranstaltungen mit Musik organisiert werden oder Musik abgespielt wird. Die Höhe der jeweiligen Gebühr wird nach der Quadratmeterzahl der Einrichtung errechnet.*

Aufgabe 4.2

a)

Bier (Erklärung)	*Beispiel (Marke)*	*Verkehrsbezeichnung*	*Ausschankmenge*
Untergäriges Bier *Die Bierwürze gärt bei einer Temperatur von 4 bis 8 °C ungefähr acht Tage lang. Die Hefe setzt sich dabei am Boden ab.*	*Becks, Hasseröder, Veltins*	*Pilsener* *Export* *Lager* *alkoholfreie Biere*	*0,3 l, 0,5 l*
Obergäriges Bier *Die Bierwürze gärt bei höheren Temperaturen (15 bis 18 °C). Die Hefe schwimmt an der Oberfläche.*	*Berliner Weiße* *Bockbier* *Weizenbock* *Kölsch* *Alt*	*Berliner Kindl* *Flensburger*	*0,3 l, 0,5 l*

b)

Bierherstellung in mehreren Schritten:

1. *Herstellung von Grünmalz: Meistens wird zum Bierbauen Gerste benutzt, doch können auch Weizen, Dinkel und Roggen verwendet werden. Das Getreide wird ein bis zwei Tage lang in Wasser eingeweicht. Danach werden die Körner in Keimkästen bei gleichmäßiger Temperatur (15 °C bis 18 °C) zum Keimen gebracht. Die Stärke wird durch Enzyme in Dextrine und Malzzucker umgewandelt. Nun werden die Körner wasserlöslich; das Ergebnis wird Grünmalz genannt.*

2. *Darren des Grünmalzes: Die Keimung des Grünmalzes muss gestoppt werden. Dies geschieht durch das Trocknen der Masse bei höheren Temperaturen. Die Höhe der Temperatur bestimmt die Farbe des Bieres. Je höher der Temperatur, desto dunkler das Bier.*

3. *Putzen des Malzes: Die fetthaltigen Blätter und eventuelle Keimwürzelchen werden maschinell entfernt. Es entsteht Darrmalz.*

4. *Schroten des Darrmalzes: Die Brauereien schroten das Darrmalz, um die Malzinhaltstoffe zu extrahieren. Das Verhältnis und die Zusammenstellung der Mahlgrade sind das Geheimnis des Braumeisters und des einmaligen Geschmacks des jeweiligen Bieres.*

5. *Mischen mit Wasser (Maischen): Das Maischen dient der Enzym-Aktivierung; die Masse wird nach und nach erhitzt (von 50 °C auf 66 °C bis maximal auf 78 °C).*

6. *Läuterung der Maische: Die unlöslichen Bestandteile werden von den löslichen getrennt. Es bleibt eine flüssige Würze übrig.*

7. *Kochen der Würze: Die Würze wird mit Hopfen oder Hopfenextrakt ungefähr zwei Stunden lang gekocht. In diesem Schritt werden wesentliche Prozesse gestoppt oder angefangen:*

   - *Die Enzyme werden zerkocht und können den weiteren Prozess nicht mehr beeinflussen.*
   - *Der Hopfen wird mit dem Malzaroma verbunden; es entsteht der typische Geschmack des jeweiligen Bieres.*
   - *Durch das Verdampfen der Würze wird diese konzentriert und es wird ein „Stammwürzgehalt" erreicht, der wesentlich für den gebrauten Typ Bier ist.*
   - *Eiweißstoffe flocken aus.*

8. *Filtern und Kühlen der Würze: Alle schwebenden Eiweißteilchen und Hopfenruckstände werden herausgefiltert und die Würze wird auf 5 °C bis 6 °C heruntergekühlt.*

9. *Ansatz mit Hefe: Die Bierwürze wird mit Hefe angesetzt. Aus dem Zucker in der Bierwürze entstehen Alkohol und Kohlenstoffdioxid. Hier entsteht der Unterschied zwischen untergärigem Bier (= gärt bei niedrigen Temperaturen) und obergärigem Bier (= gärt bei höheren Temperaturen). In diesem Schritt entsteht Jungbier.*

10. *Nachgärung: Das Jungbier muss noch nachgären. Dies geschieht in großen Tanks bei 0 °C. Dabei wird der Kohlendioxidgehalt auf 0,4 % reguliert. Das Nachgären kann bis zu mehreren Wochen dauern.*

11. *Filtern und Abfüllen: Zuletzt wird das Bier von Restrückständen gefiltert und anschließend in Flaschen oder Dosen abgefüllt.*

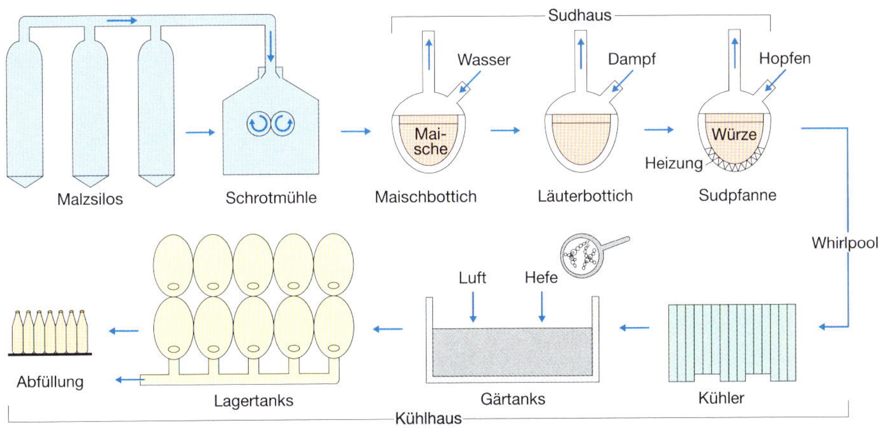

Aufgabe 4.3

a) *Belegung der Betten pro Jahr:*

365 Tage · 80 Betten = maximal 29 200 Bettenbelegungen pro Jahr

Auslastung:

(29 200 : 100) · 85 % = 24 820 belegte Betten durchschnittlich im Jahr

→ 24 820 Flaschen Bier werden bei einer durchschnittlichen Bettenbelegung von 85 % im Jahr benötigt.

b) *24 820 Flaschen · 0,65 € = 16 133,00 € Kosten*

Aufgabe 4.4

a) *Die Rolle der Arbeitskleidung:*

- *Arbeitskleidung schützt vor schädliche Emissionen (Hitze, Dampf, Kälte, Verschmutzungen etc.),*
- *Arbeitskleidung ist wichtig für die Corporate Identity eines Unternehmens (– das Unternehmen präsentiert sich über die Kleidung seiner Mitarbeiter –).*

b) *Eine korrekte Arbeitskleidung muss die folgenden Voraussetzungen erfüllen:*

1. *Die Schuhe müssen rutschfest sein.*
2. *Die Beine sollen bedeckt sein.*
3. *Beim Umgang mit Hitzequellen sollen die Ärmel lang sein.*
4. *Die Kleidung soll sauber sein.*

Aufgabe 4.5

a) *Besteck wird meist aus den folgenden Materialien hergestellt:*

- *Chromstahlbesteck (erkennbar an den Beschreibungen „inox", „rostfrei" oder „stainless"),*
- *Chromnickelstahlbesteck, ist silbrig-glänzend und weich (-> nicht geeignet für die Gastronomie!)*
- *Chrommanganstahl, silbrig-glänzend, stabiler als Chromnickelstahl,*
- *versilbertes Besteck (mit einer Silberauflage überzogen),*
- *Silberbesteck (besteht aus Silber (80 %) und Kupfer (20 %); -> nicht für die Gastronomie geeignet!)*

b) *Silber und versilbertes Besteck muss poliert werden. Dies geht mit einem Tuch, in der Silberpoliermaschine und im Silberbad (Scheiben aus Aluminium, heißes Wasser, 1 TL Soda, 2 TL Salz); Silberbesteck ist jedoch für die Gastronomie nicht geeignet.*

Das Chromstahlbesteck kann einfach in der Spülmaschine gereinigt werden. Wenn dieses Besteck ‚anläuft', kann man diese Verfärbungen mit Schlammkreide entfernen.

c) *siehe (b)*

Aufgabe 4.6

a)

Begriff	*Erklärung*
Parieren	*Das Bindegewebe wird vom reinen Muskelfleisch entfernt. Was abgeschnitten wurde (Fettteile, Knorpel, Bindegewebehäute, Sehnen) – wird „Abschnitte" oder „Parüren" genannt.*
Reifung	*Lebensmittel können durch lebensmitteleigene Enzyme unter bestimmten Bedingungen (Luftfeuchtigkeit, Temperatur) reifen. Folgende Lebensmittel reifen:* • *Fleisch* • *Fisch* • *Käse* • *Obst und Früchte* *In Mitteleuropa lässt man Fleisch in besonderen Schränken reifen. Im Mittelmeerraum und Nordafrika kann Fleisch an der Luft getrocknet werden. In hohen Norden Europas, kurz vor dem Polarkreis, werden sowohl Fisch als auch Fleisch an der Luft getrocknet (– sie reifen –).*

Begriff	*Erklärung*
Hobeln	*Das Lebensmittel wird am Messer vorbeigeführt. Dadurch entstehen kleine ‚Späne', die der Speise einen appetitlichen optischen Eindruck verleihen.*
Raspeln	*Das Lebensmittel wird in Streifen unterschiedlicher Länge geschnitten, indem man es an einer Raspel vorbeiführt.*
Zentrifugieren	*Beim Zentrifugieren wird das Lebensmittel mit hoher Geschwindigkeit gedreht. Durch die Fliehkraft werden die Flüssigkeiten in schwere und leichtere Teile getrennt (Beispiel Milch: Hier werden Sahne und Magermilch durch das Zentrifugieren getrennt).*
Passieren	*Beim Passieren sollen Flüssigkeiten und andere Massen frei von festen Bestandteilen gehalten werden; sie werden ‚klar'. Dies wird erreicht, indem die Flüssigkeit/Masse durch grobmaschigen Tücher oder Siebe läuft. Wichtig ist, dass dies langsam geschieht.*
Dekantieren	*Eine Flasche Rotwein kann manchmal schwebende Teilchen enthalten, besonders, wenn der Rotwein im Fass gelagert worden ist. Diese schwebenden Teilchen werden „Depot" genannt. Wird die Flasche beim Einschütten zum Beispiel in eine Karaffe in einem bestimmten Winkel gehalten, bleiben das Depot in der Flasche zurück.*
Destillieren	*Beim Destillieren wird eine Maische (zum Beispiel gärendes Obst) angesetzt. Der Dampf wird aufgefangen, indem er in Glaskugeln gesammelt wird. Er kühlt dort ab und verändert seinen Aggregatzustand von gasförmig zu fest(er); zurück bleibt eine ‚reine' Flüssigkeit. Diese wird so lange destilliert, bis der gewünschte Alkoholgehalt erreicht ist.*
Tournieren	*Das Tournieren ist das Zurechtschneiden von Gemüse, meist in Schiffchenform.*
Kannelieren	*Kannelieren bedeutet, Kerben in Gemüse zu schneiden, damit es optisch ansprechend aussieht.*

Aufgabe 4.7

a)

1. *Mehrwegbehältnisse benutzen, wenn Gemüse usw. angeliefert wird*
2. *Reinigungsmittel sparsam dosieren*
3. *Reinigungsmittel verwenden, welche weder Phosphat noch Sulfat enthalten*
4. *Lebensmittelreste den Biogasanlagen zuführen*
5. *im Winter kein Salz, sondern Split streuen*

b) *Beispiele für Lärm in verschiedenen Bereichen:*

Abteilung Service:

1. *das Geräusch von Kassen und Drücker (große Knöpfe zum Öffnen von Türen)*
2. *das Geräusch von Kaffeemaschinen*
3. *das Klappern von Geschirr*

Abteilung Küche:

1. *Geräusche von Rühr-, Knet- oder Schlagmaschinen*
2. *das Plattieren von Fleisch*
3. *das Klappern von Pfannen und Geschirr*

Abteilung Housekeeping (Etage):

1. *Staubsaugerlärm*
2. *Musikanlagen, die im Flur und in den Zimmern spielen*
3. *Türenschlagen*

Aufgabe 5.1

a) *Risotto ist ein norditalienisches Reisgericht, das bereits seit der Renaissance in Europa bekannt ist. Es gibt verschiedene Sorten Risotto – Arborio, Vialone, Maratelli und Carnaroli. Kennzeichnet für Risotto ist das Zersetzen der Stärke im Reiskorn, sodass der Reis sämig wird. Risotto wird mit Zwiebeln angeschwitzt, mit Brühe abgelöscht und mit Weißwein verfeinert.*

b) *Fitnessgetränke sollen den Wasserhaushalt des menschlichen Körpers wieder auffüllen. Meistens hat man nach dem Trainieren sehr viel Flüssigkeit verloren. Deshalb eignen sich auf jeden Fall verschiedene Sorten Wasser, die mit Kräutern oder Obst ein wenig verfeinern werden, zum Beispiel Wasser mit Minzblättern/mit Salbeiblättern/mit Obststücken (Zitrone, Pfirsich, etc.). Außerdem bieten sich auch die klassischen Schorlen an, wie zum Beispiel Apfelsaft- oder Rhabarberschorle. Eine andere Variante ist Eistee – dieser ist leicht zuzubereiten und wird oft mit Kräutern und Obst verziert und mit Süßmitteln wie Stevia gesüßt. Die genannten Getränkebeispiele werden meistens in großen Gläsern (ab 0,3 l) serviert.*

c) *Die Grundregeln dazu, welcher Wein zu welchen Speisen passt, lauten wie folgt:*

- *Farbe:*

  Weißwein passt zu hellem Fleisch (Kalbfleisch, Schweinefleisch) und hellem Fisch (Kabeljau). Weißwein/Rosé/leichter Rotwein passt zu hellem Fleisch und Fisch, wenn das Lebensmittel in der jeweiligen Zubereitungsart ‚Farbe' bekommt (zum Beispiel Schnitzel). Mittlerer bis schwerer Rotwein passt zu dunklem Fleisch und dunklerem Fisch (zum Beispiel Thunfisch).

- *Schwere:*

  Leichte Weine passen gut zu milden Speisen.

  Schwere Weine passen gut zu kräftige Speisen (schwere Soßen, Braten usw.).

  Weine mit Restsüße (sog. Dessertweine) passen zu süßen Speisen und Desserts

  Fruchtige Weine passen zu sehr würzigen Speisen.

d) *Die Reihenfolge, welche in Bezug auf Wein im Menü eingehalten werden sollte, ist wie folgt: Weiß vor Rot und Rosé; trockene Likörweine VOR Weißweinen; leicht vor schwer; jung vor alt; trocken vor lieblich/süß*

e) *Zur Vorspeise wird ein schöner Silvaner (trocken) serviert – Qualitätswein b. A., ein mild-würziger Weißwein. Zur Hauptspeise passt ein Rotwein aus dem Haus Müller-Thurgau – Qualitätswein b. A. Der Rotwein hat ein wenig Frucht und Restsüße und gilt als mild.*

f) *Proteinshakes basieren auf eiweißhaltigem Pulver. Der Sportler bekommt beim Trinken eines solchen ein Gefühl der Sättigung, hat aber keine Kalorien in Form von Zucker oder Fett zu sich genommen. Der Stoffwechsel des Körpers beginnt, die Proteine aus dem Drink zu verbrennen – und da diese Kalorien nicht ausreichen, um den Körper mit Energie zu versorgen, verbrennt dieser anschließend die eigenen Energiereserven, die als Fettpolster vorliegen.*

Aufgabe 5.2

a) *Kakao wird aus dem Samenkern der Kakaobohne gewonnen, die in einer großen fleischigen Frucht am Stamm des Baumes wächst. Die Früchte werden mit einer Machete vom Stamm gelöst und anschließend aufgeschnitten, um ein Keimen der Samen zu verhindern. Die Frucht wird aufgeschlagen. In der Frucht befinden sich Bohnen, eingefasst in dem Fruchtfleisch, welches von den einheimischen Menschen gerne gegessen wird. Die Bohnen werden aus dem Fruchtfleisch gelöst. Es fängt der Fermentationsprozess an. Die Bohnen werden bei Temperaturen zwischen 40 und 50 °C getrocknet und „gären" einige Tage vor sich hin. Dieser Prozess mildert den ursprünglichen herben Geschmack. Danach werden die Bohnen gewaschen, getrocknet und anschließend transportiert. Im nächsten Schritt werden die Bohnen gereinigt, geröstet, aufgebrochen und gemahlen. Es entsteht ein dickflüssiger Kakaobrei, aus dem ein wertvolles Öl gewonnen wird. Die abgepresste Kakaobutter. Dieses Öl wird für Schokolade, aber auch für Crèmes genutzt. Es bleibt ein Kakaopresskuchen übrig, der zu Kakaopulver zermahlen wird. Schokolade entsteht aus der Kakaomasse, Kakaobutter und etwas Zucker. Kakaopulver wird mit anderen Lebensmitteln vermischt, zum Beispiel mit Zucker und Milch. Daraus entsteht das typische Kakaogetränk. Es wird weiterhin in Backstuben, bei der Herstellung von Speiseeis und weiteren Speisen der Patisserie verwendet. Vermischt man Kakao mit Palmfett und Zucker, so entsteht eine streichbare Schokoladencrème. Kakaobutter wird auch in Form von Schokoladentafeln verkauft.*

b) *Die Kaffeebohne ist der Samenkern aus der sog. Kaffeekirsche, einer im reifen Zustand tiefroten Steinfrucht, die an Sträuchern in Zentralamerika, Südamerika, Afrika und Asien wächst. Nach der Ernte werden die Samen vom Fruchtfleisch getrennt und getrocknet. Nach dem Entfernen der Pergamenthaut (dünnes Vlies um die Bohne) werden die noch grünen Kaffeebohnen verpackt und zu Röstereien in der ganzen Welt verschickt. Kaffeebohnen werden bei einer Temperatur zwischen 200 und 250 °C geröstet – mittels einer in sich drehenden Trommel, im Heißluftverfahren oder im Aerotherm-Verfahren. Durch das Rösten verdampft das Wasser in der Bohne. Die Geschmacks- und Aromastoffe entwickeln sich und werden je nach Intensität des Röstverfahrens braun. Der geröstete Kaffee kann jetzt gemahlen und zum bekannten Getränk verarbeitet werden.*

c) *Kaffeespezialitäten erfreuen sich großer Beliebtheit. Sie werden auf verschiedene Weise hergestellt:*

- *Filterkaffee - der gemahlene Kaffee wird in einem Filterbehälter gefüllt. Anschließend wird heißes Wasser (etwas unter 100 °C) auf das Pulver gegossen; das Pulver wird später mittels eines Filterverfahrens vom trinkbaren Kaffee getrennt.*
- *Espresso – Espressopulver ist ein sehr fein gemahlenes Kaffeepulver, das mittels eines Druckbrühverfahrens mit 30 bis 40 ml Wasser in Berührung kommt. Es entsteht eine kleine Tasse aromatischer Kaffee.*
- *Cappuccino – Hier wird Espresso mit heißer Milch und Milchschaum vermischt.*
- *Latte Macchiato – Ein Glas wird mit heißer Milch und Milchschaum gefüllt; danach wird ein Espresso untergemischt.*
- *Melange – besteht zur Hälfte aus aufgeschäumter Milch und zur Hälfte aus Filterkaffee*
- *Fiaker – ein doppelter Espresso mit Sahne*

d) *Beispiele:*

Irish Coffee: 4 cl Whiskey erwärmen und mit 2 TL Zucker vermischen, das Glas mit der Mischung danach zu ¾ mit Kaffee auffüllen und das Getränk anschließend behutsam mit Schlagsahne bedecken

Pharisäer: 4 cl Rum erwärmen und mit 1 TL Zucker vermischen, das Glas mit der Mischung danach zu ¾ mit Kaffee auffüllen und das Getränk dann behutsam mit Schlagsahne bedecken

Aufgabe 5.3

a) *Fette sind die energiereichste Nahrung, die wir zu uns nehmen. Ein Mensch braucht ungefähr 0,7 bis 1 g Fett am Tag. Die Zusammensetzung der Fette ist von erheblicher Bedeutung. Es gibt gesättigte und ungesättigte Fette; Letztere sind für die Ernährung gesünder. Fetten liefern Fettsäuren, insbesondere Linolsäure. Zudem sind Fette Träger von fettlöslichen Vitaminen (A, D, E, K, Provitamin A (Carotin)) und von Geruchs- und Geschmacksstoffen. Lezithine und Cholesterin kommen in Fettsäuren vor und werden vom Körper benötigt. Lezithine wirken dort wie einen Emulgator und Cholesterin beeinflusst das Vitamin D, die Hormone und die Zellwände.*

b) *Wenn Fette in Speisen erstarren, wird dieses Essen steif, wie erstarrt. Je höher der Erstarrungsbereich (-> Temperatur) ist, desto eher erstarrt das Essen im Mund. Die Geschmacksknospen auf der Zunge werden dadurch mit Talg verklebt. Um dies zu verhindern, müssen Speisen, die viel Fett (Talg) enthalten, heiß serviert werden.*

c) *Eine Emulsion ist eine Lösung aus Wasserteilchen und Fettteilchen. Ein Emulgator (oft ein Eiweiß, zum Beispiel Lezithin) vermischt diese beiden Komponenten wieder miteinander.*

d) *Der menschliche Körper braucht viel Eiweiß für den Aufbau von Körperzellen und ist nicht in der Lage, Eiweiß selbst zu produzieren. Eiweiß kann nicht durch andere Nahrungskomponenten ersetzt werden. Je nach biologischer Wertigkeit des Nahrungsmittels braucht ein Mensch pro Tag 30 bis 40 g Eiweiß.*

Aufgabe 5.4

a) *Der menschliche Körper ist auf Wasser angewiesen, um funktionsfähig zu sein. Wasser dient als Transportsystem für Nährstoffe, Sauerstoff und CO_2. Enzyme im Körper benötigen ebenfalls Wasser. Der menschliche Körper besteht zu 65 % aus Wasser.*

b) *Der Begriff Stoffwechsel (auch: Metabolismus) bezeichnet die Gesamtheit chemischer Vorgänge im lebenden Körper. Diese chemischen Stoffe werden dort in (Zwischen- und) Endprodukte umgewandelt.*

c) *Enzyme sind Stoffe, die in allen Organismen gebildet werden und welche die weitere Zerlegung der Nahrungsmittel ermöglichen, sodass der Körper in der Lage ist, die Nahrungskomponenten aufzunehmen.*

Aufgabe 5.5

a) *1-f, 2-e, 3-d, 4-c, 5-b ,6-a*

b)

Garverfahren	Technologie	Eventuelle Vor-/Nachteile
Pochieren	*Das Nahrungsmittel wird in viel Flüssigkeit gar gezogen. Die Flüssigkeit erreicht jedoch nie den Siedepunkt. Die Temperatur wird zwischen 70 °C und 95 °C gehalten.*	• *für eiweißreiche Produkte* • *schonendes Kochverfahren*
Dämpfen	*Das Nahrungsmittel wird in strömendem Dampf (100 °C) gegart.*	• *geht schnell, besonders wenn ein Hochdruckverfahren eingesetzt wird* • *sehr schonendes und den Geschmack erhaltendes Verfahren*
Dünsten	*Das Nahrungsmittel gart im eigenen Saft bei 100 °C. Eventuell muss Fett zugefügt werden.*	• *kein Auslauchen* • *voller Geschmack des Nahrungsmittels bleibt erhalten*
Kurzbraten	*Garen in wenig heißem Fett (ca. 160 °C bis 200 °C); Pfanne wird nicht abgedeckt*	• *Kurzbraten ist nur für sehr zarte Filetstücke geeignet.* • *Es entstehen Röststoffe.*
Langzeitbraten	*Das Fleisch wird mit Rundum-Hitze in wenig Flüssigkeit bei einer Temperatur zwischen 150 °C und 200 °C gegart.*	• *für große Fleischstücke* • *Flüssigkeit verdunstet*
Schmoren	*Das Fleisch wird bei 200 °C angebraten, danach gart es weiter im Backofen bei 100 °C. Es sollte immer ein wenig Flüssigkeit darüber gegossen werden.*	• *Methode ist für große Fleischstücke geeignet.* • *Es entstehen Röststoffe.* • *Es entsteht viel Soße.*
Backen im Ofen	*Garen von Teigen und Massen mit einer Rundum-Hitze (ca. 150 °C bis 200 °C).*	• *Durch Eiweißgerinnung und Stärkeverkleisterung entsteht eine Masse, die aufgrund der crèmigen Substanz gerne gegessen wird.*
Frittieren	*Das Nahrungsmittel wird vollständig in heißem Fett bei einer Temperatur von 160 °C bis 180 °C gegart.*	• *Speisen nehmen viel Fett auf* • *Speisen sind schnell fertig*
Grillen	*Das Nahrungsmittel wird durch Wärmestrahlung gegart. Die Wärmestrahlung kann durch elektronische Röhren oder Glut (Kohle/Holz) erreicht werden.*	• *Fett schmilzt aus* • *Es entstehen Röststoffe*

c)

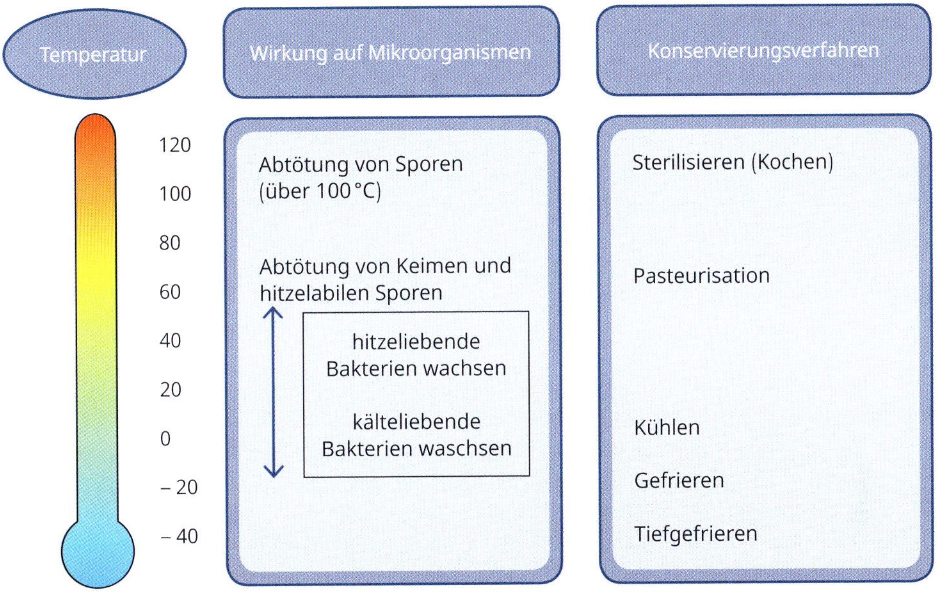
Temperatur
Wirkung auf Mikroorganismen
Konservierungsverfahren
120
100
80
60
40
20
0
– 20
– 40
Abtötung von Sporen (über 100 °C)
Abtötung von Keimen und hitzelabilen Sporen
hitzeliebende Bakterien wachsen
kälteliebende Bakterien waschsen
Sterilisieren (Kochen)
Pasteurisation
Kühlen
Gefrieren
Tiefgefrieren

Warenwirtschaft

1 Unternehmensbeschreibung:
Sie sind Mitarbeiter/-in im Hotel-Restaurant „Lübecker Hof", Königstraße 45, 22367 Lübeck, Telefon: 0451/123456, E-Mail: info@luebeckerhof.de, Inhaber: Jan Schuster.

1.1 Situation: Nachdem das Silvester-Geschäft erfolgreich abgelaufen ist, wird es Zeit für die Bilanz und die Überprüfung des Inventars.

a) *Am 02. Januar gehen der Chefkoch und die Restaurantleiterin durch die Lager und notieren den Bestand. Es ist noch Lebensmittel im Wert von 3 300,00 € in den Vorratsschränken vorhanden. Die Lagerabrechnung in Dezember zeigte eine Summe von 56 000,00 €. Berechnen Sie: Wie hoch war der Verbrauch an Waren im Monat Dezember in Euro?*

b) *Im Restaurant steht ein Digestif-Trolley. Folgende Daten zum Getränkeumsatz liegen vor:*

Monatsnettoumsatz Getränke	Juni	Juli	August
Branntwein	50 €	60 €	70 €
Korn	200 €	250 €	300 €
Whiskey	20 €	30 €	60 €
Obstbrände	20 €	20 €	20 €
Liköre	500 €	600 €	620 €
Rum	20 €	40 €	60 €

Stellen Sie die o. g. Daten in einem Säulendiagramm grafisch dar. Zeichnen Sie dafür auf der y-Achse (vertikal) die Hunderterschritte bis 700. Tragen Sie auf der x-Achse (horizontal) die jeweiligen Getränke ein – je Getränk mit jeweils drei unterschiedlich farbigen Säulen (für jeden Monat) direkt nebeneinander, in der Höhe passend zum Umsatz.

c) *Aus der Tabelle und Ihrer grafischen Darstellung aus (b) können Sie ablesen, welches alkoholische Getränk am wenigsten Umsatz gemacht hat. Welches Getränk ist dies? Welche Erklärung könnte es dafür geben?*

d) *Welche Möglichkeiten gibt es, die Umsätze der wenig verkauften alkoholischen Getränke zu verbessern? Machen Sie drei Vorschläge.*

e) *Der Bruttoverkaufspreis eines Korns (2 cl) beträgt 3,00 €. Ermitteln Sie, wie viel Liter Korn im Monat Juli verkauft worden sind.*

f) *Ein neuer Barkeeper in der Bar vom „Lübecker Hof" versucht, das Nachtleben im Hotel etwas ‚anzukurbeln'. Dafür hat er eine ganze Palette an Cocktailrezepten erstellt. Einer der Cocktails, „Lübecker Jungsporn", wird mit Korn gemixt. Folgende Zutaten werden gebraucht:*

2 cl Korn, 3 Würfel Crushed Ice, 4 cl gesüßter grüner Tee, 1 Schuss (ca. 1 cl) Maracujasirup, Basilikumblätter zur Dekoration

Der Cocktail verkauft sich bei einem Preis von 8,50 € gut. In den Monaten September bis Dezember steigt der Korn-Konsum von 300,00 € auf 1 000,00 € Bruttoumsatz. Errechnen Sie, wie viele Flaschen Korn jetzt benötigt werden. Eine Flasche Korn beinhaltet 1 Liter.

1.2 Situation: Sie dürfen zum ersten Mal die Rezepturkartei des Chefkochs ansehen. Auf den Karteikarten finden Sie den Eintrag „Putzverlust".

a) *Erklären Sie den Begriff „Putzverlust".*

b) *Lesen Sie folgende Rezeptur:*

- Mirepoix in Butter farblos anschwitzen, Mehl zugeben und ebenfalls anschwitzen; abkühlen,
- mit heißer Brühe auffüllen und mit einem Schneebesen glattrühren,
- beim Aufkochen mit dem Kochlöffel weiterrühren,
- nach 10 Minuten die Suppe durch ein Sieb ziehen,
- Sahne und Eigelb mit der Suppe nach und nach verrühren.

Erklären Sie: Was ist „Mirepoix"?

c) *Erklären Sie, was im o. g. Rezept aus (b) mit „anschwitzen" gemeint ist.*

d) *Es gibt verschiedene Sorten Suppen. Geben Sie für jede Sorte mehrere Beispiele an. Nennen Sie die Suppe, die im o. g. Rezept aus (b) zubereitet wird.*

1.3 Situation: Seit einiger Zeit achten Sie sehr auf Ihre eigene Ernährung und haben sich deshalb ausführlich mit dem Thema ‚Verdauung' auseinandergesetzt. In Deutschland wird gerne Soße zum Essen gereicht. Die meisten Soßen haben einen hohen Energiewert und deshalb haben Sie Soßen in der letzten Zeit eher gemieden.

a) *Auf der Speisekarte vom „Lübecker Hof" steht folgendes Gericht:*

„Kalbsmedaillons mit Deutscher Soße und Pilz-Risotto".

Erklären Sie, wie Deutsche Soße hergestellt wird und nennen Sie die Zutaten.

b) *Der „Rinderbraten mit Bordelaiser Soße“ wird gerne bestellt. Erklären Sie, wie Bordelaiser Soße zubereitet wird und nennen Sie die Zutaten.*

c) *Ende April beginnt die Spargelsaison. Zu Spargel wird gerne „Sauce Hollandaise“ serviert. Erklären Sie, wie Sauce Hollandaise zubereitet wird und nennen Sie die Zutaten.*

1.4 Situation: Das Hotel-Restaurant „Lübecker Hof“ liegt in Lübeck; die Stadt hat einen direkten Zugang zur Ostsee. Deshalb herrscht ein maritimes Flair im Hotel-Restaurant. Der Chefkoch kocht vorzugsweise Gerichte mit Fisch, Krusten- oder Schalentieren. Seiner Devise nach sollte der angebotene Fisch vor allem aus der Lübecker Bucht kommen. Folgende Fische stehen auf der Speisekarte:

Aal

***

Seezunge

***

Steinbutt

a) *Füllen Sie folgende Tabelle zu den o. g. Fischarten aus:*

Fisch	Zubereitungsweise	Bezeichnung	Wird serviert mit ...
Aal			
Seezunge			
Steinbutt			

b) *Viele Gästebestellen auch gerne Garnelen. Erklären Sie, auf welche Weise man Garnelen gut servieren kann.*

c) *Kaviar ist eine Delikatesse. Erläutern Sie, warum Kaviar so teuer ist.*

1.5 Situation: Das Hotel „Lübecker Hof" gibt es schon seit langer Zeit. Der Hoteldirektor und die Restaurantleiter überlegen, wie nun auch jüngere Zielgruppen angesprochen werden können.

a) *Nach welchen verschiedenen Kriterien können Zielgruppen eingeteilt werden? Nennen und erklären Sie mehrere Beispiele.*

b) *Erklären Sie, was junge Leute von bzw. in den Restaurants und Hotels von heute erwarten.*

c) *Schlagen Sie drei moderne Speisen vor, welche junge Menschen (sog. ‚Young Adults') gerne essen.*

1.6 Situation: Im Hotel-Restaurant wird am 24.04.20.. eine neue Spülmaschine (Spülstraße) angeschafft, die in kurzer Zeit sehr viel Geschirr säubern und trocknen kann.

a) *Die neue Spülstraße wäscht und trocknet einen Korb Geschirr pro Minute. Am Tag fallen 360 Körbe Geschirr an. Berechnen Sie: Wie lange muss die Maschine in Betrieb sein, damit das ganze Geschirr abgewaschen ist?*

b) *Die neue Spülstraße hat 20 000,00 € gekostet und darf linear über zehn Jahre abgeschrieben werden. Die Transport- und Installationskosten betrugen insgesamt 1 500,00 €. Ermitteln Sie die jährliche Abschreibungssumme.*

c) *Ermitteln Sie die Abschreibungssumme für das erste Jahr. Beachten Sie dazu den Zeitpunkt des Kaufes.*

2 Unternehmensbeschreibung

Sie sind Mitarbeiter/-in im Hotel-Restaurant „Lipperland", Lippische Hauptstraße 45, 33567 Bad Salzuflen, Telefon: 05222 123456, E-Mail: info@lipperland.de, Inhaber: N. Schmidt

2.1 Situation: Bad Salzuflen ist eine ruhige Kurstadt mit einer langen Tradition im Anbieten von Kuraufenthalten. In der Mitte der Stadt stehen Salinen, Anlagen zur Gewinnung von Speisesalz. Sie sorgen für jodhaltiges Wasser.

a) *Eine Kurstadt wird häufig von Menschen aufgesucht, die gesundheitliche Probleme haben. Deshalb sind sowohl die Ernährung als auch die Hygiene in der Küche und im Umgang mit Lebensmittel hier ein sehr wichtiges Thema. Sie sollen einer neuen Mitarbeiterin erklären, was HACCP bedeutet und wie man in der Praxis damit umgeht.*

b) *Erklären Sie, was das Mindesthaltbarkeitsdatum angibt.*

c) *Im Kurgebiet Bad Salzuflen haben alle Hoteliers und Gaststätten eine ökologische Verpflichtung unterschrieben, ihre Häuser so zu führen, dass die Umwelt geschont wird. Es gibt in dieser Stadt mineralhaltiges Wasser, das intensiv kontrolliert wird. Welche Kontrollorgane gibt es im Gastgewerbe, wenn es um den Umgang mit Lebensmitteln geht? Nennen Sie diese.*

d) *Ordnen Sie die folgenden Beschreibungen den richtigen Begriffen rechts zu:*

1. Wasser, das seinen Ursprung in einem unterirdischen, vor Verunreinigungen geschützten Wasservorkommen hat 2. Natürliches Mineralwasser, welches mit Auszügen von Zitrone, Limone oder Apfel aromatisiert wird 3. Wasser, das noch Sole, Meerwasser, Mineralsalze oder Kohlendioxid enthält	• Tafelwasser • Mineralwasser • Flavoured Water	

2.2 Situation: Ein neuer Barkeeper in der Bar des „Lipperland“ bemerkt, dass die Bar nach 22:00 Uhr meistens leer ist – es steigen vor allem ältere Herrschaften als Gäste im Hotel ab. Viele von diesen treffen sich jedoch gerne vor dem Abendessen in der Bar. Deshalb hat der Barkeeper den sog. „Five o´Clock Tea“ eingeführt – mit großem Erfolg.

a) *Es gibt sehr viele verschiedene Sorten Tee. Nennen Sie die drei bekanntesten Tee-Mischungen.*

1. ______

2. ______

3. ______

b) *Das Personal ist bereits geschult im Umgang mit Tee. Damit Sie jedoch die Fragen der Gäste korrekt beantworten können, machen Sie eine Checkliste mit fünf Fakten über Tee und die Teezubereitung.*

1. ______________________________

2. ______________________________

3. ______________________________

4. ______________________________

5. ______________________________

c) *Zum „Five o´Clock Tea" gibt es kleine Sandwiches und süße Kleinigkeiten. Eines der Sandwiches besteht aus den folgenden Zutaten:*

2 Scheiben Vollkorntoast
20 g Putenbrustfilet
10 g Frischkäse
20 g gehackte Lauchzwiebel

Errechnen Sie, wie viel eines dieser Sandwiches kostet. Berücksichtigen Sie dabei die folgende Preise:

1 Vollkorn-Toastbrot (→ 20 Scheiben) 1,89 €
100 g Putenbrustfilet 1,49 €
200 g Frischkäse 1,00 €
150 g Lauchzwiebeln (Bund) 0,49 €

d) *Beschreiben Sie die Arbeitsschritte zur Zubereitung des o. g. Sandwiches.*

2.3 Situation: Das Logo des Hotels „Lipperland“ ist zur Verbesserung der Corporate Identity überarbeitet worden. Deshalb sind auch die Menükarten, das Geschäftspapier, die Flyer und die Schilder umgestaltet worden.

a) *Erläutern Sie den Begriff „Corporate Identity“.*

b) *Das Briefpapier einer Rechnung wird neugestaltet. Ihnen fällt auf, dass etwas auf der Rechnung fehlt. Listen Sie auf, aus welchen Bestandteilen eine Rechnung bestehen muss.*

c) *Erklären Sie die sog. „Umsatzsteuer".*

d) *Das Hotel „Lipperland" hat eine neue Internetseite bekommen. Diese ist sehr interaktiv gestaltet. Die Zimmer können direkt über die Internetseite gebucht werden, auch wenn eine Buchung ebenfalls immer noch per Telefonanruf getätigt werden kann. Fassen Sie zusammen, warum ein positiver Internetauftritt heute von wesentlicher Bedeutung ist.*

2.4 Situation: Das Frühstück in Hotel „Lipperland" ist üppig und reichhaltig. Vor allem die Eierspeisen sind sehr beliebt.

a) *Heute assistieren Sie in der Küche. Sie bekommen eine Bestellung für zwei Portionen Rührei. Pro Portion werden zwei Eier verwendet. Listen Sie die nötigen Materialien und Zutaten auf und beschreiben Sie die Arbeitsschritte, um das Rührei zuzubereiten.*

b) *Heute haben viele englische Gäste im Hotel übernachtet; die meisten von ihnen bestellen Spiegelei. Listen Sie die nötigen Materialien und Zutaten auf und beschreiben Sie die Arbeitsschritte der Zubereitung eines Spiegeleis.*

c) *Als Besonderheit beim heutigen Frühstück werden kleine Pancakes serviert. Sie bereiten den Teig für die Pancakes zu. Nennen Sie zu Zutaten des Teiges.*

d) *In den letzten Wochen gab es immer wieder Nachrichten über Salmonellen in Eiern. Erklären Sie: Was sind Salmonellen und was bewirken sie?*

2.5 Situation: Das Hotel „Lipperland" liegt in einer Stadt, in der bis zum heutigen Tag Salz gewonnen wird. Salz ist ein wichtiges Produkt für die Speisenzubereitung. Im Hotel „Lipperland" wurde entschieden, nur Meersalz in der Menage auf den Tischen anzubieten.

a) *Erklären Sie, warum der menschliche Körper Salz benötigt.*

b) *Wasser ist ein sehr wichtiges Lebensmittel für alle Menschen. Es ist eine besondere Substanz und hat drei Aggregatzustände. Nennen Sie diese.*

1. ______________________________

2. ______________________________

3. ______________________________

c) *Die Gäste trinken gerne und viel Wasser. Deshalb hat das Hotel „Lipperland" viele verschiedene Sorten Wasser auf Lager. Sie erarbeiten sich heute die Dokumentation der Lagerentnahme. Der Mindestbestand an 0,75 l Sprudelflaschen beträgt 36 Flaschen bzw. 3 Kästen.*

Datum	Anfangsbestand	Ausgabe	Zugang	Aktueller Bestand
01.09...	76	36		
03.09.		30	144	
06.09.		12		
09.09.		16	24	
15.09.		14		

Vervollständigen Sie die Tabelle. Wie lautet Ihre Wasser-Bestellung am 15.09...?

____

d) *Ab und zu gehen Wasserflaschen zu Bruch. In diesem halben Monat ist ein Mitarbeiter, der sechs Flaschen Wasser trug, gestürzt; alle Flaschen sind zerbrochen. Berechnen Sie: Wie lautet der Lagerverlust bis jetzt?*

____

____

2.6 Situation: In einem Hotel werden täglich Waren eingekauft und angeliefert. Die Kontrolle der Warenströme ist essenziell, um Gewinne zu machen. Außerdem hat die ganze Gastronomie mit verderblichen Waren zu tun, die schnell verarbeitet werden müssen. Ein funktionierendes Warenwirtschaftssystem ist deshalb sehr wichtig.

a) *Warum muss eine Inventur durchgeführt werden? Kreuzen Sie die richtige Antwort an.*

- ☐ um den Anforderungen des HACCP gerecht zu werden
- ☐ um die Temperatur der Waren zu überprüfen
- ☐ um die Höhe des Gewinns festzustellen
- ☐ um die Höhe des Bestandes am Stichtag X festzustellen
- ☐ um die Höhe des Bestandes ungefähr zu kennen

b) *Wie oft muss eine Inventur im Jahr laut Gesetz durchgeführt werden? Kreuzen Sie die richtige Antwort an.*

- ☐ zweimal im Jahr, einmal im Winter und einmal im Sommer
- ☐ dreimal im Jahr
- ☐ Dies darf ein Unternehmen selbst bestimmen; das Gesetz schreibt hierzu nichts vor.
- ☐ einmal im Jahr
- ☐ Die Häufigkeit der Durchführung im Unternehmen ist irrelevant – die Hauptsache ist, dass alles stimmt, wenn die staatliche Kontrolle kommt.

c) *Im Getränkelager wird eine Differenz festgestellt. Es gibt noch drei Flaschen Aquavit, obwohl es fünf Flaschen hätten sein sollen. Wie kann diese Abweichung zustande gekommen sein? Kreuzen Sie die richtige Antwort an.*

- ☐ Es wurden Flaschen entnommen, die nicht aus dem Lager gebucht worden sind.
- ☐ Es wurden Flaschen gestohlen.
- ☐ Es wurde vergessen, die Rückgabe der Flaschen aus der Küche ins Lager zu verbuchen.
- ☐ Zwei Flaschen mit Aquavit sind zu Bruch gegangen.
- ☐ Es wurden nur drei Flaschen bei der letzten Bestellung geliefert, obwohl fünf Flaschen bestellt worden waren.

2.7 Situation: Die Arbeit in einem Hotel-Restaurant ist anspruchsvoll und kostet eine Menge körperliche Energie. Es gibt viele Mitarbeiter, die an Essstörungen leiden.

a) *Erklären Sie: Wie sollen sich die Mitarbeiter ernähren, um sich körperlich gesund und fit zu halten? Beziehen Sie auch das Arbeitszeitgesetz mit In Ihre Antwort ein.*

2.8 Situation: Im Hotel „Lipperland" werden die Mitarbeiter regelmäßig in der Warenannahme und im Lager eingesetzt. Die Mitarbeiter werden im Beurteilen, im Kontrollieren und im richtigen Einräumen der Ware trainiert. Warenkunde und das Wissen, wie mit der Ware umgegangen werden muss, sorgen für ein Qualitätsbewusstsein bei den Mitarbeitern.

a) *An diesem Morgen müssen Sie in der Warenannahme mithelfen. Sie sollen die Warenlieferungen kontrollieren. Erklären Sie, was diese Kontrolle beinhaltet.*

b) *Nennen Sie die Dokumente für diese Warenkontrolle.*

c) *Sie stellen fest, dass auf die Weinlieferung der Skonto in Anspruch genommen werden kann. Erklären Sie: Was bedeutet der Begriff ‚Skonto' und warum sollte ihn ein Unternehmen in Anspruch nehmen?*

d) *Die Summe der Weinlieferung beträgt 1 450,00 € inkl. Umsatzsteuer. Wenn das Hotel die Rechnung innerhalb von 10 Tagen begleicht, kann es 2 % Skonto abziehen. Errechnen Sie die Skontosumme.*

e) *Berechnen Sie: Welche Summe muss das Hotel folglich innerhalb von 10 Tagen überweisen?*

3 Unternehmensbeschreibung

Sie sind Mitarbeiter/-in im Hotel-Restaurant „Goethe und Schiller", Goethestraße 1140, 99427 Weimar, Telefon: 03643 123456, E-Mail: info@Goetheundschiller.de, Inhaberin: Anna Scholl

3.1 Situation: Städte werden meistens wegen ihrer kulturellen ‚Highlights' besucht. Oft sind die Besucher allerdings auch sog. „Foodies" – Menschen, die sich stark für gesunde Ernährung und hochwertige selbstgemachte Speisen interessieren. Im Bundesland Thüringen, in dem Weimar liegt, werden viel Gemüse und Kartoffeln angebaut werden und es gibt eine Menge agrarwirtschaftlicher Unternehmen. In Ihrem Hotel-Restaurant „Goethe und Schiller" treffen sich häufiger ‚Foodies', die ganz spezielle Fragen nach ihrem Essen haben. Deshalb hat Ihr Restaurantchef eine interne Weiterbildungsmaßnahme entwickelt. Jeden Montagvormittag wird Ernährungslehre unterrichtet.

a) *In der heutigen Stunde ‚Ernährungslehre' geht es um das Thema „Kohlenhydrate". Erklären Sie, was Kohlenhydrate sind.*

b) *Beim Thema „Kohlenhydrate" wird von sog. ‚Einfachzucker' und ‚Mehrfachzucker' geredet. Erklären Sie diese Begriffe und nennen Sie die Einfachzucker, die es gibt.*

c) *Ordnen Sie die Begriffe ihren korrekten Abkürzungen zu:*

1. C	☐ Wasserstoff
2. H	☐ Sauerstoff
3. O	☐ Kohlenstoff

d) *Betrachten Sie das folgende Molekül:*

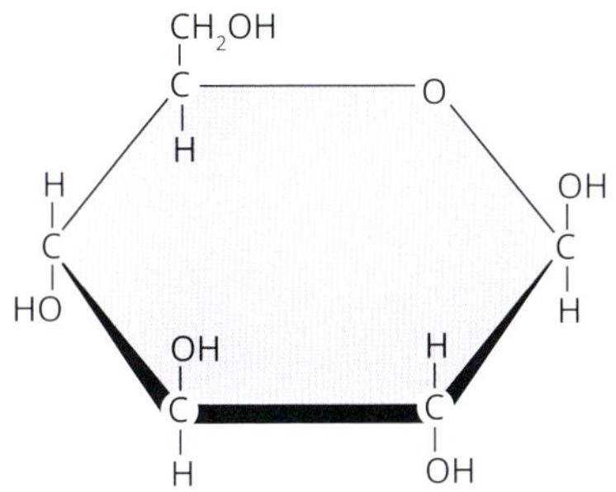

Erklären Sie: Um welchen Zucker handelt es sich hierbei?

3.2 Situation: Im Weimarer Land wird Wein angebaut – bekannter ist jedoch der dortige Sekt, mit welchem der Barkeeper einen Sektcocktail entwickelt hat.

a) *Machen Sie eine Warenkunde-Checkliste mit zehn Punkten, welche die Kellner/-innen Ihres Hotel-Restaurants über Sekt wissen müssen.*

b) *Der Barkeeper kommt mit einer Reisegruppe ins Gespräch; die Gäste möchten wissen, was der Unterschied zwischen Champagner und Sekt ist – immerhin ist Champagner ja viel teurer. Wie würden Sie als Barkeeper den erfragten Unterschied zwischen Champagner und Sekt erklären?*

3.3 Situation: Sie assistieren dem Marketingmanager und überprüfen die Getränke- und Menükarten.

a) *Erläutern Sie: In welcher Reihenfolge müssen die Getränke in einer Getränkekarte aufgelistet werden? Was muss außerdem beim Erstellen einer Getränkekarte beachtet werden?*

b) *In Ihrem Haus gibt es eine separate Weinkarte. Sie stellen fest, dass die Karte nicht sehr übersichtlich gestaltet worden ist. Erklären Sie, welche Angaben gemacht werden sollten, damit der Gast sich vollständig über die Weine informieren kann.*

c) *Ein Gast fragt, welcher Wein am besten zu seiner gewählten Hauptspeise, Kalbfleisch, passt. Welchen Wein empfehlen Sie und warum?*

d) *Sie assistieren dem Marketingmanager und besprechen sich wegen der Gestaltung des Logos und der Menükarte mit einer Grafikdesignerin. Erläutern Sie die Wirkung der Menükarte aus der Marketing-Perspektive.*

3.4 Situation: Aus Goethes Feder stammt ein Gedicht über den Ginkgobaum. Deshalb sind Ginkgoprodukte sehr beliebt bei den Gästen in Weimar. Auch in Ihrem Hotelshop kann man einen Ginkgoschnaps kaufen (Preis: 7,95 €).

a) *Rechnen Sie den Preis für den o. g. Schnaps in die folgenden Landeswährungen entsprechend den jeweils angegebenen Wechselkursen um:*

- *USA → 1 € = 1,0717 $ (Dollar), 1 $ (Dollar) = 0,9331 €*
- *Japan → 1 € = 117,1185 ¥ (Yen), 1 ¥ = 0,0085 €*
- *China → 1 € = 7,3749 CN¥ (Chinesischer Renminbi Yuan), 1 CN¥ = 0,1356 €*

3.5 Situation: Es gibt ein paar Lebensmittel, bei denen große Vorsicht geboten ist. Der Grund ist die leichte Verderblichkeit. Mittlerweile gibt es systematische Ansätze, um die Risiken zu minimieren.

a) *Bestimmen Sie die richtige Reihenfolge der folgenden Schritte im richtigen Umgang mit Hackfleisch:*

- ☐ 1. Hackfleisch am selben Tag verarbeiten
- ☐ 2. Hackfleisch in einem abgeschlossenen Behälter im Kühlschrank auftauen
- ☐ 3. Hackfleisch aus dem Tiefkühlhaus nehmen
- ☐ 4. das vollständig aufgetaute Hackfleisch mit gut gereinigten Händen oder Handschuhen modellieren und zubereiten
- ☐ 5. das Hackfleisch mindestens zwei Minuten lang bei einer Kerntemperatur von 70 °C durcherhitzen

b) *Welche Bedingungen müssen erfüllt sein, wenn es sich um frischen Fisch handelt? Kreuzen Sie die drei richtigen Antworten an.*

☐ der Fisch ist trocken
☐ der Fisch hat ein glänzendes Schuppenkleid
☐ die Augen sind klar
☐ die Kiemen sind verklebt
☐ der Fisch riecht säuerlich
☐ der Fisch hat feuchte, hellrote Kiemen

c) *Molkereiprodukte werden frisch angeliefert. Wie müssen diese Produkte fachgerecht gelagert werden? Kreuzen Sie an.*

☐ in einer feuchten, dunklen Kammer
☐ in einem Kühlschrank bei einer Maximaltemperatur von 4 °C
☐ in einem dunklen Keller
☐ in einem Vorratsschrank

d) *Wie lagern Sie Kartoffeln fachgerecht? Kreuzen Sie an.*

☐ im Kühlschrank, im unteren Bereich
☐ im Tiefkühlschrank, damit sie den ganzen Winter überdauern können
☐ in der ursprünglichen Verpackung, bis die Kartoffeln verwendet werden
☐ kühl, dunkel und luftig bei 4 bis 10 °C
☐ kühl, hell und abgeschlossen bei 8 bis 12 °C

3.6 Situation: Ihrem Restaurant liegt für eine Lebensmittellieferung folgende Rechnung vor:

Gemüsebiobauer Bibo

Landstraße 2, 03777 Weimar

Rechnung 3344	**29.09...**
Posten	**Preis**
12 Kilo Möhren	15,00 €
20 Kilo Kartoffeln	7,00 €
12 Stück Salat	8,00 €
3 Töpfe Basilikum	9,00 €
3 Bund Petersilie	4,00 €

a) *Berechnen Sie die Höhe der Rechnung insgesamt.*

b) *Errechnen Sie die Umsatzsteuer zur vorliegenden Rechnung.*

c) *Es gibt in Deutschland zwei verschiedene Steuersätze, 7 % und 19 %. Ordnen Sie jeweils zu:*

☐ % 1. Wein	☐ % 2. Cola
☐ % 3. Bier	☐ % 4. Milch (3,5 %)
☐ % 5. Bananen	☐ % 6. Mortadella-Wurst
☐ % 7. Gummibärchen	☐ % 8. Mandarinen
☐ % 9. Kaffeepulver	☐ % 10. Coffee-to-go

3.7 Situation: Es gibt in Ihrer Menükarte ein besonderes Angebot für Touristen. Folgendes wird angeboten:

Touristen-Menü

Zwiebelsüppchen

***

Jägerschnitzel mit Mischgemüse und Bratkartoffeln

***

Rote Grütze mit Vanillesoße

Der Inklusiv-Preis des Menüs beträgt 25,00 €. Durchschnittlich werden 87 Touristen-Menüs pro Tag verkauft.

a) *Als Vorspeise wird ein Minibrötchen gereicht. Dieses wird vom Bäcker nebenan jeden Tag frisch gebacken. Das Minibrötchen kosten pro Stück 0,10 €. Berechnen Sie, wie viel Prozent des Gesamtumsatzes beim o. g. Menü (Inklusiv-Preis 25,00 €) für das Minibrötchen aufgewendet wird.*

b) *Das Restaurant hat einen guten Metzger, der stets hohe Fleischqualität liefert. Allerdings ist der Fleischpreis schwankend. Momentan kostet ein Kilo Schweineschnitzel (Einkaufspreis) 9,99 €. Für das Touristenmenü werden 150 g Schweineschnitzel berechnet. Berechnen Sie: Wie hoch ist der Einkaufspreis dieser 150 g?*

c) *Da das Restaurant jeden Tag sehr gut besucht wird, wird auch viel Personal gebraucht. Deshalb werden immer 40 % Personalkosten auf ein Menü oder Gericht aufgeschlagen. Berechnen Sie diese Summe (40 %) beim o. g. Touristenmenü.*

d) *Die Materialkosten für das Menü betragen 9,75 € pro Person. Ermitteln Sie den Kalkulationsfaktor.*

3.8 Situation: Nachhaltigkeit ist ein wichtiges Thema in Ihrem Hotel-Restaurant; die Gäste erwarten einen nachhaltigen Umgang mit den Umweltressourcen. Das „Goethe und Schiller“ möchte diese Erwartung natürlich erfüllen. Deshalb hat der Küchenchef den Auftrag, so viele regionale Produkte wie möglich in seiner Küche zu verwenden.

a) *Entscheiden Sie, bei welchen der folgenden Speisen es dem Küchenchef gut gelungen ist, die regionalen Produkte einzusetzen. Kreuzen Sie an (mehrere Antworten sind möglich).*

- ☐ Asiatische Nudeln mit Ananas und Bambussprossen
- ☐ Französischer Salat mit Garnelen und Avocado
- ☐ Thüringer Klöße mit brauner Soße
- ☐ Zwiebelsüppchen nach französischer Art
- ☐ Rote Grütze mit Vanillesoße

b) *Nachhaltigkeit hat ihren Preis – nicht immer steht alles regional zur Verfügung. Wäre Fisch grundsätzlich ein ‚nachhaltiges Produkt‘ für das „Goethe und Schiller“, welches in Weimar liegt? Begründen Sie Ihre Antwort.*

4 Unternehmensbeschreibung:

Sie sind Mitarbeiter/-in im Hotel „Sadison" in Hamburg. Dieses Hotel hat ein Restaurant und ein Bistro. Adresse: Holstentorbrücke 2142, 2107 3 Hamburg, Telefon: 040 12345-678, E-Mail: info@Sadisonhamburg.com, Inhaber: Sadison Group GmbH

4.1 Situation: Das Hotel „Sadison" in Hamburg gehört in die Kategorie der 5-Sterne-Hotels. Die Gäste sind anspruchsvoll und bereit viel Geld für eine Übernachtung oder ein Abendessen zu bezahlen. Die Lebensmittel und Waren müssen deshalb anstandslos und in einem sehr guten Zustand sein.

a) *Sie sind heute in der Warenannahme tätig und müssen eine Lieferung Fleisch annehmen. Erklären Sie: Auf was müssen Sie achten, um die Qualität des Fleisches zu beurteilen?*

b) *Das Tiefgefrieren ist eine Konservierungsmethode, bei der es manchmal zu Gefrierbrand kommt. Erläutern Sie, wie Gefrierbrand entsteht.*

c) *Wenn Nahrungsmittel gelagert werden müssen, sollen die geeigneten Bedingungen dafür geschaffen werden. Vor allem Feuchtigkeit und Temperatur sind dabei entscheidend. Füllen Sie folgende Tabelle aus:*

Lagerraum	Temperatur	Luftfeuchtigkeit	Beispiele von dort gelagerten Nahrungsmitteln
Tiefkühlraum			
Kühlraum			
Kühlraum			
Kühler Keller			
Trockenlager			

d) *Der Lagermeister hat die sterilisierte und die pasteurisierte Milch durcheinander gestellt, statt sie getrennt zu halten. Doch diese beide Formen von Milch brauchen unterschiedliche Lagermethoden – erläutern Sie diese.*

Aufbewahrungsort für ...	
pasteurisierte Milch	**sterilisierte Milch**

4.2 Situation: Der zuverlässige Weinlieferant war gerade im Haus und hat eine neue Weinlieferung mitgebracht. Eine neue Sorte Wein ist eingekauft worden. Allerdings stellen Sie beim Öffnen der Flasche fest, dass der Wein „korkt“ und nach Kork riecht und schmeckt. Der Wein ist ungenießbar.

a) *Handelt es sich in dem o. g. Fall um einen Mangel? Begründen Sie Ihre Antwort.*

b) *Erläutern Sie: Welche Rechte hat das Hotel als Käufer in diesem Fall? Kann es dennoch neuen, ‚guten' Weim vom Lieferanten bekommen?*

4.3 Situation: Die Preise in der Menükarte werden wie folgt berechnet:

Bezugspreis	11,00 €
+ Gemeinkosten (140 %)	+ 15,40 €
= Selbstkostenpreis	26,40 €
+ Gewinn (25 %)	+ 6,60 €
= Geschäftspreis	33,00 €
+ Bedienungsgeld (15 %)	+ 4,95 €
= Nettopreis	37,95 €
+ Mehrwertsteuer (19 %)	+ 7,21 €
= Brutto-Verkaufspreis	45,16 €

a) *Erklären Sie: Wozu dient der sog. ‚Kalkulationsfaktor' und wie wird er (für das o. g. Beispiel) berechnet?*

b) *Erklären Sie außerdem, was unter „Deckungsbeitrag" zu verstehen ist.*

c) *Eine vegetarische Hauptspeise wird für 28,00 € verkauft. Ihr Wareneinsatz beträgt 9,75 €. Errechnen Sie davon ausgehend die Zwischensummen (Selbstkostenpreis etc.) wie in der o. g. Tabelle. Berechnen Sie, welchen Deckungsbeitrag Sie beim Verkauf der Hauptspeise erzielen.*

4.4 Situation: In Ihrem Haus werden, passend zur ‚Kaffeestunde', leckere Kuchen und andere Desserts angeboten, zum Beispiel die in Hamburg beliebte Lübecker Marzipantorte. Eine Torte wird in 14 Stücke zerteilt, die jeweils 3,50 € kosten. Der Kalkulationsfaktor ist 3,5.

a) *Berechnen Sie den Herstellungspreis für ein Stück Lübecker Marzipantorte.*

b) *Die Lübecker Marzipantorte wird von einer Konditorei bezogen. Sie müssen heute die Lieferscheine mit der Bezahlung vergleichen. In diesem Monat sind 48 Torten geliefert worden. Berechnen Sie, welche Summe an die Konditorei gezahlt werden muss. Nutzen Sie Ihr Ergebnis aus (a) als Einstandspreis pro Tortenstück.*

4.5 Situation: Das „Sadison" zeichnet sich durch seine gute Küche aus. Ziel ist es, nicht zu viele Produkte im Lager zu haben. Das Hotel wird deshalb einige Male in der Woche mit frischer Ware beliefert.

a) *Alle Produkte bekommen einen Barcode, sobald sie im Hotel angeliefert werden. Erklären Sie, welche Möglichkeiten ein Barcodesystem bietet.*

b) *Der Chefkoch des „Sadison" hat eine geringe ‚eiserne Reserve'. Erklären Sie diesen Begriff.*

c) *In der Küche eines Hotels werden pro Tag 8 Kilogramm Salat verarbeitet. Berechnen Sie den Mindestbestand an Salat für zwei Tage, wenn der Putzverlust bei 20% liegt.*

d) *An jedem dritten Tag wird neuer Salat geliefert. Wie hoch ist der Salat-Meldebestand?*

4.6 Situation: Besonders bei Obst und Gemüse gibt es hohe ‚Putzverluste' (s. Tabelle). Sie haben vom Chefkoch außerdem die folgende Einkaufsliste bekommen (s. Kasten):

Produkt	Putzverlust[1] in %
Chinakohl	21
Kürbis	30
Rotkohl	22
Möhren	19
Ananas	46
Apfel	8
Birnen	7
Papaya	28

[1] Eine umfangreiche Tabelle über Putzverluste finden Sie bei Astrid Doering, http://astriddoering.de/wp-content/uploads/2014/06/Putzverluste.pdf (zuletzt aufgerufen am 23.04.2018)

8 kg Chinakohl	10 kg Ananas	8 kg Kürbis
15 kg Apfel	15 kg Rotkohl	5 kg Birnen
20 kg Möhren	2 kg Papaya	

a) *Berechnen Sie: Wie viel (mehr) müssen Sie von den jeweiligen Produkten bestellen, damit der Chefkoch nach dem Putzen noch die jeweils von ihm gewünschten Mengen zur Verfügung hat?*

4.7 Situation: Das Trockenlager ist aufgeräumt worden. Gleichzeitig fand eine Inventur statt. Folgende Zahlen zum Bestand vom Produkt Tomatenmark sind dabei herausgekommen:

Datum	Stückzahl Dosen Tomatenmark
01.01.	20
30.01.	12
28.02.	14
31.03.	23
30.04.	12
31.05.	8
30.06.	31
31.07.	2
31.08.	2
30.09.	10
31.10.	12
30.11.	22
31.12.	30

Das Tomatenmark wird in Dosen gekauft. Eine Dose beinhaltet 2,5 l und kostet 3,95 € (excl. Umsatzsteuer).

a) *Berechnen Sie den durchschnittlichen Lagerbestand an Tomatenmark (bezogen auf zwölf Monatsinventuren).*

b) *Berechnen Sie die Lagerumschlagshäufigkeit von der Dose Tomatenmark.*

c) *Berechnen Sie die durchschnittliche Lagerdauer von einer Dose Tomatenmark.*

4.8 Situation: Es ist der 2.Januar 20... Das Hotel ist so gut wie leer, doch das ganze Personal ist anwesend, um Inventur zu machen. Sie sind im Weinlager eingesetzt und zählen alle Flaschen, die dort gelagert sind. Sie legen die folgende Liste an:

Inventurliste Nr. ...			
Wein	**Bestand Januar 20..**	**Bestand Dezember 20..**	**Preis pro Flasche**
Bom Dia Grauburgunder	15	25	5,99 €
Muscat Dessertwein	18	15	8,99 €
Eiswein	5	15	12,00 €
Champagner	25	3	7,50 €
Sekt	5	2	3,50 €

a) *Errechnen Sie den durchschnittlichen Lagerbestand jedes Weines auf der Basis der Jahresinventur.*

b) *Der Wareneinsatz im Weinlager betrug im vergangenen Jahr 25 000,00 €. Errechnen Sie die Lagerumschlagshäufigkeit.*

Lösungen Warenwirtschaft

Aufgabe 1.1

a) *56 000,00 € – 3 300,00 € = 52 700,00 €*

b)

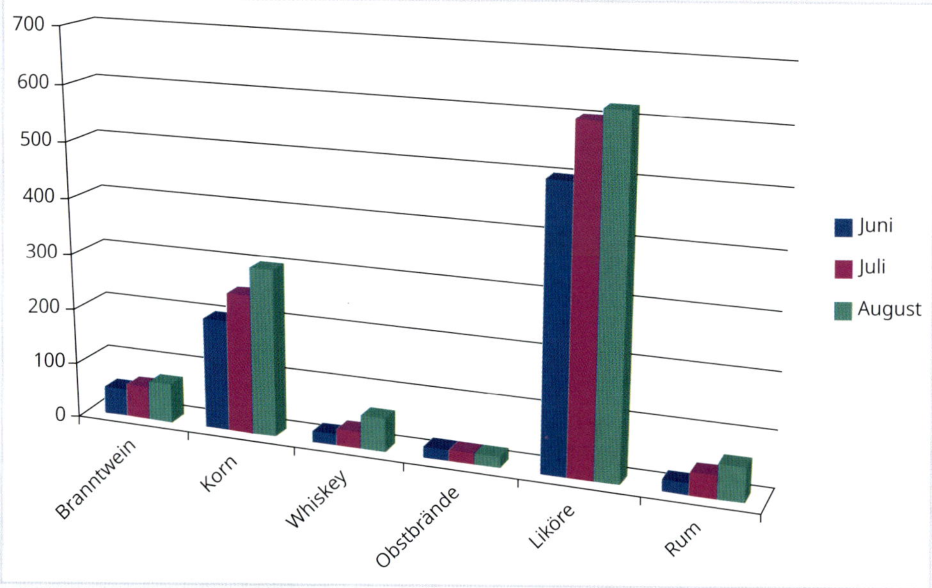

c) *Die Obstbrände verkaufen sich am schlechtesten. Im Moment liegt dieser Digestiv anscheinend nicht im Trend.*

d) *Beispielideen: Marketing verbessern, spezielle Werbeaktionen durchführen, neue Cocktails mit diesen Getränken entwickeln*

e) *(3,00 € : 119) · 100 = 2,52 €*
250,00 € : 2,52 € = 99,2 Gläser
99,2 Gläser · 2 cl = 198,4 cl
198,4 cl : 100 = 1,98 Liter

f) *(1000,00 € : 119) · 100 = 840,34 €*
(8,50 € : 119) · 100 = 7,14 €

840,34 € : 7,14 € = 117,69 Cocktails

117,69 · 2 cl = 235,38 cl
235,38 · 0,01 = 2,35 Liter Korn

Aufgabe 1.2

a) *Putzverlust ist der Bioabfall, der anfällt, wenn frische Lebensmittel zubereitet werden. Der Abfall (Weggeschnittenes etc.) wird als Putzverlust (in Gramm) bezeichnet und muss subtrahiert werden; somit steigt der Preis pro Gramm des danach noch verwertbaren Lebensmittels nach dem Putzen, da ein Teil weggeschnitten und -geworfen werden musste, der aber natürlich zuvor schon mitbezahlt worden ist.*

b) *Mirepoix ist eine Mischung aus Sellerie, Möhren, Zwiebel und Porree. Für das o. g. Gericht wird das Gemüse in Würfel geschnitten und leicht angeschwitzt. Mirepoix dient als Basis für Suppen und Soßen.*

c) *Anschwitzen nennt man das Erhitzen der Lebensmittel mit ein wenig Butter oder Öl. Das Gemüse wird leicht glasig und gar.*

d) *Wenn wie im Beispiel eine Suppe mit Mirepoix begonnen wird und man danach Sahne und Eigelb daruntermischt, so handelt es sich um eine sog. „Samtsuppe". Dies ist eine gebundene Suppe mit hohem Energiegehalt (durch das Ei und die Butter).*

Suppen werden wie folgt eingeteilt:

Gebundenen Suppen	*Gemüsesuppen*	*Spezielle Suppen*	*Kalte Suppen*
Samtsuppen (Potages Veloutés) *Rahmsuppen (Potages crèmes)* *Pürreesuppen (Potages purées)* *Braune gebundenen Suppen (Ochsenschwanzsuppe)*	*Klare Brühe (mit Blumenkohl, Möhren, Kohlrabi, Erbsen, Sellerie, Zwiebeln)*	*Kraftsuppen* *Regionale Suppen* *Borschtsch, Bouillabaisse*	*Kaltschalen* *Gazpacho*

Aufgabe 1.3

a) *Deutsche Soße (Velouté de veau) ist eine Samtsoße. Es handelt sich um eine Mehlschwitze, abgelöst mit Kalbsbrühe, gebunden mit Sahne und Ei. Als Grundlage kann man auch Geflügelbrühe oder Fischfond benutzen.*

b) *Die Bordelaiser Soße ist eine Soße mit Rindermarkwürfeln, abgelöscht mit Beaujolais-Rotwein. Anschließend wird diese Soße reduziert, das heißt leicht geköchelt. Dabei verdampft das Wasser und es entsteht eine sehr würzige, geschmacksintensive Soße.*

c) *Sauce Hollandaise gehört zu den Schaumsoßen. Dazu wird Eigelb langsam in wenig Flüssigkeit unter stetigem Schlagen erwärmt. Als Flüssigkeit dient eine Reduktion aus Zwiebeln, Pfefferkörnern, Essig und Wasser. Unter die Eigelbmasse wird warme ausgekochte Butter geschlagen. Die Soße darf nicht kochen. Es entsteht eine feine, milde Soße.*

Aufgabe 1.4

a)

Fisch	Zubereitungsweise	Bezeichnung	Wird serviert mit...
Aal	*in Stücken serviert* *auf dem Rost gegrillt* *im Bierteig frittiert (Orly)* *geräuchert kalt oder warm*	*Anguille/Aal*	*... Zitronenstücken, Petersilie, Tomaten, Petersilienkartoffeln, Gurkensalat*
Seezunge	*ganz/als Filets* *gebraten* *frittiert* *gedünstet*	*auf Müllerinart (gebraten, mit Zitronensaft, gehackter Petersilie und schäumender Butter)* *Colbert (gefüllt mit Colbertbutter)* *Dugléré (gedünstet)*	*... gedämpften Kartoffeln, Pariser Kartoffeln*
Steinbutt	*als Filets*	*nach Florentiner Art (pochiert)*	*... auf Blattsalat mit Mornaysoße und gedämpften Kartoffeln*

b) *Garnelen sind sehr vielseitig einsetzbar und können als Ragout-Bestandteil, also untergemischt, oder auch für sich serviert werden. Garnelen werden gedünstet, paniert oder frittiert; dazu passen Reis, Nudeln oder Brot.*

c) *Kaviar ist eine Delikatesse. Es handelt sich dabei um die Eier eines (Ur-)Fisches, des Störs. Der Stör legt seine Eier nur zu einer bestimmten Zeit im Jahr, deshalb ist Kaviar immer rar und deshalb teuer.*

Aufgabe 1.5

a) *Aufteilung in Zielgruppen (Segmentierung): Der Markt wird mittels Marktforschung und Umfrageergebnissen in Segmente unterteilt. Jedes Segment hat seine eigenen Charakteristika.*

Beispiele:

- *Segmentierung nach Alter: Babys/Kleinkinder (0–4 Jahre), Kinder (5–7 Jahre), etc.*
- *Segmentierung nach Herkunft: Hierbei entstehen Zielgruppen getrennt nach Nationalität, Bundesländern, Wohnorten etc.*
- *Segmentierung nach Beruf: Hierbei werden Zielgruppen auf Basis des ausgeübten Berufes gebildet (Ärzte, Lehrer, Köche etc.).*
- *Segmentierung nach Lifestyle: Unterteilt wird nach gemeinsamen Hobbys, Musikvorlieben etc.*

Durch soziale Medien und Smartphones sind immer mehr Informationen über den Markt vorhanden und Segmente können so noch diversifizierter unterteilt werden. Mit diesen genauen Informationen über eine Zielgruppe kann das Hotel sich auf die angestrebte Gruppe fokussieren.

b) *Bei diesen Fragen sollen die Prüflinge beweisen, dass sie ein Gespür für Food Trends haben. Momentan gibt es beispielsweise die Entwicklung das Fast Food wieder zu entschleunigen und die Speisen edel zu präsentieren. Es wird auf weniger Personal gesetzt und es werden selbstgemachte Produkte wie Limonade angeboten. Außerdem gibt es viele Menschen, die gerne mit Essen experimentieren. Sie verzichten zum Beispiel eine Weile auf Gluten, Kristallzucker, Fette oder fokussieren sich auf „gesunde Fette". Das hat einen Einfluss auf das Essen in Restaurants und Hotels.*

c) *(Beispiele): Young Adults essen häufig:*

- *raffinierte Salate mit besonderen Dressings, zum Beispiel Babyspinat mit Rote-Beete-Blättern, Kresse, Sprossen und etwas Balsamico Dressing;*
- *Fleisch/Fisch mit einem raffinierten Brot und exotischer Soße, zum Beispiel Puten-Hot Dog im Körnerbrötchen mit Avocado-Crème, Mango, Paprikaschoten und scharfer Currycrème;*
- *vegetarische und vegane Produkte, zum Beispiel eine Pastete aus Quinoa, Blumenkohl und Sojamilch, serviert mit einer Paprikasoße.*

Aufgabe 1.6

a) *Die Maschine schafft einen Korb Geschirr in einer Minute. Es müssen 360 Körbe am Tag gewaschen werden.*

360 Körbe · 1 Minute = 360

Die Maschine muss mindestens 360 Minuten (= 6 Zeitstunden) laufen.

b) *Da es sich hier um ein Anlagevermögen handelt, dürfen die Transport- und Installationskosten mit zu den Anschaffungskosten gerechnet werden.*

20 000,00 € + 1 500,00 € = 21 500,00 € → 21 500,00 € : 10 Jahre = 2 150,00 €/Jahr

c) *Die Spülmaschinestraße ist in April (24.04.) gekauft worden. Das heißt, es gibt im Anschaffungsjahr nur neun Monate, die berücksichtigt werden dürfen.*

2 150,00 € : 12 Monate = 179,17 €/Monat → 179,17 € · 9 = 1 612,50 €

Aufgabe 2.1

a) *In der Küche und im Umgang mit Lebensmitteln bedeutet HACCP den verantwortungsvollen, überwachten und dokumentierten Umgang mit Lebensmitteln; dabei werden kritische Momente durch eine Risikoanalyse festgestellt und genau überwacht.*

HACCP steht für

H= Hazard (Gefahr)
A= Analysis (Analyse)
C= critical (kritisch)
C= control (Steuerung)
P= Point (Moment)

Die Grundsätze von HACCP sind wie folgt:
- *Erstellung einer Risikoanalyse über die betrieblichen Abläufe im Umgang mit Lebensmitteln (Lebensmittelanlieferung, -lagerung, -zubereitung, -ausgabe, -abfall),*
- *Identifizierung von Risiken in der Risikoanalyse,*
- *Erstellung eines Planes zur Art und zum Zeitpunkt der Überwachung dieser Risiken,*
- *Erstellung und Implementierung von Kontrollelementen, welche regelmäßig evaluiert werden.*

b) *Mit dem Mindesthaltbarkeitsdatum informiert der Hersteller der Verbraucher über die maximale Lagerzeit eines Produktes ohne Qualitätsverluste.*

c) *Die Lebensmittelüberwachung liegt bei speziell ausgebildeten Personen staatlicher Überwachungsorgane. Die Einhaltung der Gesetze und Verordnungen wird überprüft; dies soll verhindern, dass Lebensmittel in den Verkauf gelangen, welche mit Keimen verseucht, mit Schadstoffen belastet oder irreführend bezeichnet worden sind.*

Beispiele der Überwachungsorgane sind:
- *Beamte oder Angestellte der Lebensmittelkontrolle,*
- *Mitarbeiter der chemischen Untersuchungsämter,*
- *Amtstierärzte, welche u. a. die Lebendtierschau und die Fleischbeschau durchführen,*
- *Amtsärzte der staatlichen Gesundheitsämter, welche Mitarbeiter im Betrieb beaufsichtigen, auf die Einhaltung der Bedingungen laut Bundesseuchengesetz achten und Gesundheitszeugnisse ausstellen,*
- *staatliche Eichämter, welche die Waagen, Gewichte und die Einfüllmengen in Verpackungen, Gläser usw. kontrollieren.*

d) *1 = Mineralwasser; 2 = Flavoured Water; 3 = Tafelwasser*

Aufgabe 2.2

a) *Darjeeling, Assam, Ceylon*

b) *Fünf Fakten über Tee und die Teezubereitung:*

1. *Tee wird in Südostasien, im Süden Afrikas und in ganz Südamerika angebaut.*
2. *Bei Tee spricht man von „First Flush“, wenn es sich um die ersten Triebe handelt, von „Second Flush“ beim zweiten Trieb. Die folgenden Triebe werden unter dem Begriff „Bread-and-Butter-Tea“ verkauft.*
3. *Die Teeblätter werden erst getrocknet (welken lassen) und danach gerollt (Stiele und Blattgerippe werden entfernt). Dann wird der Tee fermentiert (damit der Zellsaft vergärt). Anschließend wird er getrocknet, gesiebt und gemischt.*
4. *Grüner Tee ist nicht fermentiert und enthält deshalb weniger Bitterstoffe.*
5. *Tee wird gemischt, um einen gleichbleibenden Geschmack zu behalten. Bekannte Mischungen sind Darjeeling, Assam, Ceylon, Sumatra-Tee und Java-Tee.*

c)

Zutat (Menge)	***Preis***
2 Scheiben Vollkorntoast	*(1,89 € : 20) · 2 =* ***0,18 €***
20 g Putenbrustfilet	*(1,49 € : 100) · 20 =* ***0,30 €***
10 g Frischkäse	*(1,00 € : 200) · 10 =* ***0,05 €***
20 g gehackte Lauchzwiebel	*(0,49 € : 150) · 20 =* ***0,07 €***

(0,18 € + 0,30 € + 0,05 € + 0,07 €) = 0,60 €

d)

- *Die Toastscheiben mit Frischkäse bestreichen,*
- *Lauchzwiebeln waschen und sehr klein hacken,*
- *Lauchzwiebeln über beide Toastscheiben verteilen,*
- *Putenbrustscheibe auf eine der Toastscheiben legen,*
- *die Toastscheibe mit Frischkäse und Lauchzwiebeln mit der bestrichenen Seite auf die Scheibe mit Putenbrust legen,*
- *das Sandwich diagonal halbieren (und evtl. mit Holzspießchen zusammenstecken).*

Aufgabe 2.3

a) *Die sog. Corporate Identity (die Unternehmensidentität) vermittelt ein Leitbild, welches die inneren Werte eines Unternehmens widerspiegelt, welche es der Öffentlichkeit präsentiert. Zum Leitbild formuliert ein Unternehmen noch drei weitere ‚Bausteine‘: Corporate Culture, Corporate Communication und Corporate Design.*

- *Corporate Culture (Unternehmenskultur): Die Gewohnheiten, Rituale und Traditionen eines Unternehmens sind hier verankert.*
- *Corporate Communication (Unternehmenskommunikation): Die Art und Weise, wie im Unternehmen kommuniziert wird und wie diese Kommunikation sichtbar gemacht wird (zum Beispiel werden mündliche Verabredungen getroffen oder brauchen alle Vereinbarungen ein Schriftstück?).*

- *Corporate Design: Hierbei handelt es sich um den Wiedererkennungswert des Unternehmens (Logo, Farben, Erscheinungsbild des Hotels, Buchstabenformen usw.).*

b) *Bestandteile einer Rechnung nach § 14 Umsatzsteuergesetz sind:*

- *Anschrift des Gastes (oder von dessen Firma)*
- *Anschrift des Hotels*
- *Steuernummer und Umsatzsteueridentifikationsnummer des Hotels*
- *Ausstellungsdatum der Rechnung*
- *eine fortlaufende Rechnungsnummer*
- *Auflistung der Dienstleistungen und Produkte, die der Gast in Anspruch genommen hat*
- *Zeitpunkt der Lieferung*
- *Steuersatzangabe (Hotelübernachtung 7 %, Speisen und Getränke 19 %)*

Der Gast bekommt ein Exemplar und das Hotel hat laut Umsatzsteuergesetz die Pflicht, ein Duplikat der Rechnung zehn Jahre lang aufzubewahren.

c) *Die Umsatzsteuer ist eine der Haupteinnahmequellen des deutschen Staates. Alle Menschen in Deutschland müssen, sobald sie ein Produkt kaufen (bzw. eine Lieferung erhalten) oder eine Dienstleistung in Anspruch nehmen, darauf die Umsatzsteuer bezahlen.*

d) *Eine eigene Internetseite ist von großer Bedeutung für das Unternehmen, weil immer mehr Menschen das Internet zur Informationssuche nutzen und zum Beispiel so auch ihre Reservierungen selbst schneller tätigen können, ohne auf einen Ansprechpartner am Telefon warten zu müssen. Das Internet ist eine schnelle Plattform, für die ganze Welt zugänglich und für die heutige Wirtschaft unentbehrlich. Eine gepflegte Internetpräsenz eines renommierten Hotels wird heutzutage erwartet.*

Aufgabe 2.4

a)

Materialien: Rührschüssel, Schneebesen, Bratpfanne

Zutaten: zwei Eier, etwas Öl, 1 dl Milch, Salz, Pfeffer

Zubereitung:
- *zwei Eier in der Rührschüssel aufschlagen,*
- *Milch hinzufügen und die Masse mit dem Schneebesen vermischen,*
- *Pfanne erhitzen und Öl hinzufügen,*
- *die Masse in die erhitzte Pfanne geben,*
- *die Eimasse in Intervallen von der Pfanne lösen.*

(Achten Sie darauf, dass die Pfanne nicht zu heiß ist. Das Eiweiß wird dann braun, was manche Gäste nicht mögen.)

b)

Materialien: Bratpfanne und Spaten

Zutaten: ein Ei, etwas Öl, Salz

Zubereitung:

- *Pfanne erhitzen und das Öl hinzufügen,*
- *das Ei aufschlagen und langsam in die Pfanne gleiten lassen,*
- *Ei bei mittlerer Hitze garen; wenn das Eiweiß stockt, ab und zu vorsichtig mit dem Spaten unter dem Ei entlangfahren; das Eiklar soll fest werden,*
- *mit Salz bestreuen und servieren*

c) *Mehl, Milch, Eier, Ahornsirup*

d) *Salmonellen sind Bakterien, die im Darm von Geflügel häufig vorkommen. Die Eier werden beim Legevorgang häufig infiziert. Salmonellen sind Bakterien und deshalb Krankheitserreger; oft lösen sie schwere Durchfallerkrankungen aus, die besonders für sehr junge oder alten Menschen sehr gefährlich sein können.*

Aufgabe 2.5

a) *Salz enthält Mineralien, die für den menschlichen Körper (über)lebenswichtig sind – 3,5 kg des menschlichen Körpers bestehen aus Mineralien. Der Körper benötigt Mineralien (Salze), um die nötigen Stoffe zum Erhalt von Vitalität, Skelett, Muskulatur usw. zu generieren.*

b) *1. Wasserdampf (gasförmig), 2. Wasser (flüssig), 3. Eis (fest)*

c)

Datum	Anfangsbestand	Ausgabe	Zugang	Aktueller Bestand
01.09...	76	36		40
03.09.		30	144	154
06.09.		12		142
09.09.		16	24	150
15.09.		14		136

→ Es muss keine Bestellung getätigt werden. Es sind 100 Flaschen mehr im Haus, als der Mindestbestand verlangt.

d) *136 Flaschen – 6 Flaschen (Bruch) = 130 Flaschen (tatsächlich im Bestand)*

(6 · 100) : 136 = 4,4 % Lagerverlust

Aufgabe 2.6

a) *4*

b) *4. Einmal im Jahr*

c) *1, 2, 4*

Aufgabe 2.7

a)

- *Die allgemeinen Ernährungsregeln der Ernährungspyramide sollten eingehalten werden.*
- *Mitarbeiter sollen ihre Pause dazu nutzen, um sich zu regenerieren und in Ruhe zu essen.*
- *Die Mitarbeiter sollen sich dem Biorhythmus entsprechend ernähren können.*
- *Das Arbeitszeitgesetz muss eingehalten werden.*
- *Zwischen einem Spätdienst und dem darauffolgenden Einsatz/Dienst sollen mindestens zehn Stunden Ruhe sein.*
- *Auch in der Hochsaison muss – trotz des Mehrbedarfs an Servicepersonal – weiterhin auf das Arbeitszeitgesetz geachtet werden.*

Aufgabe 2.8

a) *Die folgenden Punkte müssen beachtet werden:*

- *Bestellformular mit den gelieferten Waren vergleichen*
- *Art kontrollieren*
- *Menge kontrollieren*
- *Verpackungsgröße*
- *einwandfreie Beschaffenheit (Temperatur messen, Riechprobe, Sichtprobe)*
- *Einhaltung der Lieferungsbedingungen*
- *Mindesthaltbarkeitsdatum*

b) *Bestellschein, Warenlieferungsschein, HACCP-Checkliste (auch zur Dokumentation), Qualitätscheckliste*

c) *Skonto (der/das) ist eine Minderung der Gesamtwarensumme, wenn der Kunde schon innerhalb einer bestimmten Frist bezahlt. Skonto dient der Motivation des Kunden, die Rechnung so schnell wie möglich zu begleichen und deshalb weniger zahlen zu müssen.*

d) *(1 450,00 € :100) · 2 = 29,00 €*
(29,00 € : 119) · 100 = 24,37 € Skonto

Die Umsatzsteuer muss immer aus der Skontosumme herausgerechnet werden.

e) *1 450,00 € – 29,00 € (Skonto) = 1 421,00 €*

Aufgabe 3.1

a) *Kohlehydrate sind aus den Elementen Kohlenstoff, Wasserstoff und Sauerstoff aufgebaut und liefern dem Körper Energie.*

b) *Einfachzucker (Monosaccharid) entsteht bei der Fotosynthese in Pflanzen. Es gibt mehrere Einfachzucker, weil die Atome in verschiedenen Lebensmitteln anders angeordnet sind.*

Folgende Einfachzucker gibt es:

- *Traubenzucker (Glucose)*
- *Fruchtzucker (Fructose)*
- *Schleimzucker (Galaktose)*

c) *1. C – Kohlenstoff; 2. H – Wasserstoff; 3. O – Sauerstoff*

d) *Traubenzucker*

Aufgabe 3.2

a) *Wissenswerte Fakten über Sekt:*

1. *Die Herstellung von Sekt verläuft in folgenden Schritten:*

   - *Bereitung der Cuvée (Traubenmost); der Wein oder die Mischung aus Traubenmost und Wein wird zusammengestellt;*
   - *die Cuvée wird zusammen mit Hefe und Saccharose (Zucker) vermischt und der Wein fängt an zu gären. Dieser Gärungsprozess kann in der Flasche (Transvasierverfahren), traditionell (méthode champenoise) oder in Großdruckbehältern (Großraumgärung) stattfinden.*
   - *Nach dem Gärungsprozess wird der Wein von der Hefe getrennt.*
   - *Der durchgegorene Schaumwein kann eine Dosage aus Traubenmostkonzentrat, Saccharose, Wein oder Weindestillat bekommen, sodass der Schaumwein mehr oder weniger süß ist. Dieser Süßungsgrad muss auf dem Etikett angegeben werden (brut/trocken, demi-sec/halbtrocken oder doux/lieblich).*

- *Die Flasche muss mit einem Korken und einer Haltevorrichtung verschlossen werden. Nur die 0,2-l-Flaschen dürfen mit Kronkorken oder Drehverschlüssen verschlossen werden.*

2. *Qualitätsschaumwein darf nur (!) aus Wein hergestellt werden. Die Kohlensäure muss ausschließlich in der zweiten Gärung entstanden sein. Der Kohlensäuredruck muss 3,0 bar bei 20 °C betragen. Der Alkoholgehalt muss mindestens 10 Vol.-% betragen.*

3. *Aromatischer Qualitätsschaumwein darf nur aus Most der folgenden Rebsorten hergestellt sein: Huxelrebe, Gewürztraminer, Perle, Scheurebe oder Müller-Thurgau. Er muss mindestens 10 Vol.-% und 3,0 bar Überdruck haben. Dieser Wein muss mindestens einen Monat Herstellungsdauer aufweisen.*

4. *Schaumwein ist ein Wein, der aus Trauben, Traubenmost und Wein gemacht wird. Durch die erste oder die zweite alkoholische Gärung entsteht Kohlensäure. Dadurch schäumt der Wein, wenn er ausgeschenkt wird.*

5. *Der Schaumwein darf sich „Deutscher Sekt“ nennen, wenn die Trauben aus Deutschland stammen und die Herstellung in Deutschland erfolgte.*

6. *Qualitätsschaumwein b. A. oder Sekt b. A. ist ein Schaumwein, bei dem die Grundweine aus lediglich einem Anbaugebiet stammen.*

7. *Wenn der Schaumwein aus selbst erzeugten Trauben oder Grundweinen gemacht wird, spricht man vom sog. „Winzersekt“.*

8. *Als „Crémant“ wird Qualitätsschaumwein dann bezeichnet, wenn der Schaumwein laut der in der EG-VO Nr. 2332/92 erwähnten Kriterien hergestellt wird. Es handelt sich hierbei um einen Schaumwein, der wie ein Champagner in der Flasche gärt. Früher wurde dieser Schaumwein als „Wein“ bezeichnet; hergestellt nach der Methode „Champenoise“. Diese Bezeichnung darf nur für Weine aus der Region Champagne verwendet werden und nicht für Schaumweine aus anderen Regionen und Ländern. Ein „Crémant“ muss gewisse Regeln bei der Herstellung berücksichtigen. Die Rebsorte ist unterschiedlich. Bei der Pressung muss die Ganztraubenpressung stattfinden. Aus 150 kg Traubenmaterial darf bis zu 100 kg Most gewonnen werden. Lediglich150 Milligramm Schwefeldioxid dürfen pro Liter Wein verwendet werden. Außerdem muss der Wein zumindest neun Monate in der Flasche gären. Es entsteht ein geringerer Kohlensäure-Anteil als bei dem Champagner und der Wein ist deshalb sanft moussierend.*

9. *Die Gärung des Schaumweins findet entweder in der Flasche oder in Großraumtanks statt. Ein Schaumwein muss nicht nur aus Trauben gemacht werden, sondern kann auch aus Weindestillat hergestellt werden.*

10. *Schaumweine dürfen nur in Glasflaschen abgefüllt werden, welche den folgenden Größen entsprechen: 0,125 l, 0,2 l, 0,375 l, 0,75 l , 1,50 l, 3,0 l, 4,5 l, 6,0 l, 9,0 l (Ausnahme bei Schauflaschen: 12,0 l, 15,0 l)*

b) *Der Unterschied zwischen Champagner und Schaumwein ist die Herstellung und die Herkunft der Trauben. Champagner wird nach der méthode champenoise hergestellt und die Trauben stammen aus der Region Champagne in Frankreich. Champagner gärt in Flaschen, Sekt im Tank.*

Aufgabe 3.3

a) *Eine Getränkekarte muss klar und deutlich geschrieben sein. Die Getränke müssen so bezeichnet werden, dass jeder Gast weiß, was gemeint ist. Bei der Preisgestaltung handelt es sich um einen Inklusivpreis (inklusive Bedienung und sonstiger Zuschläge). Die Ausschankmenge und der Inklusivpreis müssen angegeben werden. In der Preisgestaltung soll es neben dem preiswertesten alkoholischen Getränk auch ein nichtalkoholisches Getränk geben.*

Aus Marketinggründen ist es ratsam, verschiedene Getränkekarte zu haben, die man je nach Tageszeit oder Angebotsraum (zum Beispiel Terrasse) einsetzen kann, zum Beispiel eine Weinkarte (abends) oder eine Kaffee- und Teekarte (für das Nachmittagsgeschäft).

Die klassische Reihenfolge innerhalb einer Getränkekarte ist nicht unumstößlich festgelegt, sieht aber meistens wie folgt aus:

- *Aperitifs*
- *Wasser*
- *alkoholfreie Getränke*
- *Fruchtsäfte*
- *Biere*
- *offene Weine*
- *Flaschenweine*
- *Schaumweine*
- *heiße Getränke*
- *Spirituosen*

b) *Beim Aufbau einer Weinkarte sollte Folgendes berücksichtigt werden:*

- *Offene Weine, d. h. Weine, die per Glas oder im Schoppen verkaufen werden, werden zuerst vermerkt, anschließend die inländischen Flaschenweine und danach ausländische Flaschenweine.*
- *Man berücksichtigt in der Reihenfolge das Gebiet, in dem der Betrieb (das Hotel, das Restaurant etc.) liegt; die restlichen Weine werden nach ihrer geografischen Distanz zu diesem Punkt aufgelistet.*
- *Zusätzlich gibt es eine Reihenfolge der Weinarten: Weißwein, Rotwein, Rosé, Rotling (Wein, welcher aus dem Verschnitt roter und weißer Trauben gewonnen wird), Schaumwein.*
- *Die Reihenfolge der Weine bezüglich ihrer Qualität lautet: Von der geringsten zur besten Qualität.*

Aus Marketinggründen kann man die Weinkarte ein wenig ausführlicher gestalten und etwas Warenkunde betreiben. So ist es zum Beispiel von Interesse, die Herkunft und Jahrgänge der Wein zu vermerken sowie die Lage, in welcher die Weintrauben gewachsen sind, oder eine geografische Karte beifügen etc. Die Qualitätsstufe sollte vermerkt und erläutert werden, damit der Gast sich mehr darunter vorstellen kann. Vor allem Angaben über die Geschmacksrichtung und evtl. Kombinationsmöglichkeiten ermöglichen eine gute Beratung bzw. Auswahl. Manche Weine werden prämiert oder besonders ausgezeichnet. Dies sollte ebenfalls in der Weinkarte vermerkt werden.

c) *Kalbfleisch ist ein helles Fleisch; es kann deshalb mit vielen Weinen kombiniert werden, jedoch nicht mit kräftigen bzw. stark ausgeprägten Weinen. Es wäre in diesem Falle durchaus richtig, ihm einen Weißwein zu empfehlen, doch auch nicht falsch, einen Roséwein anzubieten. Dieser hat etwas Farbe und ist etwas herber, aber trotzdem noch frisch-süß.*

Der Prüfling kann auch andere Weine empfehlen. Es kommt dabei auf seine Argumentation an.

d) *Die Menükarte ist eine Plattform, auf der es für das Marketing viele Möglichkeiten gibt, um ein Unternehmen darzustellen. Die schriftliche Form bietet den Platz, um ein einprägsames Logo zu zeigen. Auch die Art der Buchstaben oder des Papieres ist entscheidend für die Selbstdarstellung des Unternehmens. Wenn die Karte sehr modern und ausführlich ist, so geht der Gast davon aus, dass das Unternehmen ebenso modern ist und dort viel Wissen rund um die Lebensmittel vorhanden sein wird.*

Ist die Karte übersichtlich, so geht der Gast davon aus, dass die Karte häufiger in der Saison angepasst wird. Die Menükarte kann in manchen Hotels und Restaurants als Kopie mitgenommen werden, sodass die Karte zu Hause nochmals studiert oder möglicherweise an Dritte (neue potenzielle Gäste) weitergegeben werden kann.

In einer Menükarte oder Getränkekarte werden die 4 P's des Marketings eingesetzt:

- *P = Preis: Mit der Preisgestaltung positioniert sich das Unternehmen zwischen allen anderen gastronomischen Unternehmen der Gegend. Es spricht damit eine bestimmte Zielgruppe an, die sich das Essen in diesem Restaurant leisten kann.*
- *P = Produkt: Die Speisen, welche auf der Menükarte – oder die Getränke, die auf der Getränkekarte stehen –, werden von den Gästen gewünscht und gewählt. Der Wechsel der Karte ist abhängig von den Zielgruppen.*
- *P = Platz: Die Lage des Restaurants bestimmt zum Teil auch Angebot und Preise. Dies ist in der Menükarte/Getränkekarte sichtbar. Die Pacht für das Gebäude zum Beispiel muss entweder über die Preise oder Masse der Speisen und Getränke wieder verdient werden.*
- *P = Promotion: Das Aussehen der Speisekarte wird von Preisen und Produkten beeinflusst. Klassisch organisierte Restaurants werden zumeist auch eine ‚klassische' Karte haben. Restaurants mit Trendfood (zum Beispiel Burger) werden wahrscheinlich eine etwas ‚flippigere' Menükarte haben.*

Wenn das Haus von vielen Stammkunden frequentiert wird, so ist es auch wichtig, Tagesgerichte anzubieten. Diese werden teilweise auf einer kleinen Schiefertafel oder an einer Tafel, die auf der Straße steht, angeschrieben. Stammkunden kennen die Karte meistens auswendig und freuen sich über saisonale Angebote.

Fest steht, dass pfiffige Ideen bezüglich der Speisekarte positiv im Gedächtnis des Gastes bleiben.

Aufgabe 3.4

a)

USA → 1 € = 1,0717 $ (Dollar), 1 $ (Dollar) = 0,9331 €

7,95 € : 1,0717 = entspricht 7,42 $ (Teilen, da der Dollarwert höher als der Eurowert ist!)

Japan → 1 € = 117,1185 ¥ (Yen), 1 ¥ = 0,0085 €

7,95 € · 117,1185 = entspricht 931,09 ¥

China → 1 € = 7,3749 CN¥ (Chinesischer Renminbi Yuan), 1 CN¥ = 0,1356 €

7,95 € · 7,3749 = entspricht 58,63 CN¥

Aufgabe 3.5

a) *3, 2, 1, 4, 5*

b) *2, 3, 6*

c) *2*

d) *4*

Aufgabe 3.6

a) *43,00 €*

b) *(43,00 € : 119) · 9 = 6,87 €*

c)

1. *Wein 19 %*
2. *Cola 19 %*
3. *Bier 19 %*
4. *Milch (3,5 %) 7 %*
5. *Bananen 7 %*
6. *Mortadella-Wurst 7 %*
7. *Gummibärchen 7 %*
8. *Mandarinen 7 %*
9. *Kaffeepulver 7 %*
10. *Coffee-to-go 7 %*

Aufgabe 3.7

a) *87 · 25,00 € = 2 175,00 € (= Gesamtumsatz)*

87 · 0,10 € = 8,70 €

(8,70 € : 2 175,00 €) · 100 = 0,4 %

b) *(9,99 € : 1 000 g) · 150 = 1,49 € (für 150 g)*

c) *(25,00 € : 119) · 100 = 21,01 €*

(21,01 € : 100) · 40 = 8,40 €

d) *25,00 € : 9,75 € = 2,56 (Kalkulationsfaktor)*

Aufgabe 3.8

a) *3, 4*

b) *Weimar liegt in dem Bundesland Thüringen. In Weimar fließt ein Fluss, die Ilm. Deshalb sind Fische aus Flüssen, im Sinne der Nachhaltigkeit, mehr geeignet als Fische, die aus einem See oder dem Meer kommen. Weimar liegt nicht in der Nähe eines Sees oder dem Meer.*

Aufgabe 4.1

a) *Bei der Qualitätsbeurteilung von Fleisch muss auf Folgendes geachtet werden:*

- *Temperatur bzw. Geruch (und Geschmack): Bei der Anlieferung muss das Fleisch gut gekühlt sein und unbedenklich riechen.*
- *Aussehen: Das Fleisch muss frisch aussehen, d. h. rot und voll Fleischsaft*
- *Zartheit: Dies kann an der Marmorierung und am Reifegrad des Fleisches festgestellt werden. Wenn das Fleisch viel Bindegewebe aufweist, so muss es länger gegart werden.*

b) *Gefrierbrand entsteht, wenn das Fleisch nicht richtig verpackt worden ist. Fleisch verliert Wasser, welches verdunstet. Das Fleisch trocknet an dieser Stelle aus. Beim Auftauen des Fleisches entstehen trockene Stellen, die dementsprechend ‚strohig' und trocken schmecken. Gefrierbrand sorgt somit für einen erheblichen Qualitätsverlust des Produktes.*

c)

Lagerraum	*Temperatur*	*Luftfeuchtigkeit*	*Beispiele von dort gelagerten Nahrungsmitteln*
Tiefkühlraum	*–18 °C oder kälter*	*nahezu 100 %*	*tiefgekühlter Fisch, Gemüse, Fleisch*
Kühlraum	*+2 °C bis +7 °C*	*zwischen 70 % und 90 %*	*Molkereiprodukte, Eier, Blattgemüse*
Kühlraum	*–2 °C bis –4 °C*	*ca. 85 %*	*Fleisch und Fisch*
Kühler Keller	*zwischen +4 °C und +14 °C*	*ca. 70 %*	*Gemüse, Käse, Obst, Getränke, Kartoffeln (am besten unter +10 °C)*
Trockenlager	*nicht höher als +18 °C*	*ca. 65 %*	*Zucker, Salz, Teigwaren, Konserven in Gläsern und Dosen*

d)

pasteurisierte Milch	*sterilisierte Milch*
Die Milch wird auf max. 85 °C erhitzt. Alle krankheitserregenden Keime darin werden dadurch abgetötet. *Die Milch muss in diesem Falle danach immer im Kühlschrank bei max. +4 °C aufbewahrt bleiben. Sie hat ein begrenztes Haltbarkeitsdatum.* *Wenn die Milchpackung geöffnet worden ist, muss sie innerhalb von drei Tagen verbraucht werden.*	*Sterilisierte Milch wird wenige Sekunden auf eine Temperatur von +140 °C hocherhitzt. Danach wird die Milch vakuumverschlossen verpackt. Diese Milch kann bei Zimmertemperatur gelagert werden und ist sehr viel länger haltbar.*

Aufgabe 4.2

a) *Man unterscheidet Mängel bei Wein wie folgt:*

- *in der Menge,*
- *in der Einheit (1-l-Flaschen statt 0,375-l-Flasche),*
- *in der Art (Rotwein statt Weißwein),*
- *in der Qualität (Wein „kork(el)t“)*

Mängel muss man sofort nach der Lieferung rügen / angeben. Bei einer Weinflaschenlieferung können natürlich nicht alle Flaschen geöffnet und kontrolliert werden. Deshalb spricht man in diesem Falle von einem „versteckten Mangel“ und dieser darf innerhalb von sechs Monaten noch nachträglich gerügt werden. Wenn der Käufer ‚arglistig‘ vom Verkäufer getäuscht wurde, so gelten keine Fristen!

b) *Bei mangelhafter Ware hat der Käufer folgende Rechte:*

- *Recht auf Verweigerung der Annahme,*
- *Recht auf Wandlung (d. h., der Vertrag wird rückgängig gemacht/aufgehoben),*
- *Recht auf Minderung des Verkaufspreises,*
- *Recht auf Ersatzlieferung oder Umtausch,*
- *Recht auf Schadensersatz (wenn es sich um einen Deckungskauf handelt).*

Das Hotel hat in diesem Falle Recht auf eine Ersatzlieferung oder einen Umtausch, um dieses Mal Wein ohne Kork zu bekommen.

Aufgabe 4.3

a) *Der Kalkulationsfaktor wird benutzt, um auszurechnen, welcher Verkaufspreis erzielt wird, wenn Waren für einen bestimmten Preis eingekauft werden. Der Faktor ist eine Rechenhilfe, liefert aber auch eine Vorstellung darüber, ob der Verkaufspreis für die Gäste noch akzeptabel wäre.*

Errechnet wird der Kalkulationsfaktor wie folgt:

Brutto-Verkaufspreis (45,16 €) : Bezugspreis (11,00 €) = 4,11

[Gegenrechnung → 4,105 · 11,00 = 45,16]

b) *Der Deckungsbeitrag ermöglicht es, herauszufinden, ob neben der Deckung der variablen Kosten noch etwas Geld übrig bleibt, um fixe Kosten zu decken. Wenn es einen Deckungsbeitrag gibt, ist das Geschäft lukrativ.*

c)

Bezugspreis	*9,75 €*
+ Gemeinkosten (140 %)	*13,56 €*
= Selbstkostenpreis	*23,40 €*
+ Gewinn (? %)	*0,95 €*
= Geschäftspreis	*24,35 €*
+ Bedienungsgeld (15 %)	*3,65 €*
= Nettopreis	*28,00 €*

Errechnet wird der Deckungsbeitrag im Beispiel wie folgt:

Verkaufspreis (Nettopreis)	*28,00 €*	
– Wareneinsatz	*9,75 €*	
= Rohertrag	*18,25 €*	
– variable Kosten	*3,65 €*	*(Bedienungsgeld)*
= Deckungsbeitrag	*14,60 €*	

Aufgabe 4.4

a) *3,50 € : 3,5 = 1,00 €*

b) *Einstandspreis → 1,00 €/ einzelnes Tortenstück*

→ 48 Torten · 14 Stücke = 672 einzelne Tortenstücke

→ 672 · 1,00 € = 672,00 €

Oder:

→ 14 Stücke · 1,00 € = 14,00 €/Torte

→ 48 Torten · 14,00 € = 672,00 €

Aufgabe 4.5

a) *Ein Barcode ist die Standardisierung relevanter Information, die auf einem Computer mittels eines Scanners gespeichert und verwaltet wird. Ein Barcode ermöglicht eine permanente*

Inventur. Die Bewegung des Produktes im Produktionsprozess kann sichtbar gemacht werden. Es kann automatisch nachbestellt werden, wenn der Meldebestand erreicht worden ist.

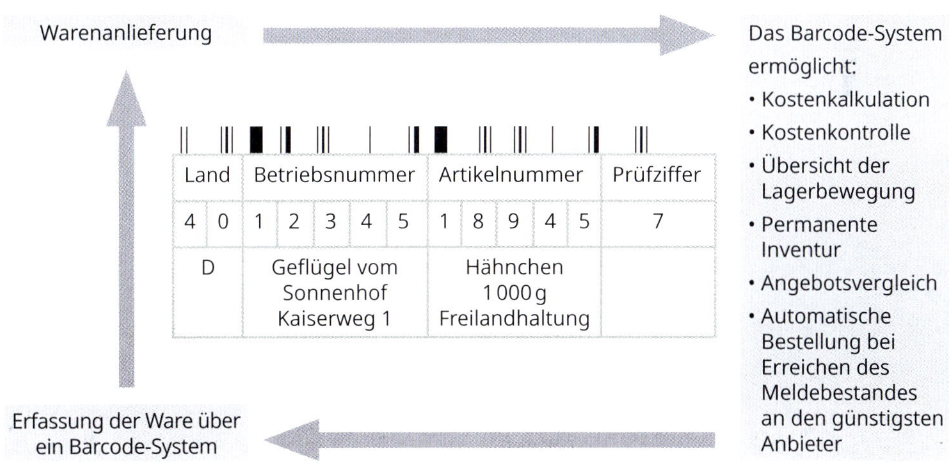

Möglichkeiten einer EDV-gestützten Magazinverwaltung

b) *Es handelt sich hierbei um den Mindestbestand an Produkten, der im Lager vorhanden sein muss. So wird der reguläre Betriebsablauf nicht durch plötzliches Fehlen eines notwendigen Produktes gefährdet.*

c) *(8 : 100) · 120 = 9,6 Kilogramm pro Tag*
2 · 9,6 kg/Tag = 19,2 kg

d) *(3 · 9,6) + 19,2 = 48 kg Salat*

Aufgabe 4.6

a)

Produkt	Putzverlust[1] in %	Bestellung vom Chefkoch in kg	Bestellung Einkauf in kg
Chinakohl	21	8	9,7
Kürbis	30	8	10,4
Rotkohl	22	15	18,3
Möhren	19	20	23,8
Ananas	46	10	14,6
Apfel	8	15	16,2
Birnen	7	5	5,4
Papaya	28	2	2,6

Aufgabe 4.7

a) *(20 + (12+14+23+12+8+31+2+2+10+12+22+30)): 13*

= (20 + 178) : 13

= 15,23 (durchschnittliche Lagerbestand an Tomatenmark)

b) *Durchschnittlicher Lagerbestand → 15,23 · 3,95 € = 60,16 €*

Jährlicher Wareneinsatz → 198 · 3,95 € = 728,10 €

728,10 : 60,16 = 13

c) *365 Tage : 13 = 28,07 Tage*

[1] Laut Tabelle Astrid Doering, www.astriddoering.de, 2017

Aufgabe 4.8

Inventurliste Nr. ...			
Wein	***Bestand Januar 20..***	***Bestand Dezember 20..***	***durchschnittlicher Lagerbestand***
Bom Dia Grauburgunder	*15*	*25*	*20*
Muscat Dessertwein	*18*	*15*	*16,5*
Eiswein	*5*	*15*	*10*
Champagner	*25*	*3*	*14*
Sekt	*5*	*2*	*3,5*

b)

Bom Dia Grauburgunder → *20 · 5,99 € = 119,80 €*

Muskat Dessertwein → *16,5 · 8,99 € = 148,34 €*

Eiswein → *10 · 12,00 € = 120,00 €*

Champagner → *14 · 7,50 € = 105,00 €*

Sekt → *3,5 · 3,50 € = 12,25 €*

Gesamtsumme → *05,39 €*

Lagerumschlagshäufigkeit → *25 000,00 : 505,39 = 49,46*

Wirtschafts- und Sozialkunde

1 Unternehmensbeschreibung:
Sie sind Mitarbeiter/-in im Hotel und Restaurant „Heringsdorfer Hof", Kaiserstraße 45, 17454 Heringsdorf (Usedom, Ostseeküste), Telefon: 03838/123456, E-Mail: info@ heringsdorferhof.de, Inhaberin: Nadine Müller

1.1 Situation: Das Hotel und Restaurant „Heringsdorfer Hof" bildet schon seit vielen Jahren in verschiedenen Berufsfeldern aus. So werden Köche, Beiköche, Fachkräfte für Dienstleistungsgewerbe, Restaurantfachleute und Hotelfachleute ausgebildet.

a) *In Deutschland werden viele Berufe sowohl in der Berufsschule als auch in einem Unternehmen gelernt. Kreuzen Sie an, wie man diese Art der Ausbildung bezeichnet.*

☐ Berufsbildungssystem Deutschland
☐ Duales Ausbildungssystem
☐ Europäisches Ausbildungssystem, Abteilung Deutschland
☐ Überbetriebliche Ausbildung
☐ Ausbildung im Doppelpack

b) *Kreuzen Sie an, mit wem ein Auszubildender einen Ausbildungsvertrag abschließt.*

☐ Ausbildungsbetrieb und IHK
☐ Berufsschule und IHK
☐ Ausbildungsbetrieb und Berufsschule
☐ Ausbildungsbetrieb
☐ Berufsschule

c) *Kreuzen Sie die drei Angaben an, die in einem Ausbildungsvertrag enthalten sein müssen (drei Antworten).*

☐ Name der Auszubildenden
☐ Name des Ausbildungsbetriebs
☐ Hobbies der Auszubildenden
☐ Dauer der Ausbildung
☐ Aufgaben der Auszubildenden

d) *Kreuzen Sie an, welches Gesetzt die Berufsausbildung regelt.*

- ☐ Jugendschutzgesetz
- ☐ Arbeitszeitgesetz
- ☐ Bürgerliches Gesetzbuch
- ☐ Berufsbildungsgesetz
- ☐ Allgemeine Gleichstellungsgesetz

e) *Kreuzen Sie an, wann das Ausbildungsverhältnis beginnt.*

- ☐ mit der Probezeit
- ☐ nach dem Abschluss des Ausbildungsvertrages
- ☐ ab dem 1. August des Jahres
- ☐ ab den ersten Tag in der Berufsschule
- ☐ nach einem Monat Ausbildung

f) *Ein Berufsausbildungsverhältnis kann gekündigt werden, wenn die folgenden Voraussetzungen erfüllt werden – kreuzen Sie an (mehrere Antworten sind möglich):*

- ☐ Die zuständige Stelle ist informiert.
- ☐ Das Berufsausbildungsverhältnis wird einvernehmlich aufgelöst und die zuständige Stelle wird informiert.
- ☐ Die Ausbildung wird vom Auszubildenden aufgegeben.
- ☐ Der Auszubildende wechselt den Ausbildungsbetrieb.
- ☐ Der Auszubildende kommt mit der Arbeit an sich nicht zurecht.

g) *Richtig oder falsch? Ein Tag in der Berufsschule muss zumindest fünf Stunden und 45 Minuten dauern, damit er einem achtstündigen Arbeitstag entspricht.*

- ☐ Richtig
- ☐ Falsch

h) *Richtig oder falsch? Die Abschlussprüfung der Berufsausbildung kann vorgezogen werden, wenn die zuständige Stelle dies erlaubt.*

- ☐ Richtig
- ☐ Falsch

i) *Richtig oder falsch? Das Berufsausbildungsverhältnis ist wirksam, wenn es in das „Verzeichnis der Berufsausbildungsverhältnisse" eingetragen ist.*

- ☐ Richtig
- ☐ Falsch

j) *Richtig oder falsch? Die zuständige Stelle für die Berufsausbildung ist der DeHoGa.*

☐ Richtig
☐ Falsch

k) *Richtig oder falsch? Das Berufsausbildungsverhältnis endet, wenn die Abschlussprüfung bestanden ist.*

☐ Richtig
☐ Falsch

l) *Richtig oder falsch? Die Ausbildungsberater der IHK haben die Aufgaben, die Berufsausbildungen in den Betrieben zu überwachen.*

☐ Richtig
☐ Falsch

m) *Richtig oder falsch? Wenn die Abschlussprüfung nicht bestanden wird, so wird das Ausbildungsverhältnis mit dem Betrieb automatisch um ein halbes Jahr verlängert.*

☐ Richtig
☐ Falsch

n) *Richtig oder falsch? Ein Auszubildender erfährt am 21.06. das Ergebnis der bestandenen Abschlussprüfung. Sein Ausbildungsvertrag endet allerdings erst am 31.07. Muss er sein Ausbildungsverhältnis, mit einer Kündigungsfrist von zwei Wochen, kündigen?*

☐ Richtig
☐ Falsch

o) *Richtig oder falsch? Ein Auszubildender hat das Recht auf ein qualifiziertes Zeugnis.*

☐ Richtig
☐ Falsch

p) *Richtig oder falsch? Ein qualifiziertes Zeugnis muss dem Auszubildenden automatisch ausgehändigt werden, wenn er mit der Ausbildung fertig ist.*

☐ Richtig
☐ Falsch

q) *Richtig oder falsch? Während der Berufsschulausbildung gilt die Schulpflicht und der Auszubildende hat, ungeachtet der Arbeitslage im Betrieb, am Unterricht teilzunehmen.*

☐ Richtig
☐ Falsch

r) *Richtig oder falsch? Wenn es gravierende Missverständnisse bezüglich der Schulpflicht zwischen dem Auszubildenden und dem Ausbildungsbetrieb gibt, kann dies beim Landgericht geklärt werden.*

- ☐ Richtig
- ☐ Falsch

s) *An welche Stelle kann ein Auszubildender sich wenden, wenn er finanzielle Unterstützung bei der Ausbildung braucht? Kreuzen Sie an.*

- ☐ IHK
- ☐ Erasmus+
- ☐ Europäische Union
- ☐ Bundesagentur für Arbeit
- ☐ Berufsgenossenschaft

t) *Für Jugendliche gibt es andere erlaubte Arbeitszeiten als für Erwachsene. Welche Aussage ist korrekt? Kreuzen Sie an.*

- ☐ Ein 17-Jähriger darf eine Stunde pro Woche länger beschäftigt werden als ein 16-Jähriger.
- ☐ Jugendliche dürfen grundsätzlich nicht mehr als 30 Stunden pro Woche arbeiten.
- ☐ Jugendliche dürfen nicht am Sonntag arbeiten.
- ☐ Der Einsatz von Jugendlichen in Nachtdiensten ist nicht erlaubt.
- ☐ Jugendliche sind jung und können viel mehr als Erwachsene arbeiten.

2 Unternehmensbeschreibung:

Sie sind Mitarbeiter/-in im Hotel-Restaurant „Lübecker Hof“, Königstraße 45, 22367 Lübeck, Telefon: 0451/123456, E-Mail: info@luebeckerhof.de, Inhaber: Nico Schuster.

2.1 Situation: Unfälle passieren schnell. Deshalb ist es für jedes gastronomische Unternehmen unerlässlich, dass das Personal in Bezug darauf geschult ist und Unfälle vermieden werden.

a) *Alle angestellten Mitarbeiter im Hotel-Restaurant „Lübecker Hof“ sind versichert. Welche Versicherung ist zuständig, wenn einer der Mitarbeiter sich bei der Arbeit verletzt und sich deshalb in der Unfallstation im Krankenhaus behandeln lassen muss? Kreuzen Sie an.*

- ☐ die gesetzliche Krankenversicherung
- ☐ die betriebliche Krankenversicherung
- ☐ die Unfallversicherung des Unternehmens
- ☐ die private Unfallversicherung des Mitarbeiters
- ☐ die Rentenversicherung

b) *Kreuzen Sie an, welche Aufgabe die Berufsgenossenschaft hat (mehrere Antworten sind möglich).*

- ☐ Informierende Aufgabe: Das Aufklären der Arbeitnehmer und Arbeitgeber über potenzielle Gefahren während der Arbeit.
- ☐ Aufklärende Aufgabe: Information über neue Studienergebnisse
- ☐ Kontrolle der Arbeitsabläufe
- ☐ Die Berufsgenossenschaft unterstützt den Arbeitnehmer, auch wenn er/sie eine längere Zeit durch Krankheit berufsunfähig war.
- ☐ Die Berufsgenossenschaft zahlt eine Rente, wenn ein Arbeitnehmer durch die bisherige Beschäftigung nicht mehr in der Lage ist, selbst arbeiten zu können.

c) *Die Elektrogeräte, die im Hotel-Restaurant benutzt werden, müssen über das Zeichen „GS" verfügen. Kreuzen Sie an, warum dies so ist.*

- ☐ „GS" bedeutet „Geprüfter Standard".
- ☐ Die Bedeutung von „GS" ist unwichtig.
- ☐ „GS" steht für „geprüfte Sicherheit".
- ☐ Jedes Jahr zur gleichen Zeit werden alle Geräte geprüft und bekommen das „GS"-Zeichen.
- ☐ „GS" steht für „Grundsätzlich in Ordnung".

d) *Kreuzen Sie die häufigsten Unfallursachen in einem gastronomischen Betrieb an (mehrere Antworten sind möglich).*

- ☐ Stolpern über Kabel, umgeklappte Matten etc.
- ☐ Absturz von einem Berg
- ☐ Hautverbrennungen
- ☐ Schnitt- und Stichverletzungen
- ☐ Ausrutschen und Stürzen

e) *Wodurch wird Ausrutschen, Stolpern und Stürzen verursacht? Kreuzen Sie an (mehrere Antworten sind möglich).*

- ☐ Tragen von glattbesohlten, nicht rutschsicheren Schuhen
- ☐ Tragen von High Heels
- ☐ Wasserfilm
- ☐ herumliegende Abfälle
- ☐ Unebenheiten im Fußboden

f) *Ab und zu stürzen Personalmitglieder auf der Treppe. Was kann die Ursache dafür sein? Kreuzen Sie an (mehrere Antworten sind möglich).*

- ☐ fehlende Handläufe
- ☐ Personal ist fit vom ständigem Treppensteigen
- ☐ ordentliche Stufen
- ☐ gute Beleuchtung
- ☐ glatte Oberfläche

g) *Verbrennungen kommen vor, wenn folgende Vorsichtsmaßnahmen nicht berücksichtigt bzw. die folgenden Fehler gemacht werden. Kreuzen Sie an (mehrere Antworten sind möglich).*

- ☐ Fehlen von geeigneter Schutzkleidung (lange Ärmel, lange Hosen)
- ☐ Hochkrempeln der Kochjackenärmel
- ☐ Tragen von zu schweren Gegenständen mit der Hand
- ☐ Öffnen von Gargeräten ohne Einhaltung des Sicherheitsabstandes
- ☐ Tragen einer Sicherheitsbrille beim Flambieren

h) *Schnittverletzungen kommen häufig vor. Kreuzen Sie an, wie das Risiko reduziert werden kann (mehrere Antworten sind möglich).*

- ☐ ausgeruht zur Arbeit kommen
- ☐ die Schutzvorkehrungen an der Schneidemaschine benutzen
- ☐ eine Schulung durchführen, wie man mit Messern umgehen soll
- ☐ das Tragen von Stahlfingerkappen
- ☐ scharfe Küchengeräte deutlich sichtbar am Arbeitsplatz ablegen, damit andere Mitarbeiter aufmerksam sind und sich nicht verletzten

i) *In Hotels und Restaurants können die Mitarbeiter oft in Kühlhäuser und größere Kühlschränke hineingehen. Damit sie dort keine Unterkühlung erleiden, gibt es eine Sicherheitsvorkehrung. Kreuzen Sie an.*

- ☐ Die Tür eines Kühlhauses/-schrankes muss von innen geöffnet werden können.
- ☐ Ein Mitarbeiter darf nicht länger als eine halbe Stunde im Kühlhaus arbeiten; danach muss er eine Pause außerhalb machen, um sich zu erholen.
- ☐ Die Kühlhäuser müssen vom Fußboden bis zur Decke gekachelt sein.
- ☐ Wenn ein Mitarbeiter im Kühlhaus Inventur machen oder Ware einräumen soll, so muss dafür geeignete (warme) Kleidung zur Verfügung gestellt werden.
- ☐ Das Rauchen im Kühlhaus ist verboten.

j) *In Küchen gibt es meistens eine Fritteuse zum Erhitzen von Öl. Welche Gefahren birgt dieses Gerät? Kreuzen Sie an (mehrere Antworten sind möglich).*

- ☐ Wenn das Öl zu heiß wird, verbrennt es und Flammen entstehen.
- ☐ Das Löschen eines Ölbrandes ist nicht mit Wasser möglich.
- ☐ Eine Mischung von heißem Öl und kaltem Wasser lässt Fett spritzen.
- ☐ Die Aerosole verbreiten sich und setzen sich auf anderen Geräten fest. Dadurch kann die direkt benachbarte Fläche schneller Feuer fangen.
- ☐ Wenn es rund um die Fritteusen-Öffnung keinen Schutz gibt, kann man einfach ins heiße Öl hineingreifen.

k) *Erste Hilfe in der Küche und im Restaurant ist immer wieder erforderlich. Eine Auszubildende hat sich leicht in den Finger geschnitten und blutet. Kreuzen Sie an, was Sie in diesem Falle tun.*

☐ die verletzte Auszubildende beruhigen, die Wunde desinfizieren und vorläufig verarzten
☐ ein Pflaster auflegen und mit der Verletzten zum Arzt fahren
☐ die Wunde nicht mit Wasser auswaschen, weil ansonsten die Keime tiefer in die Wunde gelangen
☐ ein Tuch auf die Wunde pressen und sofort den Notarzt rufen

l) *Heute steht eine Schulung des Küchenpersonals an. Sie dürfen daran teilnehmen. Das Thema lautet: „Richtiges Verhalten bei Verbrennungen". Welche Maßnahmen sind bei Verbrennungen richtig? Kreuzen Sie an (mehrere Antworten sind möglich).*

☐ bei kleineren Verbrennungen Wunde mit kaltem Wasser ausspülen
☐ bei kleineren Verbrennungen roh geraspelte Kartoffeln auf die Wunde legen
☐ die Wunde mit kühlem Öl übergießen
☐ bei größeren Verbrennungen den Brand mit einer Branddecke löschen
☐ bei größeren Verbrennungen sofort einen Notarzt rufen

m) *Weitere Unfälle, die häufig in der Gastronomie vorkommen, sind Hautverätzungen. Kreuzen Sie an, was in diesem Falle zu tun ist (mehrere Antworten sind möglich).*

☐ die Wunde mit viel Wasser ausspülen
☐ sofort einen Notarzt rufen
☐ die verätzte Haut mit kalten, nassen Tüchern bedecken
☐ die Haut sofort in einer Klinik untersuchen lassen
☐ Verätzungen ignorieren; sie sind nicht so schlimm und heilen von allein.

n) *Ein Mitarbeiter erleidet einen Stromschlag. Was passiert, wenn man einen Stromschlag bekommt.*

☐ Der menschliche Körper gerät in den Stromkreis und unterbricht ihn.
☐ Der Stromkreis wird nicht unterbrochen; der Strom fließt durch den menschlichen Körper weiter.
☐ Der Strom wird in die Erde umgeleitet. Dem Mitarbeiter kann nichts passieren.

o) *Sie sehen beim Betreten des Gastraumes, wie eine Dame in Ohnmacht fällt. Kreuzen Sie an, was jetzt zu tun ist.*

☐ Erste-Hilfe-Maßnahmen ergreifen (stabile Seitenlage)
☐ die Dame aufrecht hinsetzen, damit sie wieder zu sich kommen kann
☐ die Dame flach auf dem Boden lagern und den Notarzt rufen
☐ Erste-Hilfe-Maßnahmen ergreifen und den Notarzt rufen
☐ der Dame ein Kissen unter den Kopf legen

p) *Ein Teil des Küchenpersonals säubert bereits die Küche. Einer der Kellner, der einige Desserts in den Gastraum bringen will, rutscht auf dem nassen Boden aus und bricht sich das Bein. Was ist zu tun? Kreuzen Sie an.*

☐ den Kellner beruhigen und neue Desserts bestellen
☐ den Kellner in die stabile Seitenlage legen und den Notarzt rufen
☐ den Kellner bitten, aus dem Weg zu kriechen, damit die Gäste weiterhin bedient werden können
☐ den Kellner vom nassen Fußboden wegtransportieren und den Notarzt rufen
☐ den Kellner fragen, ob er einen Schluck Alkohol braucht, um den Schrecken zu überwinden

q) *Ein Koch hat beim Reinigen des Konvectomaten ätzende Reinigungsmittel ins Auge bekommen. Wie kann man ihm helfen? Kreuzen Sie an (mehrere Antworten sind möglich).*

☐ Das Auge muss gründlich mit einer Augendusche gereinigt werden.
☐ Das Auge muss vom Augenarzt untersucht werden.
☐ Das Auge kann man so lassen, es regeneriert sich von allein wieder.
☐ Das Auge muss mit einem weichen Verband abgedeckt werden; der Koch muss sofort einen Augenarzt aufsuchen.

r) *Wer wird mit diesen Aussagen/Schildern jeweils gewarnt – Gast/Kunde (1) oder Mitarbeiter (2)? Tragen Sie ein:*

☐ Kein Trinkwasser
☐ Zutritt für Unbefugte verboten
☐ Augenschutz tragen
☐ Warnung vor ätzenden Stoffen
☐ Rauchen verboten

s) *Aus Hygiene- und Sicherheitsgründen ist es wesentlich, in der Gastronomie Handschuhe zu tragen. Allerdings müssen die Handschuhe gewisse Voraussetzungen erfüllen – welche? Kreuzen Sie an (mehrere Antworten sind möglich).*

☐ Die Handschuhe sollen hautfreundlich sein.
☐ Die Handschuhe sollen wasserabweisend sein.
☐ Die Handschuhe dürfen nicht aus Stoff sein.
☐ Für Mitarbeiter mit einer Latexallergie müssen latexfreie Handschuhe vorhanden sein.

t) *Die Betriebssicherheit und das Reduzieren von Unfällen geht mit dem regelmäßigen Schulen der Mitarbeiter einher. Bringen Sie die Schulungsschritte in die richtige Reihenfolge. Tragen Sie hierfür die Zahlen 1 bis 5 ein.*

☐ 1. ein Teilnahme-Zertifikat wird ausgehändigt
☐ 2. die Einladung zur Weiterbildung dung erfolgt
☐ 3. der Trainer wird engagiert
☐ 4. Reservieren der Räumlichkeiten
☐ 5. Fertigstellen des Raumes

3 Unternehmensbeschreibung:
Sie sind Mitarbeiter/-in im Hotel-Restaurant „Lipperland", Lippische Hauptstraße 45, 33567 Bad Salzuflen, Telefon: 05222 123456, E-mail: info@lipperland.de, Inhaber: N. Schmidt

3.1 Situation: In einem Hotel-Restaurant spielt die Sicherheit für die Arbeiternehmer, aber auch für die Gäste, eine große Rolle. Ebenso wichtig sind die Qualität der Ware und das Wissen darüber welche Rechte ein Unternehmen in Anspruch nehmen kann.

a) *Ein Gast erleidet in der Lounge einen Unfall. Ein Mitarbeiter hat eine Stolperstelle nicht kenntlich gemacht. Welche Versicherung ist für diesen Schadensfall zuständig? Kreuzen Sie an.*

☐ die Unfallversicherung des Unternehmers
☐ die Unfallversicherung des Kunden
☐ die betriebliche Haftpflichtversicherung des Unternehmers
☐ die Berufsgenossenschaft
☐ die private Haftpflichtversicherung des Unternehmers

b) *Eine neue Lieferung trifft ein. Ein Angestellter findet bei der Kontrolle der Lieferung erhebliche Mängel daran. Was ist zu tun? Kreuzen Sie an.*

☐ mangelhafte Ware 24 Monate aufbewahren
☐ unverzüglich die Mängel rügen und die Ware gleichzeitig an den Lieferer zurücksenden
☐ Ware sofort an den Lieferer zurücksenden
☐ mangelhafte Ware innerhalb von 24 Monaten zurücksenden
☐ unverzüglich die Mängel rügen und die Ware zur Verfügung des Lieferers halten

c) *Sie haben für Ihre Lounge per E-Mail vier Kisten Orangen für den nächsten Morgen bestellt. Kreuzen Sie an, in welchem Fall der Kaufvertrag zustande kommt.*

☐ Der Großhändler bestätigt die Bestellung per E-Mail.
☐ Der Großhändler bestätigt die Bestellung telefonisch.
☐ Der Großhändler schreibt einen Expressbrief, der am nächsten Morgen an Sie zugestellt wird.
☐ Der Großhandel liefert am nächsten Morgen vier Kisten Orangen, ohne sich vorher zu melden.
☐ Der Großhandel ruft an und meldet, dass man nur vier Kisten Zitronen statt Orangen liefern kann.

d) *Richtig oder falsch? Wenn eine GmbH Gewinne ausschüttet, bekommen die Gesellschafter diesen Gewinn in Form einer anteilmäßigen Gewinnbeteiligung. Kreuzen Sie an.*

☐ Richtig
☐ Falsch

e) *Sie brauchen für Ihre Lounge eine Konzession. Kreuzen Sie die korrekte Erklärung des Begriffes „Konzession" an.*

- ☐ die Erlaubnis, eine Planung für den Betrieb durchzuführen
- ☐ die amtliche Erlaubnis, ein Restaurant zu führen
- ☐ ein Beweis, dass man die Prüfung zum ‚Betreiber eines Restaurants' bestanden hat
- ☐ die amtliche Erlaubnis, alkoholische Getränke auszuschenken
- ☐ die amtliche Schließung eines Gaststättenbetriebes

f) *Kreuzen Sie an, woraus Bewerbungsunterlagen bestehen.*

- ☐ Anschreiben, Lebenslauf und Zeugnisse
- ☐ Anschreiben, Zeugnisse und ein Podcast
- ☐ Anschreiben und ein Briefumschlag ohne ‚Eselsohren'
- ☐ Zeugnisse, Lebenslauf und Führungszeugnis
- ☐ Führungszeugnis, Zeugnisse, Anschreiben

g) *Kreuzen Sie an, was die kleinste organisatorische Einheit eines Unternehmens ist.*

- ☐ die Stellenausschreibung
- ☐ die Stellenbeschreibung
- ☐ das Stellenangebot
- ☐ das Bewerbungsverfahren
- ☐ das Assessmentcenter

h) *Kreuzen Sie an, welche Fragen in einem Bewerbungsgespräches vom Bewerber nicht beantwortet werden müssen.*

- ☐ Fragen nach Religionszugehörigkeit, Familienstand und Ausbildung
- ☐ Fragen nach Religionszugehörigkeit, Hobbies und dem Lieblingsfilm
- ☐ Fragen nach der Mitgliedschaft in einer politischen Partei/in der Gewerkschaft und der Religionszugehörigkeit
- ☐ Fragen nach der Mitgliedschaft in einer politischen Partei/in der Gewerkschaft und nach einer bestehenden Schwangerschaft
- ☐ Fragen nach der Familienplanung und der Mitgliedschaft in einer politischen Partei/in der Gewerkschaft

i) *Richtig oder falsch? Beim Abschließen des Arbeitsvertrages ist es wesentlich, einen Sozialversicherungsnachweis bei der Personalabteilung abzugeben.*

☐ Richtig
☐ Falsch

j) *Richtig oder falsch? Im Bewerbungsgespräch muss ein Bewerber keine wahrheitsgemäße Auskunft über seine/ihre sexuelle Orientierung geben.*

☐ Richtig
☐ Falsch

k) *Gemäß Bundesdatenschutzgesetz ist ein Mitarbeiter an die Geheimhaltungspflicht gebunden. Kreuzen Sie an, wie lange diese Geheimhaltungspflicht gilt.*

☐ zwei Jahre
☐ drei Jahre
☐ für immer
☐ das kommt auf das Verhältnis zwischen dem Arbeitgeber und Arbeitnehmer an
☐ diese Pflicht hört auf, sobald das Arbeitsverhältnis endet

l) *Richtig oder falsch? Ist ein Mitglied des Personals während seiner/ihrer Ferien erkrankt, kann er/sie ohne Zustimmung des Vorgesetzten den Urlaub um die Krankheitstage verlängern.*

☐ Richtig
☐ Falsch

m) *Richtig oder falsch? Ehegatten, die sich beide in einem steuerpflichtigen Arbeitsverhältnis befinden, sind in der Lohnsteuerklasse IV eingeteilt.*

☐ Richtig
☐ Falsch

n) *Richtig oder falsch? Singles sind in der Steuerklasse V eingeteilt.*

☐ Richtig
☐ Falsch

o) *Kreuzen Sie an, welche Versicherungen sowohl vom Arbeitnehmer als auch vom Arbeitgeber bezahlt werden (mehrere Antworten sind möglich).*

☐ Krankenversicherung
☐ Unfallversicherung
☐ Arbeitslosenversicherung
☐ Rentenversicherung
☐ Lohnsteuer
☐ Haftpflichtversicherung

p) *Richtig oder falsch? Ein steuerlicher Freibetrag beinhaltet, dass der Arbeitnehmer über diese Summe keine Steuern bezahlen muss. Kreuzen Sie an.*

☐ Richtig
☐ Falsch

q) *Richtig oder falsch? Die Grundlage für die Kirchensteuer und für den Solidaritätszuschlag ist die Lohnsteuersumme. Kreuzen Sie an.*

☐ Richtig
☐ Falsch

r) *Richtig oder falsch? Eine Lebensversicherung ist ein Beispiel der Sozialversicherung. Kreuzen Sie an.*

☐ Richtig
☐ Falsch

s) *Richtig oder falsch? Eine Krankenhaustagegeldversicherung ist ein Beispiel einer Vermögensversicherung. Kreuzen Sie an.*

☐ Richtig
☐ Falsch

t) *Kreuzen Sie, an welche Daten bzw. Informationen eine Quittung mindestens enthalten sollte (mehrere Antworten sind möglich).*

☐ Rechnungsbetrag
☐ Name des Unternehmens
☐ Einkommenssteuer
☐ Ort und Tag der Zahlung
☐ Unterschrift des Ausstellers
☐ Unterschrift des Empfängers

u) *In der Dienstleistungsbranche hat man mit verschiedenen Bankkarten zu tun. Eine Debitkarte ist eine Art Kreditkarte. Kreuzen Sie an, was eine Debitkarte von einer herkömmlichen Kreditkarte unterscheidet.*

☐ Eine Debitkarte ist eine Karte, mit der man nur dann bezahlen kann, wenn eine Bank ihre Zustimmung dazu gibt.
☐ Eine bestimmte Summe Geld wird auf die Debitkarte gebucht. Die Karte kann dann als Kreditkarte benutzt werden.
☐ Die Debitkarte ist immer durch ein Bankkonto gedeckt.
☐ Die Debitkarte ist eine Art Kundenkarte, mit der man auf Kredit einkaufen kann.

v) *In vielen europäischen Ländern kann man überall per Karte bezahlen und braucht kein Bargeld mehr. Kreuzen Sie an: Warum verschwindet das Bargeld immer mehr aus dem täglichen Geschäftsumlauf?*

- ☐ Bargeld ist teuer; es muss aus Rohstoffen produziert und in Umlauf gebracht werden.
- ☐ Bargeld verschwindet, weil es die Möglichkeit gibt, ohne Bargeld bezahlen zu können.
- ☐ Bargeld verschwindet, weil das Finanzamt registrierte (Karten-)Bezahlungen bevorzugt. Diese sind nämlich steuerlich nachzuvollziehen.
- ☐ Bargeld ist ein Kulturgut und wird niemals ganz verschwinden. Man spart sich lediglich den Weg zum Geldautomaten, wenn man per Geldkarte bezahlen kann.

w) *In Deutschland herrscht Vertragsfreiheit. Kreuzen Sie an, was dies bedeutet.*

- ☐ Es gibt in Wirklichkeit keine grundsätzliche Freiheit.
- ☐ Vertragsfreiheit bedeutet, dass man alle Verabredungen vertraglich festhalten darf.
- ☐ Der Inhalt eines Vertrages kann frei ausgehandelt werden, d. h., die eigentliche Vertragsform ist frei.
- ☐ Vertragsfreiheit bedeutet, sich mit jedem ‚vertragen' zu dürfen.

x) *Ein Kaufvertrag besteht aus zwei Teilen. Kreuzen Sie die korrekte Zusammenstellung dieser beiden Teile an.*

- ☐ Pflichtteil und Verkaufsteil
- ☐ Verpflichtungsgeschäft und Erfüllungsgeschäft
- ☐ Kontakt mit dem Kunden und die geschäftliche Buchführung
- ☐ Erfüllungsteil und Dokumentationsteil
- ☐ Verpflichtungsteil und Dokumentationsteil

y) *Wenn ein Unternehmen gegründet wird, muss sich der Gründer für eine Unternehmensform entscheiden. Der Gründer entscheidet häufig nach der Haftung. Kreuzen Sie das Richtige an.*

- ☐ Bei einer offenen Handelsgesellschaft (OHG) haften die Gründer zur Hälfte ihres Gesamtvermögens.
- ☐ Bei einer Gesellschaft des bürgerlichen Rechtes (Gbr.) wird die Haftung prozentual auf den Beteiligten umgelegt.
- ☐ Die Kommanditgesellschaft (KG) hat mindestens einen Vollhafter und einen Nebenhafter.
- ☐ Bei der Gesellschaft mit beschränkter Haftung (GmbH) haftet niemand.
- ☐ Die AG ist eine Unternehmensform, die nichts mit Haftung zu tun hat.

z) *Richtig oder falsch? Um eine GmbH zu gründen, muss man zumindest ein Startkapital von 25 000,00 € haben. Kreuzen Sie an.*

- ☐ Richtig
- ☐ Falsch

3.2 Situation: Am Ende des Jahres muss ein Hotel den erwirtschafteten Gewinn auf seine Gesellschafter verteilen. Im Gesellschaftsvertrag wurde folgende Vereinbarung festgelegt: Der Komplementär bekommt 2/3 des Gewinnes, der Kommanditist bekommt 1/3. Der Kommanditist bekommt mindestens 4 % seiner Einlage.

a) *Der jährliche Gewinn beträgt 23 450,00 €. Errechnen Sie die Verteilung des Gewinnes.*

b) *Richtig oder falsch? Wenn die Einlage des Kommanditisten vor einigen Jahren 15 000,00 € betrug, so übersteigt seine diesjährige Gewinnbeteiligung (siehe: a)) seinen Pflichtteil. Kreuzen Sie an.*

☐ Richtig
☐ Falsch

c) *Im dienstleistenden Gewerbe werden viele Unternehmen als Einzelunternehmen gegründet. Kreuzen Sie an, warum dies so ist.*

☐ Ein Gründer braucht keine speziellen Kenntnisse vorzuweisen.
☐ Ein Gründer braucht kein großes Startkapital.
☐ Ein Gründer im dienstleistenden Gewerbe kann ‚klein anfangen' und sein Unternehmen danach stetig erweitern.

4 Unternehmensbeschreibung:

Sie sind Mitarbeiter/-in im Hotel-Restaurant „Goethe und Schiller“, Goethestraße 1140, 99427 Weimar, Telefon: 03643 123456, E-Mail: info@Goetheundschiller.de, Inhaberin: Anna Scholl

4.1 Situation: Alle, die in der Gastronomie arbeiten, sind jeden Tag gewissen Gefahren ausgesetzt. Daher finden regelmäßig Schulungen zum Thema Betriebssicherheit und Gesundheit statt.

a) *Wer ist der Träger der gesetzlichen Unfallversicherung? Kreuzen Sie an.*

- ☐ die Krankenkasse
- ☐ die Rentenversicherung
- ☐ die private Haftpflichtversicherung
- ☐ der ADAC
- ☐ die Berufsgenossenschaft

b) *Kreuzen Sie die speziell für Gaststätten geltende Sicherheitsregel an.*

- ☐ Notausgänge dürfen sich nicht automatisch öffnen.
- ☐ Die Türen müssen immer entgegen der Fluchtrichtung geöffnet werden.
- ☐ Es muss mindestens einen Verbandskasten in der Gaststätte geben.
- ☐ Das Personal muss immer trendiges Schuhwerk tragen.

c) *Ordnen Sie zu, indem Sie die jeweilige Beschreibung (1 bis 6) bei dem entsprechenden Bild eintragen.*

1. giftige Stoffe

☐ 

2. Zutritt verboten

☐ 

3. Rauchen verboten

☐ 

4. Schutzhandschuhe tragen

☐ 

5. Fluchtweg

☐ 

6. Augenschutz tragen

☐ 

d) *Elektrische Geräte bekommen in der EU ein Prüfzeichen. Kreuzen Sie an, wie dieses Prüfzeichen abgekürzt wird.*

☐ GS
☐ GZ
☐ GEZ
☐ BG

e) *Kaputte elektrische Geräte sind eine Gefahrenquelle für die Mitarbeiter. Kreuzen Sie an, worauf immer geachtet werden soll, wenn mit elektrischen Geräten gearbeitet wird (mehrere Antworten sind möglich).*

☐ Das Gerät muss mit elektrischem Strom verbunden werden.
☐ Die Kabelverbindung vom Gerät zur Steckdose soll intakt sein.
☐ Der Schalter (an/aus) soll funktionieren.
☐ Vorrichtungen mit scharfen Messern sollen nur gesäubert werden, wenn die Maschine vom Stromnetz getrennt ist.
☐ Das Gerät muss einwandfrei funktionieren.

f) *Die Sicherheit soll an erster Stelle stehen. Kreuzen Sie an, was getan werden muss, damit Mitarbeiter nicht ausrutschen (mehrere Antworten sind möglich).*

☐ Der Fußboden darf nicht mit Wasser gereinigt werden.
☐ Die Fliesen müssen eine Trittfestigkeit von R13 haben.
☐ Die Mitarbeiter sollen geeignetes Schuhwerk tragen.
☐ Der Fußboden darf nur gering mit Reinigungsmittel gereinigt werden.
☐ Lebensmittelreste sollen vor einer großen Endreinigung nicht vom Fußboden entfernt werden.

g) *Ein Mitarbeiter hat sich eine Schnittwunde zugezogen. Ordnen Sie die angegebenen Erste-Hilfe-Maßnahmen in der richtigen Reihenfolge, indem Sie die Ziffern 1 bis 6 in die Kästchen eintragen.*

☐ die Wunde desinfizieren

☐ den Mitarbeiter beruhigen und sich hinsetzen lassen

☐ die Blutung mit einem sauberen Tuch stoppen

☐ den Mitarbeiter zum Arzt schicken

☐ die Wunde verbinden

☐ den Vorfall im Unfallbuch eintragen

h) *Warum gehört in jeder Putzkammer eine Augendusche? Kreuzen Sie an.*

☐ Die Augen müssen eben ab und zu geduscht werden.
☐ Nach der Gebäudereinigung schwitzen die Mitarbeiter so sehr, dass Schweiß in die Augen kommt. Dieser soll weggeduscht werden.
☐ Die Augendusche soll die Augen freispülen, wenn Reinigungsmittelspritzer in die Augen gelangt sind.
☐ Eine Augendusche gehört zur Erste-Hilfe-Ausstattung, wenn Gefahrstoffen verwendet werden, die gefährlich für die Augen sein können.
☐ Die Augendusche ist eine reine Vorsichtsmaßnahme und ist neben dem Erste-Hilfe-Kasten aufzubewahren.

i) *In einer Küche schweben im Wasserdampf kleine Fettmoleküle in der Luft herum, sog. Aerosole. Kreuzen Sie die richtige Maßnahme an, die ergriffen wird, damit man diese Aerosole nicht einatmet.*

☐ Aerosole sind nicht schädlich für die Gesundheit. Es sind deshalb keine Maßnahmen notwendig.
☐ Ein Mensch atmet nur kleine Luftpartikel ein. Aerosole sind zu groß und können von Menschen nicht eingeatmet werden.
☐ Es gibt in einer Küche Dunstabzugshauben mit Fettfilter. Diese Hauben saugen den Dampf mit den Aerosolen auf und filtern die Luft.
☐ Die Mitarbeiter müssen einen Mundschutz tragen.
☐ Mitarbeiter sollten eigentlich eine Sauerstoffmaske tragen, damit die Aerosole nicht eingeatmet werden können.

j) *In einem dienstleistenden Gewerbe entsteht viel Lebensmittelabfall. Kreuzen Sie an, wie diese Lebensmittel entsorgt werden müssen (mehrere Antworten sind möglich).*

- ☐ Die Lebensmittel werden gesondert eingesammelt und wiederverwertet.
- ☐ Die Lebensmittel können in der Biogasanlage verwertet werden.
- ☐ Die Lebensmittel werden in großen, gekühlten Abfallbehältern gelagert und einmal in der Woche geleert.
- ☐ Die Lebensmittel werden im Blockheizkraftwerk verbrannt.
- ☐ Die Lebensmittel werden an die lokale Zweigstelle der gemeinnützigen Organisation „Die Tafeln" gespendet.

k) *Warum ist es notwendig, dass das Abwasser eines lebensmittelverarbeitenden Unternehmens über einen Fettabscheider gelenkt wird? Kreuzen Sie an.*

- ☐ Das Abwasser ist viel zu warm und darf nicht in das öffentliche Netz geleitet werden, bevor es nicht auf maximal +5 °C heruntergekühlt ist. Deshalb muss das Wasser über den Fettabscheider gelenkt werden, weil das Fett im Wasser so warm ist.
- ☐ Das Abwasser ist voller Fettmoleküle und diese müssen aus dem Wasser herausgefiltert werden. Im Fettabscheider bleibt das Wasser kurz stehen, die Fettpartikel schweben nach oben und werden dort aufgefangen. Das fettlose Wasser fließt dann ab.
- ☐ Ein Fettabscheider ist ein Filter, der das Wasser herausfiltert. Das Fett fließt danach weiter.
- ☐ Ein Fettabscheider scheidet Wasser, Fett und Kalk voneinander ab und sammelt diese in separaten Behältern.

l) *In der Küche herrschen strikte Regeln, wenn es um die Hygiene geht. Kreuzen Sie an, was Hygiene bedeutet.*

- ☐ Hygiene ist ein sauberer Zustand, bei dem die Möglichkeit einer Infektion ausgeschlossen ist.
- ☐ Hygiene ist eine Lehre, die Gesundheit bewusst zu erhalten und zu fördern.
- ☐ Hygiene bedeutet, einen gewissen Standard von keimfreier Sauberkeit zu erreichen.
- ☐ Hygiene ist ein Status Quo, die nie erreicht werden kann.

m) *Kreuzen Sie an: HACCP ist die Abkürzung für ...*

- ☐ Happy Analyses of Critical Control Points
- ☐ Hazard Analysis of Controlling Chemical Points
- ☐ Hazard Analyses of Critical Control Points
- ☐ Häufige Analyse von Clostridien, Chloriden und Pestiziden.

n) *Eine Küche ist nie keimfrei. Deshalb ist die Handhygiene sehr wichtig. Bringen Sie die folgenden Schritte beim richtigen Händewaschen, wie sie das Robert-Koch-Institut vorschreibt, in die richtige Reihenfolge, indem Sie die Ziffern 1 bis 7 in die Kästchen eintragen.*

- ☐ die Hände mit einem Desinfektionsmittel einreiben
- ☐ die Hände mit Seife einseifen
- ☐ die Seife auch zwischen den Fingern verteilen
- ☐ die Hände gründlich abspülen
- ☐ die Hände nach der Arbeit täglich mit einer Handcrème einreiben
- ☐ den gröbsten Schmutz von den Händen entfernen
- ☐ die Hände trocknen

o) *Für eine Gaststätte, in der alkoholische Getränke ausgeschenkt werden, braucht man eine Konzession. Kreuzen Sie an, wer diese Konzessionen vergibt.*

- ☐ die Stadt
- ☐ die Handwerkskammer
- ☐ die Industrie- und Handelskammer
- ☐ die zuständige Behörde

p) *Eine Personalkonzession wird an natürliche Personen und juristische Personen erteilt. Die Konzession kann nur ausgegeben werden, wenn die Person gewisse Bedingungen erfüllt. Kreuzen Sie diese Bedingungen an (mehrere Antworten sind möglich).*

- ☐ Die Haare müssen kurz sein.
- ☐ Die Nägel müssen kurz geschnitten sein.
- ☐ Der Geschäftsführer muss rechts- und geschäftsfähig sein.
- ☐ Das polizeiliche Führungszeugnis muss tadellos sein.
- ☐ Lebensmittelrechtliche Kenntnisse müssen nachgewiesen werden.

q) *Was ist eine „Realkonzession"? Kreuzen Sie an.*

- ☐ Es handelt sich dabei um eine Konzession, die real verhandelbar ist.
- ☐ Diese Form der Konzession ist an eine bereits existierende Gaststätte gebunden.
- ☐ Es handelt sich hierbei um eine Dauerkonzession, die vererbbar ist.
- ☐ Die Realkonzession ist eine veraltete Form der Konzession, die aus der Zeit Bismarcks stammt.

r) *Die sog. ‚Strauß- und Besenwirtschaften' sind konzessionsfrei, obwohl dort auch alkoholische Getränke verkauft werden. Kreuzen Sie an, warum dies so ist.*

- ☐ Es handelt sich hierbei um Wirtschaften, die ausprobieren wollen, ob ihr Konzept gut bei den Kunden ankommt.
- ☐ Es handelt sich hierbei um Wirtschaften, die saisonal geöffnet sind und nur im Sommer alkoholische Getränke verkaufen.
- ☐ Diese Wirtschaften stellen Wein oder Bier her und schenken in ihren eigenen Räumlichkeiten saisonal Wein oder Bier aus. Es müssen allerdings auch alkoholfreie Getränke angeboten werden.
- ☐ Diese Wirtschaften haben mit der Herstellung von Wein und Bier nichts zu tun; es handelt sich bei dem Begriff um die Bezeichnung von Betriebsfeiern, die intern ausgerichtet werden.

s) *Für Gaststätten gibt es ein Gaststättengesetz. Darin werden die Dienstleistungen und die Verabreichung von Genussmitteln geregelt. Was passiert, wenn ein Gaststätteninhaber sich nicht an dieses Gesetz hält? Kreuzen Sie an.*

- ☐ Dem Gaststätteninhaber wird bei schwerwiegenden Verstößen die Konzession entzogen.
- ☐ Der Gaststätteninhaber kann bei leichteren Verstößen mit einer Geldbuße bestraft werden.
- ☐ Der Gaststätteninhaber muss auf der Stelle sein Geschäft aufgeben bzw. dieses schließen.
- ☐ Der Gaststätteninhaber wird ins Visier der Aufsichtsbehörde genommen und wird von nun an scharf beobachtet.
- ☐ Die Polizei kommt häufiger selbst zum Essen vorbei, um nachzusehen, ob in der Gaststätte auch alles mit rechten Dingen zugeht.

t) *Die sog. ‚Sperrzeit' ist in § 18 des Gaststättengesetzes geregelt. Was bedeutet der Begriff „Sperrzeit"? Kreuzen Sie an.*

- ☐ „Sperrzeit" bedeutet die ‚sperrige' Zeit zwischen 01:00 Uhr und 04:00 Uhr morgens. Dann ist es immer schwierig, Kunden zu akquirieren.
- ☐ „Sperrzeit" bezeichnet die Zeit, in welcher der Betrieb in einer Gaststätte ruht. Diese ist von Gemeinde, Kreis oder Stadt vorgeschrieben.
- ☐ „Sperrzeit" hat mit Sperrmüll zu tun; man bezeichnet damit jene Tageszeit, wenn dieser Abfall abgeholt wird.
- ☐ „Sperrzeit" bedeutet eine vorübergehende Sperrung der Gaststätte, weil ein Umbau stattfindet.

u) *In welchen Situationen ist die Bewirtung von Gästen von der Sperrzeit-Regelung ausgenommen? Kreuzen Sie an.*

- ☐ Wenn Gäste in Gefahrensituationen bewirtet werden, zum Beispiel bei Sturm, Schnee oder Demonstrationen.
- ☐ Wenn Gäste eine Dienstleistung über bzw. in der Nacht wahrnehmen müssen, zum Beispiel während einer nächtlichen Bootüberfahrt/Boots-/Flug-/Zugreise.
- ☐ Die Hotelgäste dürfen weiter bewirtet werden, wenn der Raum (oft: die Bar) der Bewirtung nicht von außen zugänglich ist.
- ☐ Die Hotelgäste dürfen Zimmerservice bestellen.
- ☐ Wenn es sehr gemütlich ist und die Gäste das Lokal nicht verlassen wollen.

v) *Kreuzen Sie an: Das Lebensmittel- und Futtermittelgesetzbuch ist die Grundlage für*

- ☐ den richtigen Umgang mit Lebens- und Futtermitteln
- ☐ die Definition von Lebens- und Futtermitteln
- ☐ die Informationen über Lebens- und Futtermittel
- ☐ etwaige Verbote im Umgang mit Lebens- und Futtermitteln

w) *In der Zusatzstoff-Zulassungsverordnung werden die zugelassenen Zusatzstoffe definiert. Warum hat der Verbraucher ein Recht auf eine derartige Zulassungsverordnung für Zusatzstoffe? Kreuzen Sie an (mehrere Antworten sind möglich).*

- ☐ Zusatzstoffe dienen dem Erhalt der Lebensmittel. Diese Zusatzstoffe werden von staatlicher Seite besteuert. Die Menge der Zusatzstoffe wird dabei als Maßstab genommen.
- ☐ Nicht alle Zusatzstoffe sind notwendig oder gewollt. Deshalb wollen sich die Verbraucher über eventuelle Zusatzstoffe informieren.
- ☐ Manche Zusatzstoffe lösen Allergien aus. Deshalb müssen die Verbraucher über die Zusatzstoffe informiert werden.
- ☐ Die Zulassungsverordnung ist notwendig, damit der Hersteller seiner Aufgabe als Lebensmittelanbieter verantwortungsvoll nachgeht.

x) *Allergene Stoffe müssen laut der Lebensmittel-Informationsverordnung (LMIV, VO EU 1169/2011) besonders gekennzeichnet werden. Kreuzen Sie an, um welche Lebensmittel es sich dabei handelt (mehrere Antworten sind möglich).*

- ☐ Eis
- ☐ Zucker
- ☐ Salz
- ☐ Eier
- ☐ Getreide (glutenhaltig)
- ☐ Paprika
- ☐ Tomate
- ☐ Lupinen
- ☐ Soja
- ☐ Schalenfrüchte

y) *Anders als ein Schankwirt haftet ein Beherbergungswirt bei entstandenem Schaden auch für „eingebrachte Sachen“. Kreuzen Sie an, worum es sich bei diesen „eingebrachte Sachen“ handelt.*

- ☐ Es handelt sich dabei um die Dinge, die ein Gast zwar mitgebracht hat, aber im Gastraum nicht benötigt (zum Beispiel Jacke, Regenschirm, Gepäck).
- ☐ Es handelt sich hierbei um die Geschenke, welche ein Gast für den Gastgeber mitgebracht hat.
- ☐ Es handelt sich hierbei um das Geld, welches ein Gast mitgebracht hat.
- ☐ „Eingebrachte Sachen“ ist nicht klar definiert; die Gerichte wissen auch nicht genau, was damit gemeint ist.

5 Unternehmensbeschreibung:
Sie sind Mitarbeiter/-in im Hotel „Sadison" in Hamburg. Dieses Hotel hat ein Restaurant und ein Bistro. Adresse: Holstentorbrücke 2142, 21073 Hamburg, Telefon: 040 12345- 678, E-Mail: info@Sadisonhamburg.com, Inhaber: Sadison Group GmbH

5.1 Situation: Das Alter der Gäste lässt sich nur sehr schwer erraten. Welche Konsequenzen es haben kann, wenn ein Mitarbeiter sich bei dem Alter eines Gastes verschätzt, wird durch eine Schulung deutlich gemacht.

a) *Was bedeutet „Geschäftsfähigkeit"? Kreuzen Sie an.*

- ☐ „Geschäftsfähigkeit" bedeutet, dass der Unternehmer sehr beschäftigt ist.
- ☐ „Geschäftsfähigkeit" ist die Fähigkeit, rechtsverbindliche Willenserklärungen abzugeben und anzunehmen.
- ☐ „Geschäftsfähigkeit" ist die Fähigkeit, Geschäfte zu machen.
- ☐ „Geschäftsfähigkeit" ist die Fähigkeit, einen Vertrag abzuschließen.
- ☐ „Geschäftsfähigkeit" ist die Fähigkeit, einen Vertrag aufzusetzen.

b) *Eine Fünfzehnjährige kauft sich ein Fahrrad im Wert von 400,00 €. Darf sie das? Kreuzen Sie an.*

- ☐ Eine Fünfzehnjährige darf sich nicht ohne einen gesetzlichen Vertreter ein Fahrrad im Wert von 400,00 € kaufen.
- ☐ Eine Fünfzehnjährige darf sich ein Fahrrad kaufen, solange sie das Geld zur Verfügung hat.
- ☐ Eine Fünfzehnjährige darf das Fahrrad nur kaufen, wenn sie in eine Ratenzahlung einwilligt.
- ☐ Eine Fünfzehnjährige darf das Fahrrad kaufen, wenn sie die Rechnung mit Bargeld begleicht.
- ☐ Eine Fünfzehnjährige darf das Fahrrad nur kaufen, wenn sie es mit geschenktem Geld bezahlt.

c) *Welches Rechtsgeschäft darf ein Sechzehnjähriger allein vornehmen? Kreuzen Sie an.*

- ☐ den Abschluss eines Mietvertrages
- ☐ der Abschluss eines Ratenkaufes
- ☐ das Abschließen eines Handyvertrages
- ☐ das Annehmen eines Geschenkes zur Konfirmation
- ☐ das Annehmen einer Weltreise

d) *Ein Vertrag, der durch Zwang oder Nötigung zustande gekommen ist, ist dennoch gültig. Kreuzen Sie an, welche der folgenden Aussagen in diesem Fall korrekt ist.*

☐ Der Zwang oder die Nötigung muss bewiesen werden.
☐ Niemand darf gezwungen werden, etwas gegen seinen Willen zu tun. Deshalb kann man immer vom Vertrag zurücktreten.
☐ „Zwang" muss erst definiert werden. Der Richter entscheidet, ob Zwang vorlag oder nicht.
☐ Im Falle einer Nötigung wird der Druck auf den Unterzeichnenden sehr hoch gewesen sein. Möglicherweise hätten die Vertragspartner dieses Problem auch anders lösen können.
☐ Zwang und Nötigung sind keine legalen Grundlagen für das Abschließen eines Vertrages. Deshalb ist ein Vertrag, der unter diesen Bedingungen geschlossen wurde, nicht gültig,

e) *Es gibt einseitige und zweiseitige Rechtsgeschäfte. Ein Testament ist ein einseitiges Rechtsgeschäft. Welche der folgenden Aussagen zum Thema „Testament" ist korrekt? Kreuzen Sie an.*

☐ Ein Testament betrifft meistens eine Erbgemeinschaft. Es müssen hierbei auch weitere Gesetze eingehalten werden.
☐ Um ein Testament aufzusetzen, brauchen Sie nicht die Zustimmung anderer. Deshalb spricht man hier von einem einseitigen Rechtsgeschäft.
☐ Die Personen, die in einem Testament zu etwas bestimmt werden, müssen mit der Bestimmung einverstanden sein. Deshalb kann man in so einem Fall von einem zweiseitigen Rechtsgeschäft sprechen.
☐ Falsch, denn ein Testament ist ein typisches zweiseitiges Rechtsgeschäft.

f) *Wenn ein Arbeitsvertrag gekündigt wird, handelt es sich um eine einseitige sog. „empfangsbedürftige Willenserklärung". Kreuzen Sie an, was dies bedeutet.*

☐ Es bedeutet, dass der Sender sicher sein muss, dass der Empfänger die Kündigung fristgerecht empfängt.
☐ Es bedeutet, dass der Empfänger den Empfang der Kündigung bestätigen muss.
☐ Es bedeutet, dass derjenige, dem gekündigt wurde, diese Willenserklärung anfechten kann.
☐ Eine einseitige Willenserklärung bedarf keiner Zustimmung durch den Empfänger.
☐ Der Sender hat sicherzustellen, dass der Empfänger in der Lage ist, die Kündigung zu empfangen.

g) *Wie kommt ein Kaufvertrag zustande? Kreuzen Sie an.*

☐ Der Käufer zahlt eine Geldsumme und bekommt dafür die Ware, die er haben will.
☐ Der Käufer äußert seinen Willen, der Verkäufer versteht ihn aber nicht.
☐ Der Käufer legt seine Einkäufe auf das Kassenband, die Kassiererin kassiert und bekommt das Geld. Der Käufer nimmt die Ware mit.
☐ Der Käufer ist sich nicht sicher, ob er ein grünes oder ein rotes Auto kaufen soll.
☐ Der Käufer fordert den Kassenzettel, damit er seine Ware evtl. wieder umtauschen kann.

h) *Was bedeutet „verbindliches Angebot"? Kreuzen Sie an.*

- ☐ Der Anbieter bleibt bei diesem Angebot.
- ☐ Der Anbieter ist nicht bereit, den Preis weiter zu senken.
- ☐ Der Anbieter bietet seine Ware zum letzten Mal zum Angebotspreis an, der Käufer muss jetzt auf das Angebot eingehen oder die Chance zum Kauf zu diesen Konditionen ist unwiderruflich verstrichen.
- ☐ Die Verbindlichkeit sorgt für klare Absprachen zwischen Käufer und Verkäufer.
- ☐ Der Verkäufer hat seine Marge voll ausgeschöpft und kann den Preis nicht mehr reduzieren.

i) *Wie lange ist ein telefonisches Angebot gültig? Kreuzen Sie an.*

- ☐ ungefähr zwei Stunden
- ☐ genau zwei Stunden
- ☐ solange das Telefonat andauert
- ☐ bis zur Kontaktaufnahme mit dem Käufer
- ☐ bis eine schriftliche Bestätigung eingegangen ist

j) *Kreuzen Sie die Pflichten an, die ein Käufer hat, wenn ein Kaufvertrag zustande gekommen ist.*

- ☐ Er muss die Ware annehmen.
- ☐ Er muss die Ware stornieren und zurückschicken.
- ☐ Er muss die Ware bezahlen.
- ☐ Er muss die Ware annehmen, wenn sie frei von Mängeln ist.
- ☐ Er muss die Ware prüfen und einräumen.

k) *Kreuzen Sie die Pflichten an, die ein Verkäufer hat, wenn ein Kaufvertrag zustande gekommen ist.*

- ☐ Er muss die Ware reservieren.
- ☐ Er muss die Ware innerhalb von drei Wochen liefern.
- ☐ Er muss die Ware so schnell wie möglich liefern.
- ☐ Er muss die Ware frei von Mängeln übergeben.
- ☐ Er muss die Ware erst einmal säubern.

l) *Kreuzen Sie an, was „Rücktritt vom Kaufvertrag" bedeutet.*

- ☐ Schadensersatz
- ☐ Recht auf eine Beschwerde
- ☐ den Kaufvertrag rückgängig zu machen
- ☐ Anspruch auf Minderung des Kaufpreises
- ☐ Anspruch auf Rabatt

m) *Kreuzen Sie die richtige Definition für den Begriff „Deckungskauf" an.*

- ☐ Ein Käufer kauft bei einem Deckungskauf die Ware bei einem anderen Lieferanten, weil der erste Lieferant zuviel Ware geschickt hat.
- ☐ Ein Käufer muss die dringend benötigte Ware bei einem anderen Lieferanten beziehen, weil der erste Lieferant im Verzug ist.
- ☐ Ein Käufer bezahlt die Ware sofort.
- ☐ Ein Käufer kauft die Ware auf Rechnung.

n) *Bei der Warenannahme von verderblicher Ware muss die Temperatur der Ware kontrolliert werden. Kreuzen Sie an, was der Käufer tun kann, wenn die erforderliche Temperatur der Ware zu hoch ist.*

- ☐ die Ware zurückschicken
- ☐ die Ware unter dem Vorbehalt annehmen, dass sie weitere mikrobiologische Tests bestehen muss.
- ☐ die Ware annehmen, aber gleichzeitig einen Rabatt fordern
- ☐ die Ware zurückschicken und eine Entschädigung fordern

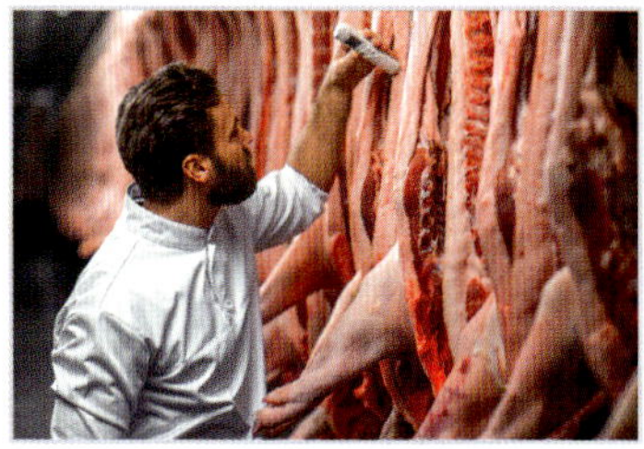

o) *Kreuzen Sie an, welches Recht ein Käufer hat, wenn ein sog. ‚versteckter Mangel' entdeckt wird.*

- ☐ Laut BGB hat der Käufer das Recht, den Mangel zu rügen.
- ☐ Laut HGB hat der Käufer bis zu 24 Monate nach dem Kauf die Möglichkeit, den Mangel zu rügen.
- ☐ Laut BGB hat der Käufer bis zu 24 Stunden nach dem Kauf die Möglichkeit, den Mangel zu rügen.
- ☐ Laut HGB hat der Verkäufer das Recht, den Mangel auszubessern.

p) *Kreuzen Sie an, wie lange die sog. ‚Gewährleistungspflicht' dauert.*

- ☐ Die Gewährleistungsfrist dauert laut BGB 12 Monate.
- ☐ Die Gewährleistungspflicht dauert laut HGB 12 Monate.
- ☐ Die Gewährleistungspflicht kann auch bis zu 30 Jahren dauern.
- ☐ Die Gewährleistungspflicht dauert laut Produkthaftungsgesetz 24 Monate.

q) *Kreuzen Sie an: Ein Bewirtungsvertrag zwischen Wirt und Gast wird abgeschlossen, sobald ...*

- ☐ der Wirt die Speisekarte überreicht hat.
- ☐ der Gast die Gaststätte betritt.
- ☐ der Gast ein Getränk und/oder eine Speise bestellt.
- ☐ der Wirt die Speisen serviert.

r) *Kreuzen Sie an, was ein Bewirtungsvertrag beinhaltet.*

- ☐ Der Wirt muss ein leckeres Essen auf den Tisch zaubern. Der Gast hat dieses Essen zu bezahlen.
- ☐ Der Wirt hat in einer angemessenen Zeit und in einwandfreier Qualität die Lieferung von Speisen und Getränken zu leisten. Bei einwandfreier Leistung muss der Gast die Speisen und Getränke bezahlen.
- ☐ Der Wirt hat eine halbe Stunde Zeit, um die Speise in einwandfreier Qualität zu liefern. Das Servieren des Getränkes ist innerhalb von 15 Minuten zu leisten.
- ☐ Der Gast muss erst die Bereitschaft zu zahlen zeigen, bevor der Wirt einen Vertrag mit dem Gast abschließen kann.

s) *Kreuzen Sie an, welche Rechte ein Gast hat, wenn die Bewirtung mangelhaft war.*

- ☐ Der Gast ist um eine Erfahrung reicher und hat weiterhin keine Rechte.
- ☐ Der Gast hat das Recht auf eine Minderung des Preises, eine Ersatzleistung oder eine Wandlung.
- ☐ Der Gast hat das Recht auf Minderung des Preises.
- ☐ Es steht dem Wirt frei, dem Gast eine Ersatzleistung anzubieten oder eine Minderung auf die Rechnung zu geben.

t) *Die Rechnung ist viel höher geworden, als der Gast gedacht hat. Er hat zu wenig Bargeld und leider auch keine EC-Karte dabei. Welche Möglichkeiten hat der Wirt, damit die Rechnung doch noch beglichen wird? Kreuzen Sie an.*

- ☐ Der Wirt hat keine Möglichkeiten. Es ist ein Verlustgeschäft für ihn.
- ☐ Der Wirt kann die Rechnung stunden. Der Gast muss in diesem Fall seinen Namen und seine Adresse angeben.
- ☐ Der Wirt behält ein Pfand ein, zum Beispiel den Personalausweis oder das Portemonnaie des Gastes. Wenn der Gast die Rechnung begleicht, bekommt er seine Besitztümer zurück.
- ☐ Der Gast muss den ganzen Abwasch machen und das Restaurant putzen.

u) *Eine Gesellschaft hat ausgiebig gefeiert; die Gesamtrechnung ist hoch. Als es an das Begleichen der Rechnung geht, hat sich die Gesellschaft fast schon aufgelöst. Der einzige Herr, der noch anwesend ist, will die Rechnung auf keinen Fall allein bezahlen und ist empört über den Rest der Gesellschaft. Kreuzen Sie an, welche der folgenden Aussagen zutrifft.*

- ☐ Es handelt sich hierbei um Zechprellerei.
- ☐ Die anderen Gäste der Gesellschaft haben Zechprellerei betrieben. Der letzte verbleibende Gast ist ein Opfer seiner Mitfeiernden.
- ☐ Der noch anwesende Herr braucht nur zu bezahlen, was er getrunken und gegessen hat. Er kann nicht für die anderen Gäste haften.
- ☐ Zechprellerei ist eine Straftat und in diesem Fall kann auch ein Versehen vorliegen.

v) *In einem dienstleistenden Unternehmen werden alkoholische Getränke ausgeschenkt. Auf einer Konfirmationsfeier bestellt ein Vierzehnjähriger ein Bier. Seine Eltern haben keine Einwände dagegen. Dürfen Sie ihm dieses Bier servieren? Kreuzen Sie an.*

- ☐ Laut Jugendschutzgesetz ist es nicht erlaubt, Bier und Wein an Jugendliche unter 16 Jahren auszuschenken.
- ☐ Laut Jugendschutzgesetz ist es erlaubt, im Beisein des Erziehungsberechtigten ab dem Alter von 14 Jahren ein Bier oder einen Wein zu trinken.
- ☐ Laut Alkoholsteuergesetz ist dies nicht gewünscht.
- ☐ Laut Kinderschutz ist es nicht erlaubt, einem Vierzehnjährigen Bier oder Wein zu servieren.

w) *Eine Familie mit zwei jugendlichen Kindern speist in einem griechischen Restaurant. Alle vier bekommen vor dem Essen einen Ouzo. Ist das erlaubt? Kreuzen Sie an.*

- ☐ Es handelt sich hierbei um eine (griechische) Tradition und ist deshalb erlaubt.
- ☐ Laut Jugendschutzgesetz ist es nicht erlaubt, branntweinhaltige Lebensmittel an Jugendliche auszuschenken.
- ☐ Laut Jugendschutzgesetz ist es nicht erlaubt, Getränke mit mehr als einem Prozent Alkohol an Jugendliche auszuschenken. Aber ein Gläschen Ouzo (Branntwein) ist nicht so schlimm.
- ☐ Das BGB schreibt vor, dass niemand, der jünger als 18 Jahre ist, Alkohol trinken darf. Deshalb ist es verboten, diesen Ouzo den Jugendlichen zu servieren.

x) *Das Jugendschutzgesetz hat genau definiert, wer ein „Erziehungsberechtigter" ist. Kreuzen Sie die richtige Definition an.*

- ☐ Ein Erziehungsberechtigter ist die Person, welche die Kinder geboren hat.
- ☐ Ein Erziehungsberechtigter ist die Person, welche die Vollmacht über die Kinder innehat.
- ☐ Ein Erziehungsberechtigter ist die Person, welcher gemäß BGB die Personensorge für die Kinder zusteht.
- ☐ Ein Erziehungsberechtigter ist jede Person, welche einen Minderjährigen begleitet und selbst über 18 Jahre alt ist.

y) *Wann liegt eine Abmahnung vor? Kreuzen Sie an.*

- ☐ wenn ein Arbeitnehmer im Mitarbeitergespräch demotiviert ist
- ☐ wenn andere Mitarbeiter sich über den Kollegen beschweren
- ☐ wenn andere Mitarbeiter eine Abmahnung geschrieben haben
- ☐ wenn ein Arbeitnehmer seine Pflicht verletzt hat und formal darauf hingewiesen wird, dies in Zukunft zu unterlassen

Lösungen Wirtschafts- und Sozialkunde (FKG)

Aufgabe 1.1

a) *2*
b) *4*
c) *1, 2, 4*
d) *4*
e) *1*
f) *2, 3, 4*
g) *Richtig*
h) *Richtig*
i) *Richtig*
j) *Falsch*
k) *Richtig*
l) *Richtig*
m) *Falsch*
n) *Falsch*
o) *Richtig*
p) *Falsch*
q) *Richtig*
r) *Falsch*
s) *4*
t) *4*

Aufgabe 2.1

a) *3*
b) *1, 2, 4*
c) *3*
d) *1, 3, 4, 5*
e) *1, 2, 3, 4, 5*
f) *1, 5*
g) *1, 2, 4*
h) *1, 2, 3, 4*
i) *1*
j) *1, 3*
k) *1*
l) *1, 4, 5*
m) *1, 4*
n) *2*
o) *4*
p) *2*
q) *1, 2*

r) *Kein Trinkwasser → Gast/Kunde*
Augenschutz tragen → Mitarbeiter
Rauchen verboten → Gast/Kunde und Mitarbeiter
Zutritt für Unbefugte verboten → Gast/Kunde
Warnung vor ätzenden Stoffen → Mitarbeiter

s) *1, 2, 4*

t) *3, 2, 4, 5, 1*

Aufgabe 3.1

a) *3*
b) *2*
c) *1*
d) *Richtig*
e) *4*
f) *1*
g) *2*
h) *5*
i) *Richtig*
j) *Richtig*
k) *3*
l) *Falsch*
m) *Richtig*
n) *Falsch*
o) *1, 3, 4*
p) *Richtig*
q) *Richtig*
r) *Falsch*
s) *Falsch*
t) *1, 2, 4, 5*
u) *2*
v) *3*
w) *3*
x) *2*
y) *3*
z) *Richtig*

Aufgabe 3.2

a) *2/3 von 23 450,00 € → (23 450,00 € : 3) · 2 = 15 633,34 €*
1/3 von 23 450,00 € → 23 450,00 € :
3 = 7 816,66 €

b) *(15 000,00 € :100) · 4 = 600,00 € → also: Richtig*

c) *2*

Aufgabe 4.1

a) *5*
b) *3*
c) *Ordnen Sie zu:*

1. *giftige Stoffe (Bild 3)*
2. *Zutritt verboten (Bild 2)*
3. *Rauchen verboten (Bild 1)*
4. *Schutzhandschuhe tragen (Bild 6)*
5. *Fluchtweg (Bild 5)*
6. *Augenschutz tragen. (Bild 4)*

d) *1 (GS)*
e) *2, 3, 4*
f) *2, 3, 4*
g) *2, 3, 1, 5, 4, 6*
h) *3*
i) *3*
j) *2, 3*
k) *2*
l) *2*
m) *3*
n) *6, 2, 3, 4, 1, 7, 5*
o) *3*
p) *3, 4, 5*
q) *2*
r) *3*
s) *1, 2*
t) *2*
u) *1, 2, 3, 4*
v) *1*
w) *2, 4*
x) *4 (Eier), 5 (Getreide (glutenhaltig)),*
8 (Lupinen), 9 (Soja), 10 (Schalenfrüchte)
y) *1*

Aufgabe 5.1

a) *2*
b) *1*
c) *4*
d) *5*
e) *2*
f) *1*
g) *3*
h) *3*
i) *3*
j) *3*
k) *4*
l) *3*
m) *2*
n) *1*
o) *1*
p) *1*

q) *3*
r) *2*
s) *2*
t) *2*
u) *3*
v) *2*
w) *2*
x) *3*
y) *4*

Systemorganisation

1 Unternehmensbeschreibung:
Sie sind Mitarbeiter/-in der Restaurantkette „Winnetou“. Die Winnetou GmbH, mit Sitz in Bad Segeberg, betreibt bundesweit 20 gastronomische Betriebe entlang der Autobahn. Das Logo des Unternehmens ist eine große, bunte indianische Kopfbedeckung. Die Anschrift der Filiale lautet: Winnetou Hamburg, Geesthachter Straße 22, 22145 Hamburg, Telefon: 040 1234567-00, Telefax: 040 1234567-23, E-Mail: Winnetouhamburg@winnetou.de, Homepage: www.winnetou.de.

In der Filiale Hamburg arbeiten 50 Vollzeitmitarbeiter/-innen und 25 Teilzeitmitarbeiter/-innen, außerdem 15 Auszubildende. Im Folgenden ist die Speisekarte des Restaurants abgebildet.

WINNETOU

Getränke- und Snackkarte

Alle Preise in Euro inkl. MwSt

Kaltgetränke

Limonade(Cola, Fanta, Sprite)	0,3 l	2,50
Cool Kola-Limonade (Flasche)	0,33 l	3,00
Apfelsaft (Flasche)	0,2 l	3,00
Orangensaft (Flasche)	0,2 l	3,00
Frische Säfte aus der Saft-Bar	0,3 l	4,00
Mineralwasser (mit/ohne Kohlensäure)	0,33 l	2,50

Heißgetränke

Caffè Americano	2,50
Cappuccino	3,00
Espresso	2,50
Latte Macchiato	3,50
Milchcafé	2,50
Tee (verschiedene Sorten)	2,50

Biere

Hamburger Pils	0,33 l	3,00
Alsterwasser	0,33 l	3,00
Alkoholfreies Weizenbier	0,33 l	3,50

Wein

Weißwein (2016)	0,2 l/0,75 l	3,50/13,00
Rotwein (2015)	0,2 l/0,75 l	3,50/13,00
Sekt (halbtrocken)	Piccolo 0,2 l	3,50
	0,75 l	13,00

Snacks

Wraps

Wrap süßsauer mit Hühnerfleisch	3,50
Wrap süßsauer mit Tofu	3,50
WINNETOU-Wrap mit Putenfleisch, Jalapeños, Chili und Salat	3,00

Hot Dogs (nach Wahl mit Geflügel oder Tofu)

Hot Dog nach dänischer Art (Röstzwiebeln, Gurke, Soßen)	3,50
Hot Dog nach Hamburger Art (frische Zwiebeln, überbacken mit Käse, Barbecue-Soße)	4,00
Hot Dog nach Münchener Art (gebratene Zwiebeln, süßer Senf)	4,00
WINNETOU-Hot Dog (gebratene Zwiebeln, Jalapeños, Chili-Soße)	5,00

Snacks

Schnitzel

Schnitzel nach Wiener Art	9,00
Schnitzel nach Holsteiner Art	11,00
Schnitzel nach Zigeuner Art	11,00
WINNETOU-Schnitzel (gebratene Zwiebeln, Jalapeños, Paprika)	11,00

WINNETOU-Superfood

Käse-Quinoa-Burger mit Eisbergsalat	5,00
Hühnchen-Blumenkohl-Kichererbsen-Salat	4,00
Quinoa-Mozzarella-Chilibohnen-Salat	4,00
WINNETOU-Couscous mit viel Gemüse und Chili	4,50

Salate

Gemischter Salat mit Paprika, Tomaten und Mozzarella	4,50
WINNETOU-Salat mit Weißkohl, Rotkohl, Zwiebeln, Eisbergsalat, Tomaten, Jalapeños und Knoblauchsoße	4,50
RANGER-Salat mit Lollo Rosso, Babyspinat, Rote Bete, Zwiebeln, Avocado, Orange und Hüttenkäse	5,50

Süßes

Tiramisu	2,50
Obstsalat	3,00
Vanilleeis mit Obst der Saison	3,00
WINNETOU-Milchreis mit warmen Kirschen	3,50
WINNETOU-Käsekuchen	2,00
Apfelkuchen	2,00
WINNETOU-Butterkuchen	2,00

1.1 Situation: Sie sind Mitarbeiter/-in des Winnetou-Autobahnrestaurants in Hamburg. Heute, am 13.05... haben Sie eine E-Mail des Reisebusunternehmens Hause-Hesse bekommen. Dieses will jeden Freitag mit einem Bus voller Senioren in Ihrem Restaurant eine Mittagspause machen. Die Reisegruppe besteht insgesamt aus 45 bis 55 Personen. Das Mittagessen soll zwischen 12:00 Uhr und 13:00 Uhr stattfinden.

a) *Sie sollen im ersten Schritt zwei verschiedene seniorengerechte Menüangebote bzw. -pakete für die o. g. Reisegruppe zusammenstellen (s. nachfolgende Tabelle). Nutzen Sie dazu die Speisekarte in der Situationsbeschreibung oben. Die Speisen und Getränke sollen nicht wiederholt werden. Die klassischen Menüregeln müssen Sie bei der Planung jedoch nicht berücksichtigen.*

Geben Sie im zweiten Schritt je Angebot bzw. Paket den Preis unter Berücksichtigung eines Rabatts von 10 % für Sonderveranstaltungen an. Runden Sie das jeweilige Endergebnis auf volle 10 Cent auf. Geben Sie Ihren Rechenweg an.

Angebot/Paket 1	Preis in €
Hauptgericht (mit Fleisch):	
Dessert:	
Getränk:	
Summe der Einzelpreise:	
Summe abzüglich 10 % Rabatt:	
Angebots-/Paketpreis 1:	
Angebot/Paket 2	Preis in €
Hauptgericht (Vegetarisch):	
Dessert:	
Getränk:	
Summe der Einzelpreise:	
Summe abzüglich 10 % Rabatt:	
Angebots-/Paketpreis 2:	

b) *Sie sollen einen Bewirtungsvertrag für diese wiederkehrende Veranstaltung verfassen. Füllen Sie dafür das nachstehende Formular vollständig aus. Fehlende Angaben sind frei wählbar.*

Datum und Dauer der Veranstaltung:
Anlass:
Auftraggeber (Gast): Telefon: E-Mail:

Rechnungsanschrift:
angenommen am: gesprochen mit:
Uhrzeit der Veranstaltung:
Personenzahl:
Raum:
Tischform:
Getränke der Erwachsenen:
Getränke der Kinder:
Speisen der Erwachsene:
Speisen der Kinder:
Musik/Technik:
Art und Termin der Zahlung:
Bemerkungen/Sonstiges:
Datum:
Unterschriften: Auftraggeber: . . . . Winnetou Hamburg,

c) *Aus Erfahrung wissen Sie, dass ältere Herrschaften oft erst einmal ein wenig überfordert sind, wenn sie die Free-Flow-Area eines Restaurants betreten. Deshalb hat es sich bewährt, dafür eine persönliche Hostess bereitzustellen, die den Gästen hilft, sich ein Menü auszusuchen. Nennen Sie einige zentrale Eigenschaften, über die diese Hostess verfügen muss, um ‚gastfreundlich' aufzutreten.*

d) *Jeder Mitarbeiter der Winnetou GmbH wird geschult, zum Beispiel in Ernährungslehre und Warenkunde. Auch werden den Mitarbeitern Kenntnisse in den Bereichen Kundenkontakt und Verkaufsgespräche vermittelt. Erklären Sie, wie ein Mitarbeiter auf die drei folgenden unterschiedlich gelaunten Kundentypen eingehen sollte, damit diese das Restaurant zufrieden verlassen.*

e) *Nachdem die Seniorengruppe wieder aufgebrochen ist, stellen Sie fest, dass verschiedene Regenschirme und sogar ein Mantel vergessen worden sind. Erklären Sie, wie Sie sich in diesem Falle im Umgang mit den Fundsachen richtig verhalten.*

1.2 Situation: Nach der Auswertung der Feedbackbögen der Seniorengruppe am Freitag stellen Sie fest, dass diese Gäste im Grunde zufrieden sind – einzig die Portionsgrößen werden bemängelt.

a) *Errechnen Sie die Portionsgröße der drei nachfolgenden Rezepturen. Beurteilen Sie die Portionsgröße begründet nach quantitativen Gesichtspunkten.*

Obstsalat	Tiramisu	Vanilleeis mit Obst der Saison
Grundrezept für 8 Personen	*Grundrezept für 4 Personen*	*Grundrezept für 2 Personen*
0,5 kg Banane	100 g Puderzucker	4 Kugeln Vanilleeis → 50 g
0,5 kg Mango	4 Eigelb	0,5 kg Erdbeeren
1,0 kg Äpfel	2 Eiweiß	0,5 kg Kiwi
1,0 kg Erdbeeren	0,02 dl Amaretto	(Obst, variabel je nach Saison)

Obstsalat	Tiramisu	Vanilleeis mit Obst der Saison
0,5 kg Kiwi	500 g Mascarpone	
Saft von 1 Limette	0,250 l Espressokaffee	
0,2 l Cointreau	200 g Löffelbiskuits	
	etwas Kakaopulver	
Menge (in kg) pro 8 Personen = bzw. Menge (in g)/Person =	Menge (in kg) pro 4 Personen = bzw. Menge (in g)/Person =	Menge (in kg) pro 2 Personen = bzw. Menge (in g)/Person =

b) *Erstellen Sie für die Zubereitung des Obstsalates einen Ablaufplan in sechs stichwortartig notierten Schritten.*

1.
2.
3.
4.
5.
6.

c) *Die Zutaten für ein Tiramisu werden als „schnell verderblich" eingestuft. Deshalb ist es wichtig zu wissen, wie diese Zutaten gelagert und gekühlt werden müssen, damit das Gericht einwandfrei serviert werden kann. Erklären Sie, was Mascarpone ist. Erstellen Sie danach ein Flussdiagramm für den Umgang mit Mascarpone. Ermitteln Sie die drei kritischen Kontrollpunkte dabei.*

d) *Sie müssen den Live-Auftritt eines Jazz-Duos in Ihrem Restaurant bei der zuständigen Institution anmelden. Nennen Sie den Namen dieser Institution und umreißen Sie kurz ihre Aufgabe.*

e) *Nennen Sie drei der nötigen Informationen, die Sie dieser Institution zukommen lassen müssen.*

1.
2.
3.

1.3 Situation: In Ihrer Autobahnraststätte „Winnetou" werden die Reinigungsmaßnahmen von internem Reinigungspersonal durchgeführt. Die Reinigung der Toiletten ist an die Firma „Toustoilettes" vergeben.

a) *Sie sollen für die Mitarbeiter der Küche eine Liste der Hygieneregeln erstellen. Diese Listen werden dann an den unterschiedlichen Arbeitsplätzen aufgehängt, damit jeder darüber Bescheid weiß und die Einhaltung der Hygiene gewährleistet werden kann. Listen Sie mindestens acht Hygieneregeln auf.*

1.
2.
3.
4.
5.
6.
7.
8.

b) *Sie benötigen pro Tag ca. 1,5 Flaschen Händedesinfektionsmittel in der Küche des Restaurants. Das Desinfektionsmittel wird in Gebinden von einem Liter geliefert. Rechnen Sie aus, wie viele Flaschen in der Woche in der Küche verwendet werden, wenn man von einem Ruhetag pro Woche ausgeht.*

c) *Das Desinfektionsmittel wird in Kartons zu jeweils 12 Litern einmal im Monat geliefert. Im Moment gibt es noch fünf Flaschen Desinfektionsmittel. Übermorgen wird eine neue Lieferung erwartet. Berechnen Sie, ob diese fünf Flaschen bis dahin noch ausreichen.*

d) *In der Free-Flow-Area stehen drei Fritteusen. Diese werden jeden Tag verwendet. Alle zwei Wochen müssen die Fritteusen gereinigt werden. Für eine Fritteuse benötigen Sie eine halbe Flasche Reinigungsmittel, aufgelöst in 12 Liter Wasser. Dieses Reinigungsmittel wird in 1,5-Liter-Flaschen geliefert. Errechnen Sie den monatlichen Bedarf an diesem Reinigungsmittel.*

e) *Welche Maßnahmen müssen eingehalten werden, um das Öl in einer Fritteuse so lange wie möglich verwenden zu können? Nennen Sie drei Maßnahmen.*

1. ______________________________

2. ______________________________

3. ______________________________

1.4 Situation: Obwohl die Einzelfilialen bzw. die Autobahnraststätten autonom geführt werden, werden auf nationaler Ebene gemeinsame Marketingmaßnahmen innerhalb der Restaurantkette „Winnetou" durchgeführt. Man versucht zum Beispiel, das Abendessen etwas zu verlängern und die Zeit zwischen 20:00 Uhr und 21:00 Uhr speziell zu vermarkten. Sie sollen in Ihrer Hamburger Filiale Ideen zu diesen beiden Themen sammeln.

a) *Einige der Mitarbeiter wollen einen „Eulenrabatt" für alle Gäste einführen, die zwischen 20:00 Uhr und 21:00 Uhr zum Essen kommen. Nennen Sie zwei mögliche Vorteile und zwei mögliche Nachteile dieser Aktion.*

Mögliche Vorteile:

1. ______________________________

2. ______________________________

Mögliche Nachteile:

1. ______________________________

2. ______________________________

b) *Schauen Sie die Verkaufszahlen in der folgenden Aufstellung an.*

WINNETOU

Schnitzel		Verkaufszahlen im September
Schnitzel nach Wiener Art	9,00	10 000
Schnitzel nach Holsteiner Art	11,00	2 500
Schnitzel nach Zigeuner Art	11,00	1 400
WINNETOU-Schnitzel (gebratene Zwiebeln, Jalapeños, Paprika)	11,00	8 500

Erstellen Sie dann auf der folgenden Seite eine Portfolio Analyse (Boston Consulting Matrix) für die Speisegruppe „Schnitzel".

c) *Das Hauptbüro hat die Menükarte der Autobahnraststätte „Winnetou“ in Hamburg anhand der Portfolio Analyse (Boston Consulting Matrix) analysiert. Listen Sie auf: Welche vier Schlüsse können für die Speisegruppe „Schnitzel“ aus dieser Analyse gezogen werden?*

1. ______________________________

____

2. ______________________________

____

3. ______________________________

____

d) *Neben der für die strategische Planung nützlichen Portfolio Analyse (Boston Consulting Matrix) ist auch die Produktlebenszyklus-Analyse ein wertvolles Instrument. Stufen Sie die Speise „Wiener Schnitzel mit Kartoffeln und einer Salatbeilage“ in einen Produktlebenszyklus ein.*

e) *Die Getränkekarte des Restaurants bietet wenig Besonderes und soll deshalb überarbeitet werden, besonders im Bereich „alkoholfreie Getränke". Machen Sie drei Vorschläge für alkoholfreie Limonaden.*

1. ____

2. ____

3. ____

f) *Vor Kurzem ist Ihre Autobahnraststätte „Winnetou" mit Limonaden der kleinen lokalen Limonadenfabrik „Cool Kola" beliefert worden. Diese Limonaden kommen sehr gut bei den Gästen an. Die Geschäftsführung möchte jetzt eine eigene Limonade herstellen, die es nur bei der „Winnetou"-Kette gibt. Erklären Sie, welche Möglichkeiten eine ketteneigene Limonade aus Sicht des Marketings bietet.*

2 Unternehmensbeschreibung:
Sie sind Mitarbeiter/-in der Restaurantkette „Fairybell". Die Fairybell GmbH mit Sitz in Lübeck betreibt im Norden von Deutschland zehn Restaurants in den Innenstädten. Das Unternehmen zeichnet sich durch seine Low-Carb-Küche aus und orientiert sich gastronomisch an den aktuellsten Fitness-Food-Trends. Die Anschrift der Zentrale lautet: Fairybell GmbH, Schmale Straße 23, 23455 Lübeck, Telefon: 0451 1234567-00, Telefax 0451 1234567-23, E-Mail: fairybell-luebeck@fairybell.de. In Lübeck befindet sich die Urfiliale der „Fairybell"-Kette; diese Filiale gehört mit zur GmbH. Alle andere „Fairybell"-Restaurants sind nach dem Franchise-System aufgebaut.

Im Fairybell Restaurant in Lübeck arbeiten 13 Vollzeitmitarbeiter/-innen und 20 Teilzeitmitarbeiter/-innen. Außerdem werden 6 Auszubildende ausgebildet. Im Folgenden ist die Speisekarte des Restaurants abgebildet.

Fairybell

Getränke- und Snackkarte

Alle Preise inkl. MwSt

Getränke

Heißgetränke

Caffè Americano	2,50 €
Cappuccino	3,00 €
Espresso	2,50 €
Latte Macchiato	3,50 €
Milchkaffee	2,50 €
Tee (verschiedene Sorten)	2,50 €

Kalte Getränke

Limonade (Cola, Fanta, Sprite)	0,3 l	2,50 €
Cool Kola-Limonaden (Flasche)	0,33 l	3,00 €
Apfelsaft (Flasche)	0,2 l	3,00 €
Orangensaft (Flasche)	0,2 l	3,00 €
Frische Säfte aus der Saft-Bar	0,3 l	4,00 €
Mineralwasser (mit/ohne Kohlensäure)	0,33 l	2,50 €
Tonic-Wasser	0,3 l	3,00 €
Bitter Lemon	0,3 l	3,00 €
Ginger Ale	0,3 l	3,00 €

Fairybells Spezialitäten

Caffè Americano mit Sambucca	4,00 €
Fairybells Wish-Café (Espresso mit Whisky)	5,50 €
Doppelter Espresso mit Goldwasser	5,50 €

Fairybells Wundergetränke

Limetten-Zitronen-Limonade mit Crushed Ice und Minze	0,3 l	2,50 €
Mango-Maracuja-Limonade mit Himbeereiswürfeln	0,3 l	2,50 €
Bitterlemon-Eistee mit Crushed Ice und Limettenscheiben	0,3 l	3,00 €

Spirituosen

Aperol	2 cl	4,00 €
Ramazotti	2 cl	4,00 €
Jägermeister	2 cl	4,00 €
Gin	2 cl	4,00 €
Korn	2 cl	2,50 €

Biere

Pils vom Fass	0,3 l	3,00 €
	0,5 l	4,00 €
Alsterwasser	0,3 l	3,00 €
	0,5 l	4,00 €
Alkoholfreies Weizenbier	0,33 l	3,50 €
	0,5 l	4,75 €

Weine

Weißwein (2016, …)	0,2 l	3,50 €
	0,75 l	13,00 €
Rotwein (2015, …)	0,2 l	3,50 €
	0,75 l	13,00 €
Sekt (halbtrocken)	Piccolo 0,2 l	3,50 €
	0,75 l	13,00 €

Snacks

Wraps (Dinkelmehl)

Wrap süßsauer mit Hühnerfleisch	3,50 €
Wrap süßsauer mit Tofu	3,50 €
Fairybell-Wrap (Quinoa, Hirtenkäse, Zwiebelgemüse)	3,00 €

Fairybells Suppentopf

Süppchen mit Gemüse	4,00 €
Gartenzauber-Suppe mit Chilis und Tomaten aller Art	4,00 €
Rinder-Consommé mit Ei und wildem Gemüse	4,00 €
Rote-Beete-Suppe mit Schmand	4,00 €

Quinoa, Hirse, Couscous

Fairybell-Couscous mit Minze, Rosinen, Kohlrabi und Weißfisch	9,00 €
Quinoa-Salat mit Mozzarella, Chilibohnen und italienischen Kräutern	9,00 €
Hirsesalat mit Kürbis, Süßkartoffel und Sourcream	9,00 €

Fairybells Superfood

Käse-Quinoa-Burger mit Eisbergsalat	5,00 €
Reistörtchen mit Blumenkohl und Kichererbsen	4,00 €
Super-Salat Quinoa-Mozzarella-Chilibohnen	4,00 €

Fairybells Salate

Gemischter Salat 5,50 €
mit Paprika, Tomaten und Mozzarella

Fairybells Salat 6,50 €
mit Lollo Rosso, Babyspinat, Rote Beete, Zwiebel, Avocado, Orange und Hüttenkäse

Fairybells heiße Platte

Steaks vom Rind/Huhn/Kalb 7, 50 €
serviert mit gedünstetem Saisongemüse und Süßkartoffelbrei

Desserts

Milkshakes 4,50 €
(Protein-Milkshakes)

Obstsalat 3,00 €

Vanilleeis 3,00 €
mit Obst der Saison

Fairybells-Kuchen 2,50 €

... was Fairybell heute frisch im Schrank hat

2.1 Situation: Sie sind Mitarbeiter/-in des „Fairybell"-Restaurants in Lübeck. Es handelt sich dabei um eine Fullservice-Gastronomie mit Standardisierung. Der Betriebsleiter des jeweiligen „Fairybell" ist verantwortlich für die Einsatzplanung des Personals. Die Abläufe und die Speisekarte werden von der Zentrale vorgegeben. Alle Speisen entstehen in Zusammenarbeit mit den Franchisenehmern. Sie schulen die Mitarbeiter des Restaurants in Bezug auf Allergene (Liste der Hauptallergene: s. zum Beispiel unten stehende Tabelle).

a) *Ihre Mitarbeiter sollen die Speisekarte nach Hauptallergenen untersuchen. Tragen Sie in die nachfolgende Tabelle zehn Produkte aus der Speisekarte ein, die solches Hauptallergen enthalten (jeweils ein Produkt pro Hauptallergen).*

Hauptallergen	Produkt aus der Speisekarte
glutenhaltiges Getreide	
Eier	
Fisch	
Erdnüsse	
Milch und Milchprodukte	
Schalenfrüchte	
Sellerie	
Schwefeldioxid und Sulfite	
Senf	

b) *Manche Menschen leiden an einer Glutenunverträglichkeit. Nennen Sie den Namen dieser Krankheit.*

c) *Alle Restaurants müssen eine Liste der in ihren Speisen und Getränken verwendeten Zusatzstoffe bekannt machen. Kreuzen Sie diejenige Grundlage an, welche die lebensmittelherstellenden Firmen dazu verpflichtet.*

- ☐ Lebens- und Futtermittelgesetz
- ☐ Zusatzstoff-Zulassungsverordnung
- ☐ Gaststättengesetz
- ☐ die Voraussetzungen für die Konzession
- ☐ Hygienegesetz

2.2 Situation: Es wird immer mehr bezüglich unserer Ernährung und deren Auswirkungen auf unseren Körper herausgefunden. So entstehen verschiedene Trends und neue Produkte, die wir gerne essen.

a) *Viele Ihrer Gäste essen auch zu Hause nur „Low-Carb". Erklären Sie diesen Ernährungsplan.*

b) *Nennen Sie die Art Zucker, welche eine Person, die sich nach einem Low-Carb-Ernährungsplan ernährt, nicht zu sich nimmt.*

c) *Beschreiben Sie die Zielgruppe, welche das Restaurant „Fairybell" mit seiner Low-Carb-Küche und den aktuellen Fitness-Food-Trends anzusprechen versucht. Segmentieren Sie die Zielgruppe dazu nach Alter, Familienstand und Lifestyle.*

d) *Für ein Food Festival entwickelt das „Fairybell"-Restaurant einen Burger mit glutenfreiem Brötchen und Falafel-Tortillas. Es wird ein großer Erfolg. Das Team überlegt deshalb, ob es diese Snacks mit in die Speisekarte aufnehmen soll. Entwickeln Sie einen eigenen Low-Carb-Burger.*

e) *Falafel passt ebenfalls zu einem glutenfreien Ernährungsplan. Erklären Sie, was „Falafel" ist und was oft dazu gegessen wird.*

2.3 Situation: Die „Fairybell"-Restaurants laufen gut. Die Restaurants sind sehr voll; die Mitarbeiter/-Innen sind sehr beschäftigt – so können leicht Fehler passieren.

a) *Eine Mitarbeiterin hat aus Versehen Orangensaft über die Kleidung eines Gastes verschüttet. Der Gast sieht dies ziemlich locker und ist nicht verärgert. Trotzdem möchte der Betriebsleiter den kleinen Unfall wiedergutmachen und die Reinigung bezahlen. Kreuzen Sie an, wer in diesem Falle für den Fehler haftet.*

- ☐ die Mitarbeiterin
- ☐ das Unternehmen
- ☐ der Betriebsleiter
- ☐ der Gast

b) *Besonders wenn die Arbeit gerade stressig ist, müssen sich die Mitarbeiter oft sehr anstrengen, um dennoch immer freundlich zu den Gästen zu sein. Der Betriebsleiter hat ein paar weniger freundliche Aussagen gesammelt. Er konfrontiert sein Team später in einem kleinen internen Training mit diesen. Die Aufgabe der Mitarbeiter – und Ihre – ist es, die Aussagen freundlicher zu formulieren.*

Ursprüngliche (= verbesserungswürdige) Formulierung	Neuformulierung
„Wenn Sie keine Tomaten und kein Rotkraut mögen, dann ist diese Falafel nichts für Sie."	
„Sie sind aber kein Kind mehr, deshalb können Sie auch keine Juniormahlzeit bekommen."	
„Theoretisch haben Sie recht, dass ich hier alles wissen müsste ..."	
„Beim gebratenen Hähnchen gibt es kein ‚*Well Done*'."	
„Sie irren sich – bei uns kann man bereits ab 1 Cent bereits per Karte zahlen."	

c) *Wenn das „Fairybell"-Restaurant voll ist, sind speziell die unentschlossenen Gäste eine Herausforderung für die Geduld der Mitarbeiter-Teams. Jedoch kann man bei diesen Gästen schneller zum Ziel kommen, wenn man etwas offensiver – durch gezieltes Fragestellen – an sie herantritt. Formulieren Sie für jede der folgenden drei Fragetechniken jeweils zwei Beispiele, die Sie im Gespräch mit unentschlossenen Gästen anwenden können.*

- *Geschlossene Frage:*

  1. ______________________________

  2. ______________________________

- *Offene Fragen:*

  1. ______________________________

  2. ______________________________

- *Alternativfragen:*

  1. ______________________________

  2. ______________________________

2.4 Situation: Die Gäste der „Fairybell"-Restaurants sind laut Umfragebögen sehr zufrieden. Dies Mal ist auch ein Umfragebogen an die Mitarbeiter/-innen verteilt worden. Diese finden, laut Umfrage, dass das Unternehmen nachhaltiger arbeiten kann.

a) *Schlagen Sie fünf Ideen vor, die den Produktionsprozess nachhaltiger machen.*

1. ______________________________

   ____

2. ______________________________

   ____

3. ______________________________

   ____

4. ______________________________

   ____

5. ______________________________

   ____

b) *Beurteilen Sie die Speisekarte des „Fairybell"-Restaurants (siehe oben in „2 Unternehmensbeschreibung"): Welche fünf Rohstoffe sind als wenig nachhaltig einzustufen? Listen Sie diese auf.*

1. ______________________________
2. ______________________________
3. ______________________________
4. ______________________________
5. ______________________________

c) *Die Betriebsleitung erstellt einmal jährlich eine interne Entsorgungsliste für das „Fairybell"-Restaurant in Lübeck für das vergangene Jahr. Ziel ist es, den anfallenden Abfall jedes Jahr zu reduzieren. Errechnen Sie die Kosten für die Entsorgung im angegebenen Beispieljahr (s. Tabelle).*

Entsorgungsmaterial	Entsorgungskosten je Einheit	Abfallmenge pro Jahr	Entsorgungskosten pro Jahr
Restmüll	0,75 €/m²	400 m²	
Leuchtmittel	1,40 €/Stück	20 Stk.	
Papier	110,00 €/t	35 t	
Speisereste	130,00 €/t	365 t	
Gesamtkosten:			

d) *Nennen Sie zwei Möglichkeiten für das Restaurant, um Kosten für die Entsorgung einzusparen.*

1. ______________________________

____

2. ______________________________

____

2.5 Situation: In den „Fairybell"-Restaurants wird die Brandsicherheit besonders beachtet. Der Grund: Alle diese Restaurants haben eine Toplage in historischen Innenstädten – die Restaurant-Gebäude sind also oft mehrere Jahrhunderte alt. Deshalb finden monatlich immer wieder Brandübungen bei „Fairybell" statt.

a) *Ermitteln Sie einen mindestens fünfschrittigen Plan, wie sich Gäste und Mitarbeiter im Brandfall verhalten sollen.*

1. ______________________________
2. ______________________________
3. ______________________________
4. ______________________________
5. ______________________________

b) *Ermitteln Sie die Bedeutung der folgenden drei Schilder:*

____

____

____

____

c) *Erklären Sie, wie eine schnelle Ausbreitung von Feuer vermieden werden kann.*

2.6 Situation: Bisher gab es keine einheitliche Kleidung für die Mitarbeiter in den „Fairybell"-Restaurants. Die Geschäftsführung überlegt, ob es sinnvoll wäre, einheitliche Kleidung einzuführen.

a) *Benennen Sie zwei Vorteile und zwei Nachteile von einheitlicher Kleidung für Mitarbeiter in den „Fairybell"-Restaurants.*

- *Vorteile:*

  1.

  2.

- *Nachteile:*

  1.

  2.

b) *Gestützt auf verschiedene Gästeumfragen konnten Sie das folgende Diagramm zeichnen, welches die verschiedenen Zielgruppen zeigt, die Ihre Filiale der „Fairybell"-Restaurantkette besuchen.*

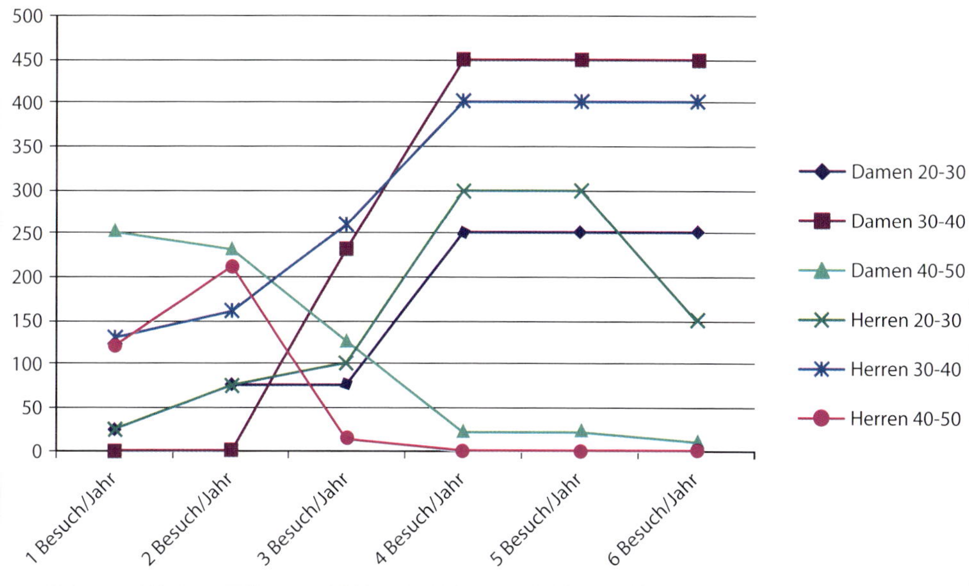

Nennen Sie die Zielgruppe, welche laut Diagramm das „Fairybell"-Restaurant mehr als dreimal im Jahr besucht.

c) *Geben Sie das Alter der Zielgruppe an, die Ihr Restaurant ein- bis zweimal pro Jahr besucht.*

d) *Erklären Sie den Unterschied zwischen diesen beiden Gruppen (aus b) und c)) in Bezug darauf, warum die eine öfter zu „Fairybell" geht als die andere.*

e) *Erklären Sie, auf welche Gruppe sich die Marketingaktivitäten des Restaurants ausrichten sollten.*

3 Unternehmensbeschreibung:

Sie sind Mitarbeiter/-in des Event- und Messecatering-Unternehmens Möwe GmbH mit Sitz in Hamburg. Das Unternehmen bietet alles zwischen standardisierter Gastronomie auf Imbissniveau bis hin zum ‚Gala-Level'. Die Anschrift der Zentrale lautet: Event- und Messecatering Möwe GmbH, Grindelallee 234, 22148 Hamburg, Telefon: 040 1234567-00, Telefax: 040 1234567-23, E-Mail: catering@moewe.de. Das Unternehmen beschäftigt 25 Vollzeitmitarbeiter/-innen und 20 Teilzeitmitarbeiter/-innen sowie acht Auszubildende. Das Unternehmen unterhält zudem einen ‚Pool' mit studentischen Aushilfen, welche auf Minijobbasis (450,00 €) immer einmal wieder bei Bedarf eingesetzt werden.

3.1 Situation: Sie sind Einsatzleiter/-in einer Event- und Messe-Catering-Firma, der Möwe GmbH. Demnächst steht ein Einsatz Ihrer GmbH in der Barclaycard Arena in Hamburg an. Ein berühmter Popartist wird dort auftreten. Sie planen gerade den Einsatz Ihrer festen Mitarbeiter und wollen zusätzlich auch ein paar Minijobber einsetzen. Einige dieser Minijobber haben noch nie für Ihr Unternehmen gearbeitet. Sie erläutern ihnen also das ‚Corporate Behaviour' und das ‚Corporate Design' der Möwe GmbH.

a) *Nennen Sie drei Merkmale des ‚Corporate Behaviour' der Möwe GmbH.*

1. ______________________________

____

2. ______________________________

____

3. ______________________________

____

b) *Nennen und erklären Sie drei Merkmale des ‚Corporate Design' der Möwe GmbH.*

1. ______________________________

____

2. ______________________________

____

3. ______________________________

____

3.2 Situation: Beim Popkonzert werden die Türen der Barclaycard Arena bereits um 17:00 Uhr geöffnet sein. Das hat vor allem mit den strengen Sicherheitsvorkehrungen zu tun. Das Konzert selbst wird erst um 20:00 Uhr anfangen. Viele Gäste werden deshalb ihr Abendessen in der Arena zu sich nehmen.

a) *Für die Verköstigung der Gäste wird auf dem Arena-Gelände ein Frontcooking-Bereich aufgebaut, wo mit frischen Zutaten einfache Speisen zubereitet werden. Erklären Sie den Begriff „Frontcooking" (Frontalkochen).*

____

____

b) *Nennen Sie zwei Vorteile, die das Frontcooking für den Gast hat.*

____

____

c) *Nennen Sie zwei Vorteile, die das Frontcooking für das Unternehmen hat.*

____

____

d) *Das Frontcooking ist meistens ein Teil des Freeflow-Systems. Erklären Sie, was ein „Freeflow-System" ist.*

____

____

____

____

____

____

3.3 Situation: Rund um die große Vorhalle in der Arena gibt es kleinere Bedientheken. Dort sind Getränke und kleinere Snacks erhältlich.

a) *Erklären Sie den Begriff „Counterservice" (Bedientheke).*

b) *Wenn es in der Vorhalle der Arena sehr voll ist, entstehen lange Schlangen vor den Bedientheken. Dem will das Personal dort durch schnelles Arbeiten entgegenwirken. Dabei passieren schnell Fehler. Eine Dame wurde von Ihnen versehentlich mit dem gesamten Inhalt eines Cola-Bechers übergossen, als Sie ihn ihr hastig über die Theke reichen wollten. Die Dame ist völlig durchnässt; das Konzert hat noch nicht begonnen. Erklären Sie, welche Möglichkeiten Sie nun haben, um die Situation für die Kundin noch zu ‚retten'.*

c) *Einer der Kunden versucht, von Ihnen zu erfahren, wo nach dem Konzert die After-Show-Party stattfindet. Sie wissen dies zwar, sind aber angehalten worden, darüber nichts zu sagen; die After-Show-Party ist nur für geladene Gäste. Versuchen Sie, den Kunden bestimmt, aber freundlich darauf hinzuweisen, dass Sie ihm darüber nichts sagen können. Formulieren Sie eine entsprechende Antwort auf die vorgegebene Aussage des Kunden:*

Kunde: „Ach kommen Sie, Sie sind doch hier der große Gastronomen-Macker! Sie wissen doch bestimmt, wo die After-Show-Party stattfindet!"

d) *Als das Vorprogramm des Konzerts anfängt und die Gäste zur Bühne strömen, sieht die Vorhalle der Arena aus, als wäre dort ‚eine Bombe eingeschlagen'. Ihre Mitarbeiter haben eigentlich eine Pause verdient, aber zuerst muss aufgeräumt werden. Erklären und begründen Sie, wie Sie Ihre Mitarbeiter dazu motivieren.*

3.4 Situation: Während der Ausgabe der Speisen im Free-Flow- und Thekenbereich müssen die HACCP-Richtlinien berücksichtigt werden.

a) *Nennen Sie drei wesentliche Faktoren, die bei der Speisenzubereitung beachtet werden sollen.*

1. ____

2. ____

3. ____

b) *Nennen Sie drei wesentliche Faktoren, die bei der Speisenausgabe beachtet werden sollen.*

1. ____

2. ____

3. ____

c) *Die persönliche Hygiene der Mitarbeiter muss ebenfalls immer wieder überprüft werden. Deshalb wollen Sie diesmal genau darauf achten. Sie erstellen eine entsprechende Checkliste nach der DIN 10524:2012. Formulieren Sie fünf Kontrollpunkte:*

1. ____

2. ____

3. ____

4. ____

____

5. ____

____

d) *Die neuen Mitarbeiter (Minijobber) sollen im richtigen Umgang mit Lebensmitteln geschult werden. Die Hygieneschulung nach EU VO 852/2004 ist die Grundvoraussetzung, um in lebensmittelverarbeitenden Unternehmen arbeiten zu dürfen. Kreuzen Sie an: Welche Voraussetzungen müssen die Minijobber mindestens erfüllen, damit sie bei der Möwe GmbH eingesetzt werden können?*

- ☐ Die neuen Mitarbeiter müssen beweisen, dass sie eine Gurke einwandfrei schneiden können.
- ☐ Die neuen Mitarbeiter werden zum Veterinäramt oder Gesundheitsamt geschickt, wo sie eine erste Belehrung gemäß Infektionsschutzgesetz bekommen.
- ☐ Ein Unternehmen darf nach der Erstbelehrung die Weiterbildung jährlich selbst durchführen.
- ☐ Ein Unternehmen darf nur mit Unterstützung der Hygienefachkraft die Belehrung intern durchführen.

e) *Um den HACCP-Anforderungen gerecht zu werden, hat die Möwe GmbH ein Poster erstellt, das die kritischen Kontrollpunkte im Unternehmen zeigt. Kreuzen Sie an, in welchen Bereichen diese kritischen bzw. ‚gefährlichen' Punkte vorkommen.*

- ☐ biologischer, chemischer und/oder physikalischer Bereich
- ☐ chemischer, physikalischer und neurologischer Bereich
- ☐ physikalischer, psychischer und chemischer Bereich

3.5 Situation: Die Möwe GmbH ist mittlerweile ein bekanntes Unternehmen, wenn es um das Ausrichten von Gala-Diners und das Catering rund um Festivals geht. Das Messe-Catering wird jedoch immer häufiger von der Messe selbst übernommen und ist für die Möwe GmbH wenig lukrativ geworden. Deshalb überlegt man bei der Möwe GmbH, ob man sich im Marketing auf ‚Markenpolitik' spezialisieren soll. Das Catering für Gala-Diners ist schließlich sehr lukrativ.

a) *Erklären Sie, was es bedeutet, wenn man bei der Möwe GmbH von der ‚Konzentration auf Markenpolitik' spricht.*

____

____

____

____

b) *Als Einsatzleiter der Möwe GmbH hat man Sie vonseiten der Marketingabteilung beauftragt, Teil der Arbeitsgruppe „Markenpolitik" zu sein. Sie sollen vier Ziele zu formulieren, welche das Unternehmen mit der Markenpolitik erreichen will.*

1. ____

2. ____

3. ____

4. ____

c) *Formulieren Sie anhand der SMART-Formel fünf Marketingziele für die Möwe GmbH.*

Abkürzung	Bedeutung der Abkürzung	entsprechendes Marketingziel
S		
M		
A		
R		
T		

d) *Bei einer anonymen Umfrage unter den Kunden kam heraus, dass die Kunden die Mitarbeiter der Möwe GmbH nicht als solche optisch erkennen konnten. Ferner sei es für die Kunden schwierig, bei Geschirr, Besteck und Gläsern verschiedener beteiligter Firmen alles auseinanderzuhalten. In vielen Fällen wusste man zwar, dass ein Cateringunternehmen im Haus gewesen ist, nicht jedoch, dass es sich dabei um die Möwe GmbH gehandelt hat. Nennen Sie einige konkrete Lösungen, um dieses Marketing-Problem der Möwe GmbH umgehend zu verbessern.*

e) *Die Marketingabteilung möchte Kontakt zu Boulevard-Presse aufnehmen, deren Reporter oft ohnehin auf den Veranstaltungen zugegen sind, bei denen die Möwe GmbH den Cateringservice übernimmt. Ziel ist, dass in den zukünftigen Presseartikeln explizit der Name des Unternehmens als Caterer der Veranstaltung genannt wird. Außerdem möchte sich die Möwe GmbH auch bei der Aktion „Ein Herz für Kinder" engagieren. Erklären Sie, wie diese Art Maßnahmen des Unternehmens genannt werden und was dabei im Bereich Publizität wie erreicht werden soll.*

4 Unternehmensbeschreibung:

Sie sind Mitarbeiter/-in im Schnellrestaurant „Flämisches Gold" (Rechtsform: GmbH). Die „Flämisches Gold"-GmbH hat ihren Sitz in Oberhausen und betreibt bundesweit 50 gastronomische Betriebe in Innenstädten oder an Bahnhöfen. Das Unternehmen ist durch sein Logo – eine große Pommes-frites-Tüte in den Farben der belgischen Fahne – zu erkennen.

Die Anschrift lautet: „Flämisches Gold" GmbH, Nimweger Straße 23, 43376 Oberhausen, Telefon: 0514 1234567-00, Telefax: 0514 1234567-23, E-Mail: info@flaemisches-gold.de.

Alle Filialen gehören zur GmbH; es gibt (noch) keine Filialen in Franchiseform. In den Filialen arbeiten 250 Vollzeitmitarbeiter/-innen, 50 Teilzeitmitarbeiter/-innen sowie zehn Auszubildende. Im Folgenden ist die Speisekarte des Restaurants abgebildet.

Flämisches Gold

Limonade
(Cola, Fanta, Sprite)
0,3 l – 2,50 €

Apfelsaft
0,2 l – 3,00 €
(Flasche)

Orangensaft
0,2 l – 3,00 €
(Flasche)

Mineralwasser
0,33 l – 2,50 €
(mit/ohne Kohlensäure)

„Flämisches Gold"
Pommes frites

klein (mit einer Soße nach Wahl)
2,50 €

groß (mit einer Soße nach Wahl)
3,50 €

„Flämisches Gold"
Süßkartoffel-Pommes frites

klein (mit einer Soße nach Wahl)
3,50 €

groß (mit einer Soße nach Wahl)
4,50 €

weitere Soßen und Zwiebeln:

Dänische Remoulade
Holländische Mayonnaise
Spanischer Tomatenketchup
Indisches Curry
Berliner Curry
Kanadische Käsesoße
frische Zwiebeln
Röstzwiebeln
je 0,50 €

„Flämisches Gold"
Wurst

Bockwurst/Bratwurst
2,00 €

Preise inkl. MwSt

4.1 Situation: Sie sind Mitarbeiter/-in bei „Flämisches Gold“ und arbeiten in der Hauptzentrale in Oberhausen. „Flämisches Gold“ verdankt seinen Erfolg seinen heißen Pommes frites. Besonders bei Gästen, die zum Beispiel lange am Bahnhof warten müssen, ist dieser Imbiss sehr beliebt.

Der Inhaber der GmbH möchte seine Restaurants so einfach wie möglich führen. Dies bedeutet u. a., dass es in jeder Filiale nur beschränkte Sitzkapazitäten gibt. Die meisten Gäste essen ihre Pommes frites am Stehtisch.

a) *Sie sollen zwei preiswerte Menüs bzw. Speisepakete zusammenstellen. Nutzen Sie dazu die obige Speisekarte. Die Speisen und Getränke sollen sich nicht wiederholen. Die klassischen Menüregeln müssen Sie nicht berücksichtigen.*

Geben Sie für jedes Menü bzw. Speisepaket den Preis unter Berücksichtigung eines Rabatts von 10 % für Sonderveranstaltungen an. Runden Sie das jeweilige Endergebnis auf volle zehn Cents auf. Der Rechenweg ist anzugeben.

Angebot bzw. Paket 1	**Preis**
Hauptgericht (mit Fleisch):	
Getränk:	
Summe der Einzelpreise:	
Summe abzüglich 10 % Rabatt:	
Angebots-/Paketpreis 1:	
Angebot bzw. Paket 2	
Hauptgericht (mit Fleisch):	
Hauptgericht (mit Fleisch):	
Getränk:	
Summe der Einzelpreise:	
Summe abzüglich 10 % Rabatt:	
Angebots-/Paketpreis 2:	

4.2 Situation: Bei „Flämisches Gold" ist das Backen der Pommes frites so standardisiert, dass eine Portion innerhalb von zwei Minuten fertig ist, sobald der Gast sie bestellt. Die Kunst ist es, die Pommes frites frisch und heiß zu servieren; dies bedeutet, dass die Pommes frites nie im Voraus gebacken werden.

a) *Nennen Sie drei Vorteile von standardisierten Prozessen.*

1. ____________________

2. ____________________

3. ____________________

b) *Jeder Mitarbeiter von „Flämisches Gold" wird geschult. Neben Ernährungslehre und Warenkunde erlernen die Mitarbeiter auch Grundlagen des Qualitätsmanagements. Erläutern Sie, was Qualitätsmanagement ist.*

c) *Es gibt ISO-Normen, welche das Qualitätsmanagement international definieren. Unternehmen können sich gemäß einer dieser ISO-Normen zertifizieren lassen. Erklären Sie, um welche Norm es sich dabei genau handelt (vollen Namen mit Nummer angeben).*

d) *Neben dem Wissen zum Thema Qualitätsmanagement ist es ebenfalls wichtig, die ökologischen Aspekte eines Unternehmens genau zu durchleuchten. Viele Gäste interessieren sich heutzutage vermehrt dafür, welche Art Müll im gastronomischen Betrieb anfällt bzw. woher Rohstoffprodukte bzw. Waren kommen. Erstellen Sie eine Checkliste. Beachten Sie die Hygiene-Richtlinien.*

Nummer	Überprüfter Bereich	Ok?	Maßnahmen	Signatur
1				
2				
3				
4				
5				
6				

e) *Besonders die Hände der Mitarbeiter von „Flämisches Gold" werden durch den Umgang mit heißem Fett bei der Zubereitung der Pommes frites stark beansprucht. Sie sollen einen Händepflege-Plan entwickeln. Doch zuallererst müssen Hände sauber sein, bevor man mit Lebensmitteln arbeiten darf. Beschreiben Sie den richtigen Vorgang (Einzelschritte) beim Händewaschen.*

4.3 Situation: Nach der Auswertung eines Kunden-Feedbackbogens, der via Internet verschickt wurde, zeigt sich, dass die Kunden der Filialen von „Flämisches Gold" im Grunde zufriedene Kunden sind. Einzig bemängelt wird die Tatsache, dass es zwar eine Kundenkarte gibt, aber nie eine entsprechende besondere (Rabatt-)Aktion stattfindet.

a) *Erklären Sie, warum Kundenkarten bzw. Kunden-Apps erstellt und an den Kunden herausgegeben bzw. zur Verfügung gestellt werden.*

b) *In der Abteilung ‚Produktentwicklung' wurde ein trendiger Proteinshake entwickelt, der geschmacklich einem Milkshake entspricht. Beide Getränke können mit derselben Maschine gemacht werden, was praktisch für das Verkaufspersonal bei „Flämisches Gold" ist.*

Diese Shake-Maschine kostet 10 000,00 € und soll in sechs Jahren abgeschrieben werden. Jede Filiale soll eine solche Maschine bekommen. Man erwartet, dass pro Tag ca. 50 Milkshakes in jeder Filiale verkauft werden. 10 % der Personalkosten (330 000,00 €/Jahr) werden diesen Milkshakes zugerechnet.

Berechnen Sie die Investitionssumme für die „Flämisches Gold" GmbH, wenn man für alle 50 Filialen je eine Maschine anschaffen will.

c) *Berechnen Sie die Höhe der jährlichen Abschreibungssumme pro Maschine.*

d) *Berechnen Sie die Höhe der jährlichen Abschreibungssumme für alle Maschinen insgesamt.*

e) *Die Zutaten für einen Milkshake betragen 0,23 €. Die Energiekosten für die Maschine belaufen sich auf 6,50 € pro Tag. Berechnen Sie, wie viel von der Energiekostensumme auf die Milkshakes umgelegt werden können, wenn jeden Tag mindestens 50 Milkshakes in einer Filiale verkauft werden.*

f) *Der Geschäftsführer von „Flämisches Gold" will die niedrigen Preise der Produkte beibehalten. Deshalb will er den Milkshake für 2,00 € pro Stück verkaufen lassen. Errechnen Sie die Höhe der Einnahmen jeder Filiale pro Tag, wenn dort jeweils 50 Milkshakes täglich verkauft werden.*

g) *Die Filialen von „Flämisches Gold" sind von Montag bis Samstag geöffnet; am Sonntag ist Ruhetag. Berechnen Sie, an wie vielen Tagen „Flämisches Gold" im Jahr geöffnet hat.*

h) *Errechnen Sie den Deckungsbeitrag aus den Umsatz der Milkshakes.*

	Summe(n)
Umsatz Milkshakes pro Filiale pro Tag	
· 50 Filialen	
· 313 Tage	
Wareneinsatz pro Milkshake = 0,23 € 2 500 Milkshakes/Tag · 0,23 € = 575,00 € 313 Tage · 575,00 €	
Umsatz im Jahr – Wareneinsatz	

i) *Errechnen Sie den Gewinn, den „Flämisches-Gold“ mit der Einführung der Milkshakes macht. Verwenden Sie dazu die nötigen Zahlen aus Aufgabe (h).*

Umsatz Milkshakes	
Wareneinsatz	
Abschreibung Milkshake-Maschinen	
10 % Personalkosten	
Elektrizitätskosten (313 · 6,50) · 50	
Gewinn	

4.4 Situation: Da es bei „Flämisches Gold“ kaum Neuerungen in der Speisekarte gibt, ist die Einführung des neuen Proteinshakes etwas ganz Besonderes. Die Abteilung ‚Marketing‘ überlegt, wie man dieses neue Produkt erfolgreich vermarkten kann.

a) *Ein Marketingmitarbeiter hat die Idee, eine Aktion bei der Produktneueinführung zu veranstalten: Am Tag X wird der neue Shake zeitgleich in allen Filialen eingeführt. Der erste Kunde in jeder Filiale, der einen Milkshake bestellt, bekommt ein Foto und einen besonderen Auftritt in den sozialen Medien. Benennen Sie zwei Vorteile und zwei Nachteile dieser Aktion.*

- *Vorteile:*

  1. ____

  2. ____

- *Nachteile:*

  1. ____

  2. ____

b) *Die Einführung der Milkshakes könnte auch ein Anlass sein, um alle Filialen von „Flämisches Gold" mit einem neuen Look etwas ‚aufzufrischen'. Schließlich sind sie durchschnittlich seit bereits ca. 17 Jahren geöffnet und seitdem wurde fast nichts am Aussehen verändert. Erläutern Sie, worauf geachtet werden sollte, wenn ein Unternehmen ein neues äußeres Erscheinungsbild bekommt.*

4.5 Situation: Einer der Grundsätze von „Flämisches Gold" ist das Konzept schlank und übersichtlich zu halten. Dabei ist es wichtig, die Verkaufszahlen der Produkte genau im Auge zu behalten.

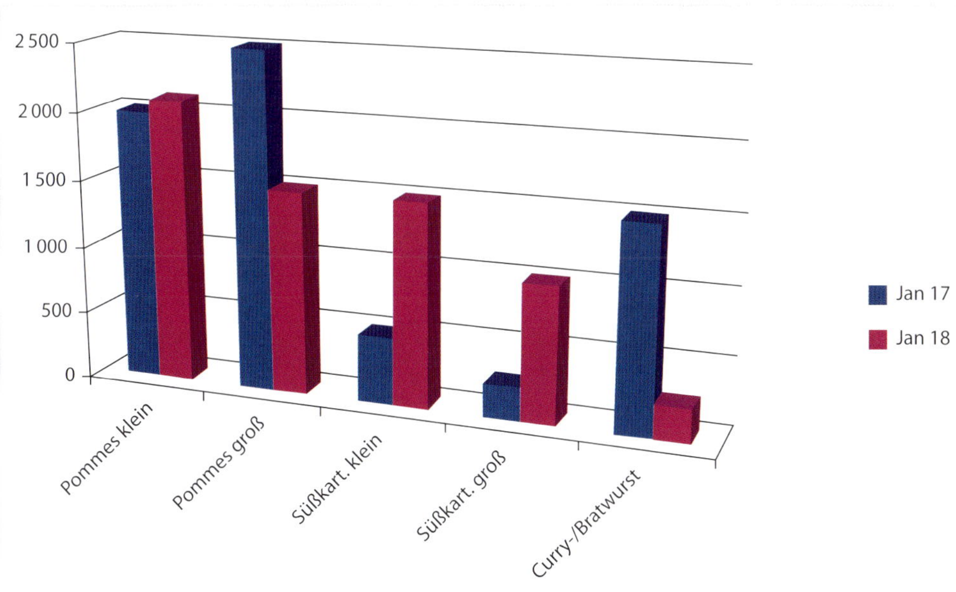

a) *Interpretieren Sie das oben stehende Diagramm.*

b) *Erläutern Sie, was die Abteilung ‚Marketing' mit diesem Ergebnis (Interpretation des Diagramms) anfangen soll.*

Lösungen Systemorganisation

Aufgabe 1.1

a) *Beispiellösung:*

Angebot/Paket 1	*Preis in €*
Hauptgericht (mit Fleisch):	
Schnitzel Wiener Art	*9,00 €*
Dessert: Vanilleeis mit Obst der Saison	*3,00 €*
Getränk: Limonade	*2,50 €*
Summe der Einzelpreise:	*14,50 €*
Summe abzüglich 10 % Rabatt:	*– 1,45 €*
Angebots-/Paketpreis 1:	*13,05 €*
Angebot/Paket 2	*Preis in €*
Hauptgericht (Vegetarisch):	
Hot Dog nach Hamburger Art (vegetarisch)	*4,00 €*
Dessert: Tiramisu	*2,50 €*
Getränk: Limonade	*2,50 €*
Summe der Einzelpreise:	*9,00 €*
Summe abzüglich 10 % Rabatt:	*– 0,90 €*
Angebots-/Paketpreis 2:	*8,10 €*

Der Prüfling kann auch andere Speisen mit den entsprechenden Preisen aus der Menükarte wählen.

b) *Beispiellösung:*

Datum und Dauer der Veranstaltung: 1 Stunde, jeweils freitags von 12:00 Uhr bis 13:00 Uhr
Anlass: Eine (Senioren-)Reisegruppe ist auf der Durchreise und macht Mittagspause. Die Gruppe möchte sich frisch machen und ein Mittagessen einnehmen.
Auftraggeber (Gast): Reisebusunternehmen Hause-Hesse *Telefon: 036658/12588* *E-Mail: info@hause-hesse.de*
Rechnungsanschrift: Hause Hessen GmbH, Alter Zollweg 34, 33445 Bad Rheinhessen
angenommen am: 12 Februar 20.. *Gesprochen mit: Herr Hesse*
Uhrzeit der Veranstaltung: jeden Freitag von 12:00 Uhr bis 13:00 Uhr (Feiertage ausgenommen)
Personenzahl: zwischen 45 und 55 Personen, genaue Zahl wird jeweils am Vormittag telefonisch durchgegeben
Raum: ein Teil des Speiseraums (Blick in Richtung Osten), wird jeden Freitag am Vormittag abgetrennt und vorbereitet
Tischform: max. 5 lange Tische → 12 Gedecke (Durchgangswege für Service beachten!)
Getränke der Erwachsenen: 1 Getränk im Menü inklusive; alle weiteren Getränke müssen mit dem Gast selbst abgerechnet werden
Getränke der Kinder: Es werden keine Kinder mitreisen.
Speisen der Erwachsenen: Paket 1 und Paket 2 *Speisen der Kinder: –*
Musik/Technik: nicht relevant
Art und Termin der Zahlung: auf Rechnung (Frist: zwei Wochen)
Bemerkungen/Sonstiges: vormittags beim Reisebusunternehmen anrufen, um die jeweilige genaue Gästezahl zu ermitteln!
Datum: 12.02.20..
Unterschriften: *Auftraggeber:............................ Winnetou GmbH Hamburg*

c) *Eine Hostess sollte über folgende Eigenschaften verfügen:*

- *geduldig sein*
- *stets freundlich bleiben*
- *laut und deutlich sprechen*
- *erkennbare Kleidung tragen*
- *Small Talk betreiben können*

c)

feindlich, sarkastisch

müde

angestrengt fröhlich

feindlich/sarkastisch: *Solch ein Kunde zeigt, dass er schlechte Erfahrungen mit der Gastronomie gemacht hat. Er ist über die Nahrungsmittel und die Zubereitung bestens informiert. Der Mitarbeiter kann durch kompetentes, souveränes Auftreten der negativen Einstellung des Kunden entgegenwirken. Der Kunde soll eine gute Erfahrung machen, um die frühere schlechte zu vergessen. Sarkastische Bemerkungen seinerseits müssen vom Personal überhört werden.*

müde: *Ein müder Gast sollte vom bedienenden Personal freundlich und schnell bedient werden. Möglicherweise kann man anbieten, das Essen direkt am Tisch zu servieren, sodass der müde Gast sich schon einmal setzen kann.*

angestrengt/fröhlich: *Diese Gäste fordern die volle Aufmerksamkeit des Personals und sind auch selbst sehr aufmerksam. Sie halten oft Augenkontakt mit den Mitarbeitern und erwarten diesen auch umgekehrt. Hier sind hohe Konzentration, Schnelligkeit und ein fehlerloser Service gefragt.*

d) *Mit Fundsachen muss wie folgt umgegangen werden:*

Liegengebliebene Sachen:

- *die Fundsachen ordentlich aufbewahren (in einem Beutel, mit Datum versehen)*
- *den Gast, wenn möglich, informieren (in diesem Fall das Reiseunternehmen informieren)*
- *Der Wirt bewahrt die Fundsachen sechs Monate auf. Danach muss er sie bei der Polizei melden. Nach insgesamt 12 Monaten des Aufbewahrens gehören die Fundsachen dem Wirt.*

Verlorene Sachen: (Zum Beispiel im Toilettenraum verlorener Armreif)

- *die Fundsachen ordentlich aufbewahren (in einem Beutel, mit Datum versehen)*
- *den Gast, wenn möglich, informieren (in diesem Fall das Reiseunternehmen informieren)*
- *den Fund sofort bei der Polizei melden*
- *Der Finder hat ein Recht auf Finderlohn!*
- *Wenn sich der Eigentümer, der die Sache verloren hat, nicht innerhalb von sechs Monaten meldet, gehört der Fund (verlorene Sache) dem Finder.*

Aufgabe 1.2

a)

Obstsalat	*Tiramisu*	*Vanilleeis mit Obst der Saison*
Grundrezept für 8 Personen	*Grundrezept für 4 Personen*	*Grundrezept für 2 Personen*
0,5 kg Banane	*100 g Puderzucker*	*4 Kugeln Vanilleeis → 50 g*
0,5 kg Mango	*4 Eigelb (→ 20 g)*	*0,5 kg Erdbeeren*
1,0 kg Äpfel	*2 Eiweiß (→ 20 g)*	*0,5 kg Kiwi*
1,0 kg Erdbeeren	*0,02 dl Amaretto*	*(Obst, variabel je nach Saison)*
0,5 kg Kiwi	*500 g Mascarpone*	
Saft von 1 Limette	*0,250 l Espressokaffee*	
0,2 l Cointreau	200 g Löffelbiskuits	
	etwas Kakaopulver	
3,5 kg/8 Personen → 437,5 g/Person	2,970 kg/4 Personen → 742,5 g/Person	*1,2 kg/2 Personen → 600g/Person*

Fazit:
Die Portionen sind viel zu groß. Ausgehende davon, dass die Personen zuvor schon eine Hauptspeise gegessen und ein Getränk getrunken haben, werden die Gäste bereits gesättigt sein (d. h., jeder Gast hat bereits ca. 450 g zu sich genommen). Ein Erwachsener isst ca. 600 g pro Mahlzeit. Senioren und Kinder essen ca. 450 g pro Mahlzeit. Ein Dessert sollte deshalb nicht mehr als 150 g wiegen.

b) *6 Schritte der Zubereitung eines Obstsalates:*

1. Putzen des Obstes
2. Schneiden des Obstes
3. Vermischen des Obstes
4. Vermischen des Obstes mit Zitronensaft
5. Obstsalat mit Süßungsmittel süßen
6. Obstsalat portionieren

c) *Mascarpone ist ein doppelrahmiger Frischkäse mit mindestens 80 % Fett i. Tr. Der Käse wird aus Rahm hergestellt, der mit Zitronen-, Wein- oder Essigsäure eingedickt worden ist. Mascarpone wird oft für Süßspeisen verwendet. Früher wurde Mascarpone nur im Winter hergestellt, da der Käse leicht verderblich ist. In der Lagerung muss darauf geachtet werden, dass der Behälter gut verschlossen bleibt, weil Mascarpone leicht fremde Gerüche annimmt.*

Die drei kritischen Kontrollpunkte bei Mascarpone sind die folgenden:

Warenannahme	• Mascarponeverpackung muss gut verschlossen sein • Temperatur: max. 4 °C
Molkerei-kühlschrank	• Mascarpone im Molkereikühlschrank lagern • Temperatur: max. 4 °C • Haltbarkeitsdatum beachten
Mascarpone verarbeiten	• Tiramisu schnell in einem kühlen Raum schichten • Tiramisu sofort bis zum Servieren bei max. 4 °C kühlstellen

d) *GEMA (Gesellschaft für musikalische Aufführungs- und mechanische Vervielfältigungsrechte). Die Erlaubnis zu öffentlichen Tanzveranstaltungen und Schaustellung von Personen muss je nach Bundesland beim Landratsamt, Ordnungsamt oder der örtlichen Polizeibehörde eingeholt werden. Die Erlaubnis ist gebührenpflichtig. Gesellschaften wie die GEMA, GLV oder VG-Wort wurden zum Schutz der Urheberrechte gegründet; sie erheben für die geschützten Rechte beim Nutzer Gebühren und leiten das Geld an die geistigen Eigentümer weiter. Die GEMA vertritt die Interessen der Künstler.*

e)

1. *wer die Musik spielen wird (Radio, Band, DJ etc.)*
2. *wo die Musik gespielt wird (im Restaurant; bei Benefizveranstaltungen (hier gewährt die GEMA 10 % Nachlass), im Fahrstuhl etc.)*
3. *wann die Veranstaltung stattfindet (Erlaubnis des Künstlers muss vorher eingeholt werden!)*
4. *Adresse und Name des Unternehmens/des Hotels/der Gaststätte*
5. *ob es eine einmalige Veranstaltung ist oder ob dauerhaft zum Beispiel Bands auftreten werden*
6. *Steueridentifikationsnummer, Kontoverbindung und Kontonummer (zum Einzug der Gebühren)*

Aufgabe 1.3

a) *Hygieneregeln:*

1. *täglich frische Arbeitskleidung tragen*
2. *Kopfbedeckung tragen*
3. *Hände waschen und desinfizieren*
   - *nach jedem Toilettengang*
   - *nach jedem Wechsel der bearbeiteten/verwendeten Lebensmittel*
   - *beim Beginn der Arbeit*
   - *bei Wechsel von der unreinen zur reinen Seite*
   - *nach dem Händeschütteln mit anderen Personen*

4. *alle Krankheiten und Verletzungen sofort melden*
5. *kurze, saubere Fingernägel haben*
6. *keinen Schmuck, Uhren oder Ringe tragen*
7. *in der Küche nicht rauchen*
8. *Mindesthaltbarkeitsdaten beachten*

b) *6 Tage (1 Ruhetag!) · 1,5 Flaschen = 9 Flaschen pro Woche*

c) *Für die kommenden drei Tage werden insgesamt 4,5 l (3 · 1,5 Flaschen) des Mittels benötigt; es sind noch 5 Flaschen → 1 Liter vorhanden. Der Vorrat wird also reichen.*

d) *Im Monat werden drei Fritteusen jeweils zweimal gereinigt. Es wird also pro Monat sechsmal eine halbe Flasche Reinigungsmittel benötigt, d. h. drei ganze Flaschen monatlich (= 4,5 Liter).*

e)

1. *das Fett täglich filtern*
2. *nur Fett verwenden, das hohe Temperaturen aushalten kann*
3. *Backreste entfernen*

Aufgabe 1.4

a)

- *zwei Vorteile:*

1. *Viele Leute essen eher spät (= potenziell große Zielgruppe).*
2. *Gäste, die sonst evtl. nur einen Riegel oder eine Tüte Süßes kaufen würden, werden jetzt animiert, stattdessen eine warme Mahlzeit zu essen.*

- *zwei Nachteile:*

1. *Die Speisen müssen abends eine Stunde länger zur Verfügung stehen und evtl. warmgehalten werden.*
2. *Die Mitarbeiter müssen mindestens eine Stunde länger arbeiten.*

b)

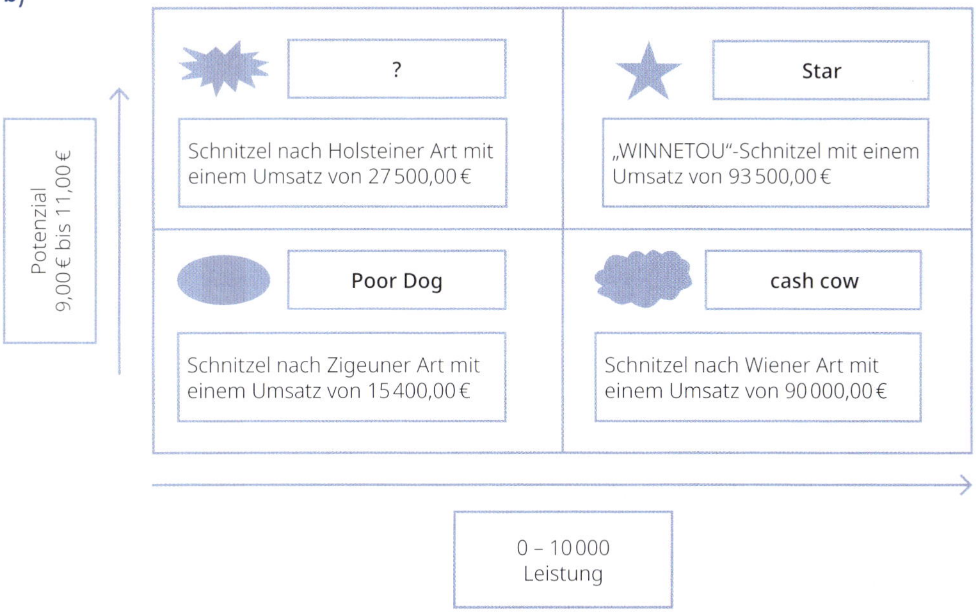

c)

1. *Das Schnitzel nach Zigeuner Art ist am wenigsten beliebt und könnte evtl. ausgetauscht werden.*
2. *Das Schnitzel nach Holsteiner Art hat einen geringen Anteil am Umsatz. Man kann es im Angebot belassen, aber das Potenzial des Gerichtes mit weiteren Zutaten ‚ausbauen‘.*
3. *Das Winnetou Schnitzel wird gerne gewählt; es soll beibehalten bleiben – besonders, wenn/weil/ solange „Schärfe“ bei Speisen gerade im Trend liegt. Die Winnetou-Kette sollte allerdings beim ‚Star‘-Gericht immer auf neue Food-Trends achten.*
4. *Das Schnitzel Wiener Art ist jenes Gericht, das mit hoher Wahrscheinlichkeit oft und viel gewählt wird; es führt die Liste der Schnitzel-Gerichte an. Das Unternehmen sollte bei diesem ‚sicheren‘ Gericht immer auf hochwertige Qualität achten.*

d) *Der Produktlebenszyklus dient der Analyse der Wettbewerbspostition eines Produktes. Der Produktlebenszyklus besteht aus folgenden Phasen:*
Einführung, Wachstum, Reife, Degeneration. In der ersten Phase ist das Produkt neu und unbekannt. Es muss erst noch bekannt werden. Gewinnt ein Produkt an Bekanntheit und immer mehr Menschen wollen es haben, dann wandert das Produkt in die nächste Phase, den Wachstum.
Ist ein Produkt schon länger am Markt und erlebt keinen großen Wachstumsschub mehr, dann ist das Produkt in der Reifephase angekommen. Wenn ein Produkt nicht mehr gefragt ist und immer weniger davon verkauft wird, dann kommt ein Produkt in der letzten Phase an, nämlich die Degenerationsphase. Ein Schnitzel mit Kartoffeln und Salatbeilage ist in der „Reife-Phase“ einzugliedern.

e) *Der Prüfling soll seine Kreativität nutzen, um die Limonaden besser zu vermarkten, neue Limonaden zu kreieren oder deren Verkauf besonders zu gestalten. Dazu muss er die 4 P's einsetzen.*

Beispiel:

1. *Limonaden sind recht einfach selbst herzustellen. Mögliche neue Limonadensorten: reine Limonaden auf Sirup-Basis, in Kombination mit frischen Früchten und Kräutern etc. Beispiel: Limette-Zitronen-Limonade mit Crushed Ice und grünem Strohhalm*

2. *Eine Alternative zur Limonade bieten Schorlen (ein Teil Saft, ein Teil Sprudelwasser, evtl. mit Eis). Früchte wie Mango, Kaki oder Sharon haben eine kräftige Farbe und könnten in einer Schorle als Saft verwendet werden, die mit sprudelndem Mineralwasser aufgefüllt wird. Wenn Eiswürfel mit dunkelrotem Sirup hergestellt werden, sieht ein solcher Drink wie ein Tequila Sunrise aus.*

3. *Eine dritte Möglichkeit ist das Entwickeln einer Kinderlimonade: Die Kinder wissen, dass es an der Autobahnraststätte „Winnetou" eine besonders leckere Limonade gibt und werden ihre Eltern dazu bewegen, deshalb dort anzuhalten. Damit auch die Wünsche vieler Eltern berücksichtigt werden, sollte es sich um eine ungesüßte Limonade handeln, zum Beispiel eine reine Erdbeerlimonade mit ungesüßtem Erdbeersirup, inkl. zwei lustigen Eiswürfeln, einem bunten Strohhalm und einem „Winnetou"-Glas (gratis?).*

f) *Die „Winnetou"-Kette kann zusammen mit der Limonadenfabrik eine neue Limonade entwickeln, die den aktuellen Trends entspricht. Diese kann in eine besondere Glasflasche abgefüllt und mit Strohhalm verkauft werden. Man könnte ebenfalls einen Sirup entwickeln, aus dem man durch Verrühren in Mineralwasser selbst eine Limonade machen kann. Dieser Sirup kann später auch im Einzelhandel vermarktet werden, sobald der Verkauf in den „Winnetou"-Filialen eine längere Zeit bereits erfolgreich läuft. Das Besondere an der Entwicklung einer eigenen Limonade ist, dass eine gesamte Generation von Reisenden dann diese Limonade von ihren Autofernreisen her kennt. Diese Limonade wollen manche Gäste dann möglicherweise auch zu Hause genießen. Man möchte den Geschmack nicht nur auf Reisen, sondern auch daheim erleben – dort lässt diese Limonade dann die Erinnerung an (hoffentlich schöne) Pausen bzw. Reisen aufleben, so die Marketing-Psychologie. Aus der Marketingperspektive gesehen entwickelt die „Winnetou"-Kette mit der neuen Limonade ein neues Produkt. Dieses ist sowohl für die Restaurants als auch für Distribution im Einzelhandel möglich.*

Aufgabe 2.1

a)

Hauptallergen	*Produkt aus der Speisekarte*
glutenhaltiges Getreide	*„Fairybell"-Couscous mit Minze, Rosinen, Kohlrabi und Weißfisch*
Eier	*Käse-Quinoa-Burger mit Eisbergsalat*
Fisch	*Käse-Quinoa-Burger mit Eisbergsalat*
Erdnüsse	*(kommt nicht vor)*
Milch und Milchprodukte	*Milkshakes (Proteinshakes)*
Schalenfrüchte	*Blumenkohl-Kichererbsen-Reistörtchen*
Sellerie	*(kommt nicht vor)*
Schwefeldioxid und Sulfite	„Fairybell"-Couscous mit Minze, Rosinen, Kohlrabi und Weißfisch
Senf	„Fairybell"-Wrap mit Quinoa, Hirtenkäse und Zwiebelgemüse

b) *Zöliakie*

c) *2*

Aufgabe 2.2

a) *Es handelt sich hierbei um eine Ernährung, bei der die Aufnahme von Kohlenhydraten reduziert bzw. minimiert wird. Low-Carb-Nahrung ist reich an Eiweiß und Proteinen.*

b) *Die Einfachzucker (Pentosen), die im Körper einfach umzusetzen sind, werden nicht mehr gegessen.*

c) *Das Alter der Zielgruppe kann man auf ca. 16 Jahre bis Ende 50 festlegen.*

Lifestyle: Es handelt es sich um Menschen, die sich bewusst ernähren und ihr Körpergewicht im Auge behalten. Viele der Gäste trainieren in einem Studio und achten auf ihre körperliche Fitness.

Familienstand: Nicht wirklich ein Segmentierungskriterium – sowohl Ledige als auch Verheiratete (mit Kindern) können typische Low-Carb-Fans sein.

Insgesamt ist eine Low-Carb-Diät für viele Menschen recht erfolgreich; man verliert schnell an Gewicht, ohne großen Hunger zu haben.

d) *Beispiel eines Low-Carb-Burgers:*

Eine Scheibe Pumpernickel wird mit einem leicht herzhaften Quark bestrichen und mit Pfeffer und Salz gewürzt. Danach wird ein wenig Rucola-Salat auf den Quark gelegt. Anschließend wird eine flache Frikadelle aus magerem Rindfleisch gebraten und auf die vorbereitete Scheibe Brot gelegt. Auf das Fleisch wird Avocado-Crème gestrichen und ein paar Scheiben Avocado gelegt. Zuletzt wird die zweite Scheibe Pumpernickel auf diesen Burger gelegt.

(Der Prüfling soll bei seinem Beispiel Kreativität beweisen und sich an die Vorgaben des Low-Carb-Food halten.)

e) *Falafel (die oder das) sind frittierte Bällchen aus pürierten Kichererbsen mit vielen Kräutern und Gewürzen. Falafel wird oft in einem Fladenbrot mit Salat und einer Joghurt-Crème gegessen.*

Aufgabe 2.3

a) *2*

b)

Ursprüngliche (= verbesserungswürdige) Formulierung	*Neuformulierung*
„Wenn Sie keine Tomaten und kein Rotkraut mögen, dann ist die Falafel nichts für Sie."	*„Sehr gerne servieren wir Ihnen die Falafel auch ohne Tomaten und Rotkraut."*
„Sie sind aber kein Kind mehr, deshalb können Sie auch keine Juniormahlzeit bekommen."	*„Selbstverständlich können Sie eine Juniormahlzeit bestellen."*
„Theoretisch haben Sie recht, dass ich hier alles wissen müsste ..."	*„Vielen Dank, dass Sie mich darauf hinweisen. Man lernt immer etwas Neues!"*
„Beim gebratenen Hähnchen gibt es kein ‚Well Done'."	*„Hähnchen ‚well done'? Das machen wir sehr gerne für Sie."*
„Sie irren sich – bei uns kann man bereits ab 1 Cent per Karte zahlen."	*„Selbstverständlich können Sie auch gerne per EC-Karte bezahlen."*

c) *Beispiellösungen:*

- *Geschlossene Fragen:*

1. *Wollen Sie etwas Scharfes essen?*
2. *Schmeckt Ihnen Knoblauch?*

- *Offene Fragen:*

1. *Womit können wir Ihnen weiterhelfen?*
2. *Worauf haben Sie denn gerade wirklich Appetit?*

- *Alternativfragen (ebenfalls geschlossen):*

1. *Wollen Sie ein Getränk mit oder ohne Alkohol?*
2. *Darf Ihr Shake mit ‚normaler' Milch oder lieber mit Hafermilch gemacht werden?*

Aufgabe 2.4

a)

1. *Abwärme verwenden*
2. *alle Lampen mit LED-Birnen ausstatten*
3. *verwendete Produkte aus der direkten bzw. näheren Umgebung beziehen*
4. *Limonade selbst herstellen*
5. *Berufskleidung wählen, die unter ökologisch anspruchsvollen Bedingungen hergestellt wird*

b) *Avocado, Quinoa, Orangen, Mango, Maracuja*

c)

Entsorgungsmaterial	*Entsorgungskosten je Einheit*	*Abfallmenge pro Jahr*	*Entsorgungskosten pro Jahr*
Restmüll	*0,75 €/m²*	*400 m²*	*300,00 €*
Leuchtmittel	*1,40 €/Stück*	*20 Stk.*	*28,00 €*
Papier	*110 €/t*	*35 t*	*3 850,00 €*
Speisereste	*130 €/t*	*365 t*	*47 450,00 €*
Gesamtkosten:			***51 628,00 €***

d) *Es wäre möglich, die Speisereste an eine Biogasanalage zu verkaufen. Die Lieferanten können ihre Papierverpackungen wieder mitnehmen und ihre Ware in nachhaltigeren Verpackungen anbieten.*

Aufgabe 2.5

a)

1. *Ruhe bewahren - keine Panik!*
2. *Brand melden!*
3. *Mitarbeiter und sonstige Personen warnen*
4. *Lüftung, Transport- und Heizungsanlagen abstellen*
5. *Gefahrenbereich sofort verlassen*

[6. Gebückt gehen!

7. Festgelegte Maßnahmen gemäß der Brandschutzordnung durchführen.]

b)

Bild 1: Versammlungs-/Sammelpunkt

Bild 2: Rettungszeichen Notausgang rechts/Fluchtweg rechts

Bild 3: Feuerlöscher

c) *Brandschutz ist ein komplexes Thema. Wenn es sich um die Betriebs- und Geschäftsausstattung handelt, kann bereits bei der Einrichtung des Interieurs eines Restaurantbetriebes auf die Verwendung von brennbarem Material geachtet werden (Wandtapete, Stoffe, Stühle, Tische). Zudem sollen Fluchtwege nicht zugestellt und die Löschvorkehrungen nach gesetzlichen Intervallen überprüft werden.*

Aufgabe 2.6

a) *Vorteile:*

1. *Die Mitarbeiter sind für den Gast besser erkennbar.*
2. *Der Gast kann sich das Logo noch besser einprägen.*

Nachteile:

1. *Das Individuum ‚verschwindet' in der Einheitlichkeit.*
2. *Die neue Kleidung verursacht hohe Kosten.*

b) *Die Herren und Damen zwischen 20 und 40 Jahre besuchen das Restaurant mehr als dreimal im Jahr.*

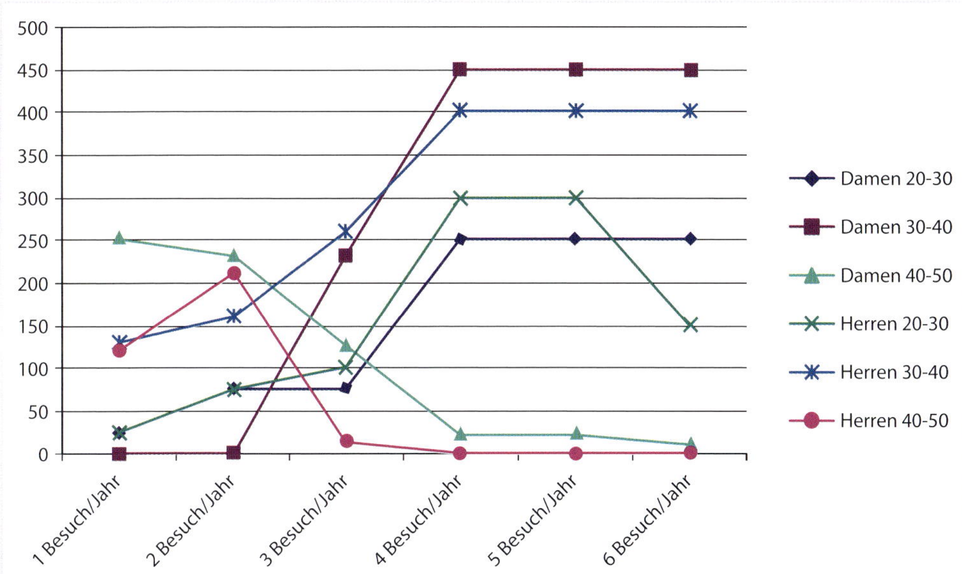

c) *Diese Zielgruppe ist zwischen 40 und 50 Jahre alt; es sind sowohl Damen als Herren.*

d) *Die im Vergleich jüngeren Gäste (20 bis 40 Jahre) kommen öfters zu „Fairybell" als die etwas älteren Gäste (40 bis 50 Jahre). Die Low-Carb-Küche ist bei der jüngeren Generation sehr populär, welche oft wenig Lust auf herkömmliche Ernährung hat. Die ältere Generation ist jedoch noch eher von ‚altmodischer' Ernährung/von einem herkömmlichen Restaurantkonzept geprägt, mit der/dem sie aufgewachsen ist und von der sie sich deshalb nur langsam löst.*

e) *Die Marketing-Strategien soll auf die Zielgruppe der 20- bis 40-Jährigen ausgerichtet werden. Es ist zu verzeichnen, dass mehr Frauen als Männer in das Restaurant gehen. Laut Umfragen essen viele Männer gerne Fleisch. Fleisch ist allerdings wenig auf der Speisekarte vertreten. Um mehr männliche Kunden anzusprechen, sollte die Speisekarte dementsprechend optimiert werden. So sollten die Marketingaktivitäten auch auf männliche Kunden zwischen 20 und 40 Jahren ausgerichtet sein, damit diese Zielgruppe wachsen kann.*

(Der Prüfling kann auch andere Vorschläge machen; sie sollten einleuchtend und die Argumentation schlüssig sein.)

Aufgabe 3.1

a) *Corporate Behaviour der Möwe GmbH:*

(Beispiele)

1. *In der Möwe GmbH begegnen wir einander ‚auf Augenhöhe' und gehen respektvoll miteinander um.*

2. *Der Kunde/der Gast ist ‚König' – wir erwarten von allen Mitarbeitern/-innen eine serviceorientierte Einstellung.*
3. *Wir bieten Service und Dienstleistung an und nehmen in jeder Hinsicht Rücksicht auf die Umwelt. Wo wir Service geleistet haben, lassen wir nichts liegen und verlassen den Ort so, wie wir ihn vorgefunden haben.*

(Der Prüfling soll in der Lage sein, ein paar Umgangsregeln im Sinne des Unternehmens zu formulieren.)

b) *Die Möwe ist der Vogel, welcher die Nähe zum Meer symbolisiert und das Unternehmen mit seinem Hauptsitz Hamburg verbindet. Gleichzeitig ist die Möwe an vielen Küsten heimisch – er ist somit auch ein Symbol für unser vielseitiges Einsatzgebiet.*

Die Farben Blau auf Weiß sollen Loyalität und Zuverlässigkeit darstellen. Es ist uns ein wichtiges Anliegen, unser Wort zu halten und Ihre individuellen Wünsche zu erfüllen.

(Der Prüfling soll das Design des Möwen-Logos nachvollziehbar und kreativ, aber passend, mit der Identität des Unternehmens verbinden können.)

Aufgabe 3.2

a) *Die Speisen werden vor den Augen der Gäste zubereitet. Der Mitarbeiter muss eine gewisse ‚Gastorientierung' haben, um die Wünsche des Gastes umsetzen zu können.*

b) *Vorteile für den Gast: Der Gast hat die Möglichkeit, den Kochprozess durch seine Wünsche zu beeinflussen und die (tatsächlich) frischen Zutaten zu sehen, bevor sie verarbeitet werden.*

c) *Vorteile für das Unternehmen: Es werden nur die Mahlzeiten zubereitet, die auch tatsächlich gewünscht sind. Es entsteht eine gemütliche Interaktion zwischen Gast und Koch. Frontcooking ist sehr serviceorientiert.*

d) *Dieses System ermöglicht es den Gästen, Speisen und Getränke an verschiedenen Ständen anzuschauen und auszuwählen. Es entsteht ein Art Marktatmosphäre. Außerdem können so viele Gäste auf einmal bedient werden, (fast) ohne dass Schlangen entstehen.*

Aufgabe 3.3

a) *Der Verkauf der Speisen und Getränke findet über einen ‚Counter', also eine Ladentheke, hinweg statt. Am Ende des Counters wird bezahlt.*

b) *Das Unternehmen muss in diesem Fall für den Fehler des Mitarbeiters haften. Es muss zudem eine direkte Lösung her. Falls die Dame kein Ersatzoberteil dabeihat, kann zum Beispiel ein T-Shirt der Band am Fanartikel-Stand gekauft und der Kundin angeboten werden. Die Reinigungskosten des nassen Oberteils gehen auf jeden Fall auf Kosten des Unternehmens.*

c) *(Beispiellösung)*

Kunde: „Ach kommen Sie, Sie sind doch hier der große Gastronomen-Macker! Sie wissen doch bestimmt, wo die After-Show-Party stattfindet!"

Sie: „Es tut mir leid, aber darüber kann ich Ihnen nichts sagen."

(oder:) „Wenn Sie keine Einladung zur Party haben, kann ich Ihnen darüber leider nichts sagen."

d) *(Beispiellösung)*

Meine Mitarbeiter haben wirklich sehr viel in kurzer Zeit geleistet. Allerdings haben sie eigentlich – von der Zeit her gesehen – noch kein Recht auf eine Pause. Ich würde sie alle zusammentrommeln, sie loben, kurz zur Erfrischung mit allen ein Getränk trinken und dann die Rollen verteilen, wer was tun soll, damit die Arbeit schnell erledigt ist.

(Der Prüfling soll einleuchtend erklären, wie er/sie das Team wieder motiviert; viele Antworten sind möglich.)

Aufgabe 3.4

a)

1. *Gemüse soll ordentlich gewaschen und geputzt werden, bevor es verarbeitet wird.*
2. *Fleisch und Fisch sollen vollständig (im Kühlschrank) aufgetaut werden, bevor sie weiterverarbeitet werden können.*
3. *Bei verpackten Lebensmitteln soll überprüft werden, ob das Haltbarkeitsdatum nicht überschritten wurde, ob die Verpackung in Ordnung ist und ob die Ware ausreichend kühl ist.*

b)

1. *Die Temperatur der warmen Speisen muss über 65 °C liegen. Die Temperatur der kalten Speisen darf maximal 7 °C betragen.*
2. *Die Speisen dürfen nicht länger als eine halbe Stunde warmgehalten werden.*
3. *Die Speisen sollen abgedeckt aufbewahrt werden.*

c) *5 Kontrollpunkte, ausgewählt aus der folgenden Liste:*

1. *Welches Hygienerisiko liegt hier vor (RK1/RK2/RK 3)?*
2. *Ist der Stoff der Kleidung (Baumwolle/Polyestermischgewebe) für die Arbeit geeignet?*
3. *Werden Handschuhe in der Lebensmittelverarbeitung eingesetzt?*
4. *Entspricht das Schuhwerk den Anforderungen? (Geschlossene Sportschuhe oder Lederhalbschuhe reichen in lebensmittelverarbeitenden Unternehmen aus. Ein Arbeitgeber kann Sicherheitsschuhe fordern. Er muss sie dann allerdings auch selbst bezahlen.)*

5. *Tragen die Mitarbeiter eine Kopfbedeckung, damit keine Haare ins Essen fallen können?*
6. *Wird die Arbeitskleidung jeden Tag gewechselt?*
7. *Werden die Schürzen jeden Tag gewechselt?*
8. *Die Kleidung soll laut der DIN EN 14065:2002 gewaschen und anschließend hygienisch aufbewahrt werden.*

d) *2*

e) *1*

Aufgabe 3.5

a) *Die Möwe GmbH will sich als ‚Marke' für Gala-Catering profilieren. Das Angebot an Waren und Serviceleistungen ist immer abhängig vom Auftraggeber. Wenn der Kunde und die Gäste wissen, dass wenn die „Möwe GmbH" das Catering ausrichtet, alles gut verläuft, ist alles in Ordnung und die Markenpolitik funktioniert.*

b) *Marketingziele werden in qualitative und quantitative Ziele eingeteilt.*

1. *Die Möwe GmbH will ihr Betriebsimage deutlicher betonen und verbessern (= qualitativ).*
2. *Die Möwe GmbH will sich durch eine Angebotsprofilierung Wettbewerbsvorteile verschaffen (= qualitativ).*
3. *Die Möwe GmbH will ihren Umsatz durch bessere Profilierung steigern (= quantitativ).*
4. *Die Möwe GmbH will der Preisstruktur eine bessere Form geben (= quantitativ).*

c)

Abkürzung	Bedeutung der Abkürzung	entsprechendes Marketingziel
S	*spezifisch*	*Die Möwe GmbH ist ein Cateringanbieter im höheren Segment.*
M	*messbar*	*Die Möwe GmbH will ihren Marktanteil am Gesamt-Catering von Galas und Festivals bis 20.. um 10 % steigen.*
A	*akzeptiert*	*Die Möwe GmbH versucht, zusammen mit dem Auftraggeber immer die beste Lösung für das Catering zu finden.*
R	*realistisch*	*Die Gewinne der Möwe GmbH sollen jedes Jahr stetig um 5 % wachsen.*
T	*terminiert*	*Bis 2022 will die Möwe GmbH der Gala- und Festival-Caterer ‚Nummer 1' sein.*

d) *Beispiele:*

- *Die Mitarbeiter brauchen einheitliche Kleidung; das Logo der Möwe soll darauf deutlich erkennbar sein.*
- *Das Besteck, das Geschirr und die Gläser des Unternehmens sollten mit einer Möwe gekennzeichnet sein, sodass sie besser von den Utensilien anderer Firmen zu unterscheiden sind.*
- *Fazit: Das Unternehmen muss intensiv an einem erkennbaren Logo arbeiten und dieses auf alle Utensilien und Materialien anbringen, sodass die Auftraggeber bzw. die Gäste besser erkennen können, wer das Catering übernimmt.*

e) *Das Unternehmen versucht über diese Maßnahmen zur Verbesserung seiner Public Relations (Beziehung zur Öffentlichkeit, P. R.) mehr Bekanntheit auf die eigene Marke zu lenken und das eigene gesellschaftliche Image positiv zu gestalten.*

Aufgabe 4.1

a)

Angebot bzw. Paket 1	***Preis***
Hauptgericht (mit Fleisch):	
Bratwurst	*2,00 €*
Getränk: Limonade	*2,50 €*
Summe der Einzelpreise:	*4,50 €*
Summe abzüglich 10 % Rabatt:	*0,45 €*
Angebots-/Paketpreis 1:	***4,05 €*** ***→ = 4,00 €***
Angebot bzw. Paket 1	
Hauptgericht (mit Fleisch):	
Currywurst	*2,00 €*
Getränk: Limonade	*2,50 €*
Summe der Einzelpreise:	*4,50 €*
Summe abzüglich 10 % Rabatt:	*0,45 €*
Angebots-/Paketpreis 2:	***4,05 €*** ***→ = 4,00 €***

Aufgabe 4.2

a)

1. *Es werden weniger Fehler gemacht.*
2. *Der Gast bekommt eine gleichbleibende Qualität.*
3. *Die Abläufe sind standardisiert und immer wieder gleich, sodass jeder Mitarbeiter weiß, was zu tun ist.*

b)

Qualitätsmanagement ist die Aktivitäten so aufeinander abzustimmen, dass die lückenlos und ohne Fehler ineinander übergehen und so die Qualität der Dienstleistung zu erzielen, die man geplant hat. Dabei müssen Prozesse definiert, geplant, ausgeführt und ausgewertet werden. Durch diesen ständigen Kreislauf kann ein Unternehmen qualitativ besser machen.

c) *DIN EU ISO 9001 (Qualitätsmanagement-Zertifizierung)*

d)

Nummer	*Überprüfter Bereich*	*Ok?*	Maßnahmen	*Signatur*
1	*Sammlung von Abfällen in der Küche*			
2	*Gibt es Arbeitsanweisungen dazu, wie der Abfall entsorgt werden soll?*			
3	*Sind alle Sammelbehältnisse mit einem dichtschließenden Deckel versehen?*			
4	*Werden die Abfallbehälter täglich nach dem Produktionsprozess geleert?*			
5	*Werden die Behälter nach dem Leeren gereinigt und desinfiziert?*			
6	*Besteht die Gefahr, dass Keime von verunreinigten Lebensmitteln (Lebensmittelresten) auf reine Lebensmittel kommen können?*			

e)

- *Waschen Sie Ihre Hände vor Arbeitsbeginn, bei sichtbaren Verschmutzungen und wenn Sie die Toilette aufgesucht haben.*
- *Trocknen Sie Ihre Hände sorgfältig ab und besprühen Sie sie mit einem Desinfektionsmittel.*
- *Benutzen Sie bei der Arbeit Handschuhe, um Ihre Haut zu schützen.*
- *Nach der Arbeit sollten Sie eine schützende Handlotion auftragen.*

Aufgabe 4.3

a) *Via Kundenkarten werden für das Unternehmen wichtige Daten über die Kunden gesammelt. Ein Unternehmen weiß zum Beispiel anhand der Adressdaten, wo die Kunden wohnen (Einzugsgebiet), kann am Verkauf der Speisen erkennen, welche Präferenzen der Kunde hat (Produktbeliebtheit), weiß, wie alt der Kunde ist (Zielgruppensegmentierung) etc.*

Im Unterschied zur Kundekarte kann eine Kunden-App registrieren, wie sich Kunden in ihrer Umgebung bewegen und wie bzw. wo sie im Netz unterwegs sind (Mobilität, Livestyle etc.).

b) *50 Filialen · 10 000,00 € = 500 000,00 € (Investitionssumme gesamt)*

c) *10 000,00 € : 6 = 1 666,67 €/Jahr (Abschreibungssumme pro Maschine)*

d) *50 · 1 666,67 € = 83 333,33 €/Jahr (Abschreibungssumme für alle 50 Maschinen)*

e) *6,50 €: 50 Milkshakes = 0,13 €/Milkshake*

f) *50 (Milkshakes pro Tag) · 2,00 € = 100,00 €*

g) *365 (Tage im Jahr) – 52 (Sonntage) = 313 (→ an 313 Tagen im Jahr geöffnet)*

h)

	Summe
Umsatz Milkshakes pro Filiale pro Tag	*100,00 €*
· 50 Filialen	*5 000,00 €*
· 313 Tage	*1 565 00,00 €/Jahr*
Wareneinsatz pro Milkshake = 0,23 € *2 500 Milkshakes/Tag · 0,23 € = 575,00 €* *313 Tage · 575,00 €*	*– 179 975,00 €*
Umsatz im Jahr (– Wareneinsatz)	*1 385 025,00 €* *= Deckungsbeitrag*

i)

Umsatz Milkshakes	1 565 000,00 €
Wareneinsatz	– 179 975,00 €
Abschreibung Milkshake-Maschinen	– 83 333,33 €
10 % Personalkosten	– 33 000,00 €
Elektrizitätskosten (313 · 6,50) · 50	– 101 725,00 €
Gewinn	***1 166 966,67 €***

Aufgabe 4.4

a) *Vorteile:*

1. *Die Aktion wird Aufmerksamkeit in den lokalen und regionalen Medien erregen.*
2. *Die Aktion kann wie ein Fest gefeiert werden. „Flämisches Gold" steht damit dann einen Tag lang im Mittelpunkt der Aufmerksamkeit.*

Nachteile:

1. *„Flämisches Gold" hat keinen Kultstatus, wie ein großes markenstarkes Unternehmen. Also muss viel Vorarbeit in die Werbung in den sozialen Medien investiert werden, damit dort eine entsprechende Erwartungshaltung geweckt wird.*
2. *„Flämisches Gold" steht nur an einem Tag im Mittelpunkt.*

   (Der Prüfling soll sich kritisch mit dieser Diskussion auseinandersetzen; auch andere Antworten sind möglich.)

b) *Die Identität des Unternehmens ist von zentraler Bedeutung; es muss betont werden und gut zu sehen sein. Man kann das alte Logo etwas ‚edler' und/oder moderner gestalten. Die Farben des Logos sollten beibehalten werden, da die Kunden sie kennen bzw. mit dem Unternehmen (dem Corporate Image) in Verbindung bringen; das Unternehmen soll wiederzuerkennen sein. In Bezug auf das Corporate Behaviours können die Mitarbeiter nochmals besonders für den korrekten Umgang mit Kunden sensibilisiert werden. Im Sinne der Corporate Communication können alle Verpackungsmaterialien werden nach ökologischen Gesichtspunkten überprüft werden (d. h., kann das Unternehmen ökologischer arbeiten?). Im Sinne der Corporate Culture müssen alle Filialen renoviert werden. Alle Mitarbeiter sollen darauf vorbereitet werden, dass eine anstrengende Zeit auf sie zukommt (Renovierung).*

(Der Prüfling soll die Corporate Identity des Unternehmens beschreiben und erklären, inwiefern sie von einer Überarbeitung beeinflusst wird.)

Aufgabe 4.5

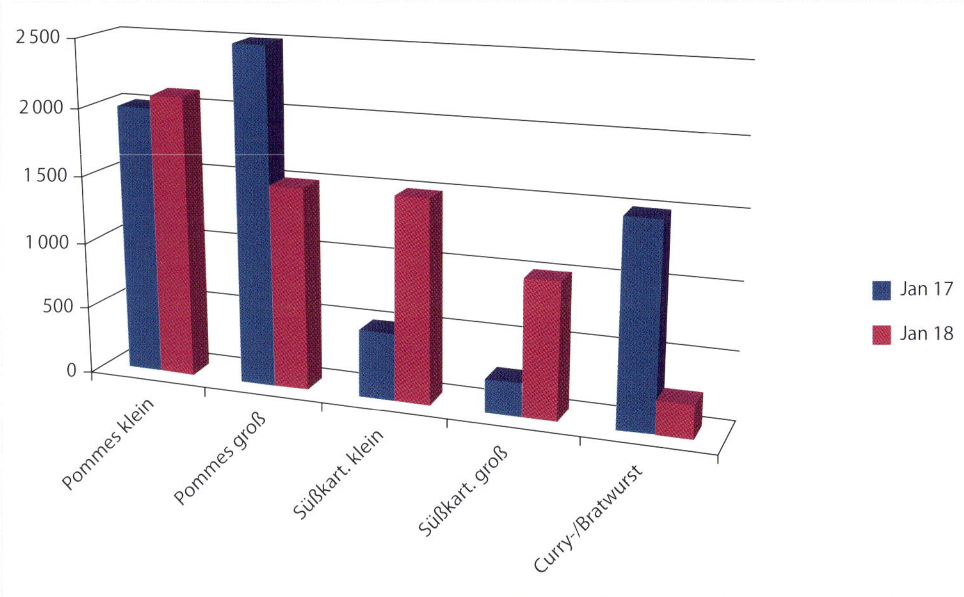

a) *Im Verhältnis zum Vorjahr (2017) ist Folgendes abzulesen:*

- *Der Verkauf von kleinen Portionen Pommes ist gestiegen.*
- *Der Verkauf von großen Portionen Pommes ist um 1 000 Portionen gesunken.*
- *Der Verkauf von kleinen Portionen Süßkartoffeln ist um 1 000 Portionen gestiegen.*
- *Der Verkauf von großen Portionen Süßkartoffeln ist um 1 000 Portionen gestiegen.*
- *Der Verkauf von Curry-/Bratwürsten ist um 2 000 Portionen gesunken.*
- *Die Verluste bei der größeren Portion Pommes und der Wurst sind durch die Süßkartoffelspeisen ausgeglichen worden.*

b) *Die Marketingabteilung kann aus solchen Zahlen Trends ablesen. Vielleicht wollen Kunden momentan weniger Fleisch essen und bestellen deshalb lieber Kartoffelgerichte. Oder dass diejenigen, die zuvor gerne eine Wurst gekauft haben, jetzt lieber Süßkartoffel-Pommes frites essen etc. Die kleinere Portion Pommes frites verkauft sich gut. Im Januar gönnen sich die Kunden oft weniger als in den Monaten zuvor. Dies mag mit den guten Vorsätzen bzw. neu begonnenen Diäten im neuen Jahr zusammenhängen. Die Marketingabteilung soll Empfehlungen geben, wie das Sortiment neu oder anders zusammengestellt werden kann. Vielleicht kann die Marketingabteilung Pommes frites aus anderen Zutaten empfehlen, wie zum Beispiel Avocado Pommes frites oder Pommes frites aus roten und gelben Kartoffeln gemixt. Eine andere Empfehlung könnte sein, die Wurst aus echtem Fleisch durch eine vegetarische Variante zu ersetzen.*

Steuerung und Kontrolle, Personalwesen

1 Unternehmensbeschreibung:

Sie sind Mitarbeiter/-in der Restaurantkette „Winnetou". Die Winnetou GmbH, mit Sitz in Bad Segeberg, betreibt bundesweit 20 gastronomische Betriebe entlang der Autobahn. Das Logo des Unternehmens ist eine große, bunte Indianerhaube. Die Anschrift der Filiale lautet: Winnetou Hamburg, Geesthachter Straße 22, 22145 Hamburg, Telefon: 040 1234567-00, Telefax: 040 1234567-23, E-Mail: Winnetouhamburg@winnetou.de, Homepage: www.winnetou.de.

In der Filiale Hamburg arbeiten 50 Vollzeitmitarbeiter/-innen und 25 Teilzeitmitarbeiter/-innen, außerdem 15 Auszubildende. Im Folgenden ist die Speisekarte des Restaurants abgebildet.

WINNETOU

Getränke- und Snackkarte

Alle Preise in Euro
inkl. MwSt

Heißgetränke

Caffè Americano	2,50
Cappuccino	3,00
Espresso	2,50
Latte Macchiato	3,50
Milchcafé	2,50
Tee (verschiedene Sorten)	2,50

Kaltgetränke

Limonade (Cola, Fanta, Sprite)	0,3 l	2,50
Cool Kola-Limonade	(Flasche) 0,33 l	3,00
Apfelsaft	(Flasche) 0,2 l	3,00
Orangensaft	(Flasche) 0,2 l	3,00
Frische Säfte aus der Saft-Bar	0,3 l	4,00
Mineralwasser (mit/ohne Kohlensäure)	0,33 l	2,50

Biere

Hamburger Pils	0,33 l	3,00
Alsterwasser	0,33 l	3,00
Alkoholfreies Weizenbier	0,33 l	3,50

Wein

Weißwein (2016)	0,2 l/0,75 l	3,50/13,00
Rotwein (2015)	0,2 l/0,75 l	3,50/13,00
Sekt (halbtrocken)	Piccolo 0,2 l	3,50
	0,75 l	13,00

Snacks

Wraps

Wrap süßsauer mit Hühnerfleisch	3,50
Wrap süßsauer mit Tofu	3,50
WINNETOU-Wrap mit Putenfleisch, Jalapeños, Chili und Salat	3,00

Hot Dogs (nach Wahl mit Geflügel oder Tofu)

Hot Dog nach dänischer Art (Röstzwiebeln, Gurke, Soßen)	3,50
Hot Dog nach Hamburger Art (frische Zwiebeln, überbacken mit Käse, Barbecue-Soße)	4,00
Hot Dog nach Münchener Art (gebratene Zwiebeln, süßer Senf)	4,00
WINNETOU-Hot Dog (gebratene Zwiebeln, Jalapeños, Chili-Soße)	5,00

Snacks

Schnitzel

Schnitzel nach Wiener Art	9,00
Schnitzel nach Holsteiner Art	11,00
Schnitzel nach Zigeuner Art	11,00
WINNETOU-Schnitzel (gebratene Zwiebeln, Jalapeños, Paprika)	11,00

WINNETOU-Superfood

Käse-Quinoa-Burger mit Eisbergsalat	5,00
Hühnchen-Blumenkohl-Kichererbsen-Salat	4,00
Quinoa-Mozzarella-Chilibohnen-Salat	4,00
WINNETOU-Couscous mit viel Gemüse und Chili	4,50

Salate

Gemischter Salat mit Paprika, Tomaten und Mozzarella	4,50
WINNETOU-Salat mit Weißkohl, Rotkohl, Zwiebeln, Eisbergsalat, Tomaten, Jalapeños und Knoblauchsoße	4,50
RANGER-Salat mit Lollo Rosso, Babyspinat, Rote Bete, Zwiebeln, Avocado, Orange und Hüttenkäse	5,50

Süßes

Tiramisu	2,50
Obstsalat	3,00
Vanilleeis mit Obst der Saison	3,00
WINNETOU-Milchreis mit warmen Kirschen	3,50
WINNETOU-Käsekuchen	2,00
Apfelkuchen	2,00
WINNETOU-Butterkuchen	2,00

1.1 Situation: In der „Winnetou"-Filiale Hamburg herrscht bei den Mitarbeitern „ein Kommen und Gehen". Die Fluktuation ist hoch und das soll sich ändern. Die Filiale hat 24 Stunden am Tag und 365 Tage im Jahr geöffnet.

a) *Modernes Personalmanagement kann anhand von drei Zielen umschrieben werden. Um welche drei Ziele handelt es sich? Kreuzen Sie an.*

☐ Wirtschaftliche, ökologische und persönliche Ziele
☐ Wirtschaftliche, ökologische und soziale Ziele
☐ Wirtschaftliche, kulinarische und ökologische Ziele
☐ Kulinarische, ökologische und soziale Ziele

b) *Eine der Aufgaben eines Personalmanagements ist es, die Fluktuation der Mitarbeiter unter Kontrolle zu halten. Nennen Sie noch sechs weitere Aufgaben des Personalmanagements.*

c) *Neue Erhebungen über die Krankheitstage der „Winnetou"-Filiale Hamburg haben ergeben, dass die Mitarbeiter in dieser Filiale im Durchschnitt 23 Tage im Jahr krank sind. Erklären Sie, welche Probleme bei einem solchen Krankenstand entstehen.*

d) *Errechnen Sie die Anzahl der Mitarbeiter mit Berücksichtigung des heutigen Krankenstands.*

Ermittlung der Stunden	
Kalendertage im Jahr	365 Tage
– Samstage/Sonntage	104 Tage
– Feiertage	13 Tage (je nach Bundesland)
– Urlaubstage	30 Tage
– Krankheitstage	______ Tage
– Sonstige Ausfalltage	2 Tage (Umzug)
• Anwesenheitsstunden	8 Stunden
= Anwesenheitsstunden eines Vollzeitmitarbeiters	
• Anzahl Mitarbeiter in Voll- und Teilzeit	
= Gesamte verrechenbare Stunden des Betriebs	

e) *Errechnen Sie den Stundenbedarf der „Winnetou"-Filiale in Hamburg pro Jahr. Pro Schicht müssen folgende Positionen besetzt sein:*

Tag- und Abendschicht	Nachtschicht
Küche: 8 Mitarbeiter	Küche: 4 Mitarbeiter
Service: 10 Mitarbeiter	Service: 5 Mitarbeiter
Verwaltung: 2 Mitarbeiter	Reinigung: 4 Mitarbeiter

Die „Winnetou"-Filiale Hamburg arbeitet mit einem Drei-Schicht-System. Die Tagschicht beginnt um 06:00 Uhr und endet um 14:00 Uhr, die Abendschicht dauert von 14:00 Uhr bis 22:00 Uhr und die Nachtschicht dauert wiederum von 22:00 Uhr bis 06:00 Uhr.

Stundenbedarf Winnetou Hamburg	
	Stundenbedarf
Tagschicht	________ Stunden
Abendschicht	________ Stunden
Nachtschicht	________ Stunden
Summe pro Tag	________ Stunden
• 365 Tage im Jahr	________ Stunden

f) *Berechnen Sie: Wie viele Vollzeitstellen werden tatsächlich benötigt, um die Schichten voll besetzen zu können? Verwenden Sie die Ergebnisse der Aufgaben d) und e) als Grundlage Ihrer Berechnungen.*

1.2 Situation: Das Personalmanagement will neue Stellen ausschreiben und überprüft daher die Stellenbeschreibungen.

a) *Erstellen Sie eine Stellenbeschreibung eines Kochs in der Systemgastronomie auf einem leeren DIN-A4-Blatt. Folgende Punkte müssen Bestandteil einer Stellenbeschreibung sein:*

- *Stellenbezeichnung*
- *Stelleneinordnung*
- *Stellenaufgaben*
- *Stellenbefugnisse*
- *Stellenverantwortung*
- *Stellenziele*
- *Stellenvertretung*
- *Stellenanforderung*

b) *Welche Vorteile hat eine Stellenbeschreibung für die Personalabteilung? Nennen Sie drei:*

1. ____________________
2. ____________________
3. ____________________

c) *Welche Vorteile hat eine Stellenbeschreibung für einen Vorgesetzten? Nennen Sie drei:*

1. ____________________
2. ____________________
3. ____________________

1.3 Situation: Die Winnetou GmbH hatte bis jetzt keinen Betriebsrat. Die einzelnen Autobahnrestaurants gehören zur GmbH und mittlerweile arbeiten dort insgesamt 1 500 Mitarbeiter.

a) *Die Grundlage eines Betriebsrats ist im Betriebsverfassungsgesetz (BetrVG) geregelt. Ein Unternehmen braucht eine Mindestgröße, wenn es einen Betriebsrat bilden will. Kreuzen Sie an: Die Mindestgröße beträgt ...*

☐ 20 Mitarbeiter oder mehr
☐ 25 Mitarbeiter oder mehr
☐ 10 Mitarbeiter oder mehr
☐ 5 Mitarbeiter oder mehr

b) *Der Betriebsrat soll ein Vertretungsorgan für die Mitarbeiter gegenüber dem Arbeitgeber sein. Die Mitglieder des Betriebsrats werden gewählt. Wann wird der Betriebsrat jeweils neu gewählt? Kreuzen Sie an.*

☐ Der Betriebsrat muss alle zwei Jahre neu gewählt werden.
☐ Der Betriebsrat muss alle drei Jahre neu gewählt werden.
☐ Der Betriebsrat muss alle vier Jahre neu gewählt werden.
☐ Der Betriebsrat muss alle fünf Jahre neu gewählt werden.

c) *Im Unternehmen sind neue Arbeitsschuhe eingeführt worden, die vor allem rutschfest sein sollen. Alle Mitarbeiter werden mit diesen Schuhen ausgestattet. Der Betriebsrat empört sich, der Arbeitgeber habe ihn weder über diese Änderung informiert, noch habe er sich mit ihm beraten. Ist diese Empörung gerechtfertigt? Erläutern Sie Ihre Antwort.*

d) *Mittlerweile ist in der Winnetou GmbH ein Betriebsrat gewählt worden. Erklären Sie, wie viel Zeit die gewählten Mitarbeiter sich mit der Arbeit des Betriebsrats beschäftigen dürfen.*

e) *Ordnen Sie zu: Welches Recht hat der Betriebsrat jeweils bei den vier unten folgenden Entscheidungen? Verwenden Sie die folgenden Ziffern:*

1. Vetorecht
2. Mitbestimmungsrecht
3. Zwingendes Mitbestimmungsrecht
4. Informationsrecht

☐ *Das Unternehmen entscheidet eine Erhöhung der Urlaubstage als Gegenmaßnahme gegen den hohen Krankenstand.*

☐ *Das Unternehmen hat beschlossen die Außenanlagen so umzugestalten, dass im Sommer auch draußen gearbeitet werden kann.*

☐ *Es werden Mitarbeitergespräche eingeführt. Dabei soll ein einheitliches Formular verwendet werden.*

☐ *Das Unternehmen will sein Konzept an ausländische Investoren verkaufen.*

1.4 Situation: Die Betriebsratsmitglieder arbeiten seit Gründung des Betriebsrats an einer Betriebsvereinbarung.

a) *Erklären Sie, was in einer Betriebsvereinbarung geregelt werden darf.*

b) *Zwei Schichtleiter im Service sind ziemlich miteinander zerstritten. Die Ursache des Streits ist nicht bekannt. Allerdings herrscht eine sehr schlechte Stimmung, wenn beide anwesend sind. Die Geschäftsführung der Hamburger „Winnetou"-Filiale will diese Situation nicht länger hinnehmen und schlägt eine Mediation vor. Muss der Betriebsrat hinzugezogen werden? Erläutern Sie Ihre Antwort.*

c) *Die Geschäftsführung hat eine Mediatorin gebucht. Sie setzt sich mit den betroffenen Parteien an einen Tisch und will mittels einer Konfliktgesprächsmethode herausfinden, ob der Konflikt zu lösen ist.*

Listen Sie die Schritte eines Konfliktlösegesprächs auf einem separaten DIN-A4-Blatt auf.

2 Unternehmensbeschreibung:

Sie sind Mitarbeiter/-in der Restaurantkette „Fairybell". Die Fairybell GmbH mit Sitz in Lübeck betreibt im Norden von Deutschland zehn Restaurants in den Innenstädten. Das Unternehmen zeichnet sich durch seine Low-Carb-Küche aus und orientiert sich gastronomisch an den aktuellsten Fitness-Food-Trends. Die Anschrift der Zentrale lautet: Fairybell GmbH, Schmale Straße 23, 23455 Lübeck, Telefon: 0451 1234567-00, Telefax 0451 1234567-23, E-Mail: fairybell-luebeck@fairybell.de. In Lübeck befindet sich die Urfiliale der „Fairybell"-Kette; diese Filiale gehört mit zur GmbH. Alle andere „Fairybell"-Restaurants sind nach dem Franchise-System aufgebaut.

In dem Restaurant in Lübeck arbeiten 13 Vollzeitmitarbeiter/-innen und 20 Teilzeitmitarbeiter/-innen. Außerdem werden 6 Auszubildende ausgebildet. Im Folgenden ist die Speisekarte des Restaurants abgebildet.

Fairybell

Getränke- und Snackkarte

Alle Preise inkl. MwSt

Getränke

Heißgetränke

Caffè Americano	2,50 €
Cappuccino	3,00 €
Espresso	2,50 €
Latte Macchiato	3,50 €
Milchkaffee	2,50 €
Tee (verschiedene Sorten)	2,50 €

Kalte Getränke

Limonade (Cola, Fanta, Sprite)	0,3 l	2,50 €
Cool Kola-Limonaden (Flasche)	0,33 l	3,00 €
Apfelsaft (Flasche)	0,2 l	3,00 €
Orangensaft (Flasche)	0,2 l	3,00 €
Frische Säfte aus der Saft-Bar	0,3 l	4,00 €
Mineralwasser (mit/ohne Kohlensäure)	0,33 l	2,50 €
Tonic-Wasser	0,3 l	3,00 €
Bitter Lemon	0,3 l	3,00 €
Ginger Ale	0,3 l	3,00 €

Fairybells Spezialitäten

Caffè Americano mit Sambucca	4,00 €
Fairybells Wish-Café (Espresso mit Whisky)	5,50 €
Doppelter Espresso mit Goldwasser	5,50 €

Fairybells Wundergetränke

Limetten-Zitronen-Limonade mit Crushed Ice und Minze	0,3 l	2,50 €
Mango-Maracuja-Limonade mit Himbeereiswürfeln	0,3 l	2,50 €
Bitterlemon-Eistee mit Crushed Ice und Limettenscheiben	0,3 l	3,00 €

Spirituosen

Aperol	2 cl	4,00 €
Ramazotti	2 cl	4,00 €
Jägermeister	2 cl	4,00 €
Gin	2 cl	4,00 €
Korn	2 cl	2,50 €

Biere

Pils vom Fass	0,3 l	3,00 €
	0,5 l	4,00 €
Alsterwasser	0,3 l	3,00 €
	0,5 l	4,00 €
Alkoholfreies Weizenbier	0,33 l	3,50 €
	0,5 l	4,75 €

Weine

Weißwein (2016, …)	0,2 l	3,50 €
	0,75 l	13,00 €
Rotwein (2015, …)	0,2 l	3,50 €
	0,75 l	13,00 €
Sekt (halbtrocken)	Piccolo 0,2 l	3,50 €
	0,75 l	13,00 €

Snacks

Wraps (Dinkelmehl)

Wrap süßsauer mit Hühnerfleisch	3,50 €
Wrap süßsauer mit Tofu	3,50 €
Fairybell-Wrap (Quinoa, Hirtenkäse, Zwiebelgemüse)	3,00 €

Fairybells Suppentopf

Süppchen mit Gemüse	4,00 €
Gartenzauber-Suppe mit Chilis und Tomaten aller Art	4,00 €
Rinder-Consommé mit Ei und wildem Gemüse	4,00 €
Rote-Beete-Suppe mit Schmand	4,00 €

Quinoa, Hirse, Couscous

Fairybell-Couscous mit Minze, Rosinen, Kohlrabi und Weißfisch	9,00 €
Quinoa-Salat mit Mozzarella, Chilibohnen und italienischen Kräutern	9,00 €
Hirsesalat mit Kürbis, Süßkartoffel und Sourcream	9,00 €

Fairybells Superfood

Käse-Quinoa-Burger mit Eisbergsalat	5,00 €
Reistörtchen mit Blumenkohl und Kichererbsen	4,00 €
Super-Salat Quinoa-Mozzarella-Chilibohnen	4,00 €

Fairybells Salate

Gemischter Salat 5,50 €
mit Paprika, Tomaten und Mozzarella

Fairybells Salat 6,50 €
mit Lollo Rosso, Babyspinat, Rote Beete, Zwiebel, Avocado, Orange und Hüttenkäse

Fairybells heiße Platte

Steaks vom Rind/Huhn/Kalb 7, 50 €
serviert mit gedünstetem Saisongemüse und Süßkartoffelbrei

Desserts

Milkshakes 4,50 €
(Protein-Milkshakes)

Obstsalat 3,00 €

Vanilleeis 3,00 €
mit Obst der Saison

Fairybells-Kuchen 2,50 €

... was Fairybell heute frisch im Schrank hat

2.1 Situation: Ihnen liegt der folgende Ausschnitt des Betriebsabrechnungsbogens Ihres Betriebs vor:

Kostenart	Betrag	Verteilerschlüssel		Kostenstelle	
		Küche	Büfett	Küche	Büfett
Personalkosten	125 000,00 €	2:	1		
Energiekosten	36 000,00 €	3:	2		
Steuern, Versicherung	40 000,00 €	Umsatz		28 000,00 €	12 000,00 €
Instandhaltung	25 000,00 €	Umsatz		15 000,00 €	10 000,00 €
Werbung	10 000,00 €	Umsatz		5 000,00 €	5 000,00 €

a) *Wie werden die Energiekosten am besten auf die Kostenstellen umgelegt? Kreuzen Sie an.*

- ☐ Auf Grundlage der Gästezahlen
- ☐ Auf Grundlage des erzielten Deckungsbeitrags
- ☐ Auf Grundlage der Raumgröße in Quadratmetern
- ☐ Auf Grundlage des Umsatzes
- ☐ Auf Grundlage des Verbrauchs

b) *Die Personalkosten und die Energiekosten müssen noch verteilt werden. Der Verteilungsschlüssel ist gegeben. Errechnen Sie die Beträge.*

c) *Kreuzen Sie an, warum man einen Betriebsabrechnungsbogen nutzt.*

- ☐ Die Kosten sollen richtig auf die Kostenträger verteilt werden.
- ☐ Systemgastronomische Betriebe müssen einen BAB führen.
- ☐ Die Gründe für Veränderungen von Kosten sollen erkennbar sein.
- ☐ Die internen Kosten müssen laut Gesetz übersichtlich gestaltet werden.

d) *Kreuzen Sie an: Gemeinkosten können wie folgt umschrieben werden ...*

- ☐ Allgemeine Kosten, die in jedem Unternehmen anfallen
- ☐ Kosten, die sehr gemein sind und lieber nicht bezahlt werden sollten
- ☐ Kosten, die gemeinsam verursacht werden und deshalb gemeinsam getragen werden sollen
- ☐ Fixe Kosten, die man sehr gemein findet

e) *Im BAB werden die Gemeinkosten auf die Kostenstellen verteilt. In welchem Fall handelt es sich um fixe Gemeinkosten? Kreuzen Sie an.*

- ☐ Kosten für die Reinigungsmittel
- ☐ Kosten für die Kontoführung
- ☐ Barbezahlung einer offenen Tankrechnung
- ☐ Prämie für die Autoversicherung
- ☐ Minijoblohn für zusätzlichen Servicemitarbeiter

f) *Kreuzen Sie an: Wenn ein Gericht einen „hohen Deckungsbeitrag" hat, bedeutet das, ...*

- ☐ dass das Gericht viele Kalorien hat.
- ☐ dass das Gericht nicht oft verkauft wird.
- ☐ dass das Gericht einen hohen Einstandspreis hat.
- ☐ dass das Gericht hoch auf dem Tisch gedeckt werden muss.

2.2 Situation: Ihnen liegt folgende Verkaufsstatistik vor:

Artikel	Inklusiv-Preis	Verkauf April (in Stück)	Verkauf Mai (in Stück)	Verkauf Juni (in Stück)	Veränderung Juni gegenüber April in %
Wrap, süßsauer mit Hühnerfleisch	3,50 €	350	355	350	–
Wrap, süßsauer mit Tofu	3,50 €	400	550	380	- 5 %
„Fairybell"-Wrap, Quinoa, Hirtenkäse, Zwiebelgemüse	3,00 €	700	850	680	- 3 %
„Fairybell"-Couscous mit Minze, Rosinen, Kohlrabi, Weißfisch	9,00 €	500	650	480	- 4 %
Quinoa-Salat mit Mozzarella, Chilibohnen und italienischen Kräutern	9,00 €	550	560	480	- 13 %
Hirsesalat mit Kürbis, Süßkartoffel und Sourcream	9,00 €	350	360	350	–
Summe		2850	3325	2720	- 5 %

a) *Welche Schlussfolgerung muss die Geschäftsführung des Restaurants „Fairybell" aus der oben stehenden Statistik ziehen? Kreuzen Sie an:*

☐ Im Monat Juni ist der Umsatz schlechter als im April.
☐ Der „Fairybell"-Wrap ist im Mai sehr beliebt.
☐ Das Wetter im Juni ist sehr schlecht gewesen.
☐ Im Mai gab es Osterferien und viele Touristen haben im „Fairybell" gegessen.

b) *Erklären Sie: Welche Maßnahme sollte die Geschäftsführung ergreifen, um den Umsatz zu steigern?*

c) *Entscheiden Sie, welche Maßnahme geeignet wäre, um den Umsatz zu verbessern.*

- ☐ Wechsel des Speisenangebots
- ☐ Erhöhen des Gewichts der einzelnen Portion
- ☐ Verbessern der Inhaltstoffe der Speisen
- ☐ Reduzierung der Servicekräfte
- ☐ Einführen von Low-Carb-Gerichten und spezielle Werbung für ausgesuchte Speisen

2.3 Situation: Im Restaurant „Fairybell" gab es ein schönes Weihnachtsfest und eine spektakuläre Silvesterfeier. Nun ist es Zeit, Inventur zu machen und die Bücher des vergangenen Jahrs aufzubereiten.

a) *Die Mitarbeiter sind alle anwesend und jeder hilft mit. Es werden Teller gezählt, Gemüsekisten gewogen usw. Tragen Sie jeweils eine der folgenden Kategorien in die Kästchen ein: Zählen (1), Messen (2) oder Wiegen (3)*

- ☐ Rapsöl, 2 l
- ☐ Reis
- ☐ Apfelessig
- ☐ Frischmilch, 3 l
- ☐ Butter, 250 g
- ☐ Mehl, angebrochen
- ☐ Spirituosen (angebrochen)

b) *Bei der Inventur werden meist unterschiedliche Bestände aufgedeckt. Wie kann es passieren, dass der Vorrat im Buch mehr ist als der tatsächlich vorhandene Vorrat? Kreuzen Sie an.*

- ☐ Papier ist geduldig und man kann sich leicht verschreiben.
- ☐ Ware kann zu Bruch gegangen sein, was nicht dokumentiert wurde.
- ☐ Ware kann verderben, wird ungenießbar und muss weggeschmissen werden.
- ☐ Die Ware wurde nicht richtig gezählt und registriert, als sie im Lager eingeräumt wurde.

2.4 Situation: In der systemgastronomischen Küche wird auch Tiefkühle-Ware (TK-Ware) eingesetzt. Im Restaurant „Fairybell" werden die Süßkartoffelpommes tiefgekühlt angeliefert. Demnächst soll eine große Weihnachtsfeier im „Fairybell" stattfinden. Es werden für 80 Personen je eine Portion Süßkartoffelpommes à 150 g benötigt.

Ihnen liegt die folgende Lagerliste vor:

Artikel-Nr.	Artikel	Sollbestand	Gebindegröße
241	Süßkartoffelpommes	4 Beutel	2,500 kg
242	Blumenkohl	4 Beutel	2,500 kg
243	Zwiebeln	2 Beutel	2,500 kg
244	Champignons	2 Beutel	2,500 kg

a) *Errechnen Sie, wie viele Beutel mit tiefgekühlten Süßkartoffelpommes bestellt werden müssen?*

b) *Einer der Mitarbeiter des Restaurants nimmt die Tiefkühlware vom Lieferanten an. Was muss laut HACCP kontrolliert werden (mehrere Antworten sind möglich)?*

- ☐ die Temperatur
- ☐ die Unversehrtheit der Verpackung
- ☐ die Freundlichkeit des Lieferanten
- ☐ der Lieferbeleg
- ☐ der Bestellbeleg

c) *Welche Mindesttemperatur ist für die dauerhafte Lagerung der TK-Ware gesetzlich vorgeschrieben? Kreuzen Sie an.*

☐ –10 °C
☐ –20 °C
☐ –18 °C
☐ –15 °C
☐ – 7 °C

d) *Die niedrige Aufbewahrungstemperatur ist der große Vorteil von Tiefkühlware (TK-Ware). Jedoch hat Tiefkühlware eine gewisse Gebrauchsanweisung. Was muss man bei Tiefkühlware berücksichtigen? Kreuzen Sie an.*

☐ TK-Ware soll man vor der Verarbeitung gut durchkochen.
☐ TK-Ware muss vollständig aufgetaut werden, bevor man sie verarbeiten darf.
☐ TK-Ware darf nur kurz tiefgekühlt werden, ansonsten verliert die Ware an Qualität.
☐ Aufgetaute TK-Ware darf nicht wieder eingefroren werden.

2.5 Situation: Der Betriebsleiter des Restaurants „Fairybell" hat ein Stellenangebot von der ketteneigenen Lounge am Strand bekommen und möchte dorthin wechseln. Das bedeutet, ein neuer Betriebsleiter oder eine neue Betriebsleiterin muss gefunden werden. Die Stelle wird wie folgt ausgeschrieben:

Betriebsleiter (m/w) für das Restaurant „Fairybell" in Lübeck gesucht

Das Restaurant „Fairybell" ist ein Low-Carb-Restaurant in der Lübecker Innenstadt. Als Betriebsleiter (m/w) stehen Sie einem dynamischen Team vor und stellen mit Ihrem Team einen hervorragenden Service sicher.

Sie sind gelernte/-r Systemgastronom/-in, haben bereits ein paar Jahre Erfahrung im Beruf und verfügen über eine serviceorientierte Denkweise? Dann bewerben Sie sich jetzt!

Ihre Stelle als Betriebsleiter (m/w) im Restaurant „Fairybell" in Lübeck umfasst 32 Tage Urlaub im Jahr, eine Fünf-Tage-Arbeitswoche, feste Schichten und ein gutes Gehalt.

Bitte senden Sie Ihre Bewerbungsunterlagen als PDF bis zum 30.06.20.. per E-Mail an Frau Wagner unter fairybell.luebeck@fairybell.de, Stichwort „Bewerbung Betriebsleiter".

a) *Wie ist der Ablauf eines Bewerbungsverfahrens? Bestimmen Sie die Reihenfolge, indem Sie die Ziffern von 1 bis 7 in die Kästchen eintragen.*

☐ Einstellungstests durchführen und auswerten

☐ Eine externe Stellenausschreibung erstellen

☐ Stellenbesetzung durchführen und den restlichen Bewerbern absagen

☐ Rangfolge aufgrund der Bewerbungsunterlagen und des Einstellungstests festlegen

☐ Geeignete Bewerber zum Einstellungstest einladen und ungeeigneten Bewerbern absagen

☐ Dem Wunschkandidaten die Stelle anbieten

☐ Die eingegangenen Bewerbungen sichten

b) *Kreuzen Sie an: Welche Bedingungen muss ein Arbeitgeber heutzutage zwingend erfüllen?*

☐ Gute Bezahlung
☐ Einhaltung des Arbeitszeitgesetzes
☐ Vereinbarkeit von Familie und Beruf
☐ Viel Freizeit
☐ Gute Erreichbarkeit der Firma

c) *Sie stellen Frau Andrea Marks zum 15.07.20.. als Betriebsleiterin ein. Sie vereinbaren mit Frau Marks eine Probezeit von sechs Monaten. In welchem Gesetz ist die Probezeit geregelt? Kreuzen Sie an.*

☐ Arbeitszeitgesetz
☐ Allgemeines Gleichstellungsgesetz
☐ Kündigungsschutzgesetz
☐ Bürgerliches Gesetzbuch
☐ Betriebsverfassungsgesetz

d) *Beim Unterschreiben des Vertrags bekommt Frau Marks auch ihre Stellenbeschreibung ausgehändigt. Wozu braucht sie diese? Kreuzen Sie an (mehrere Antworten sind möglich).*

☐ Sie kann daraus ihre genauen Aufgaben entnehmen.
☐ Sie kann daraus ihr Gehalt entnehmen.
☐ Sie kann daraus die Kündigungsfrist feststellen.
☐ Sie kann daraus ihre Weisungsbefugnisse entnehmen.
☐ Sie kann daraus ihren Einarbeitungsplan entnehmen.

e) *Nach sechs Monaten läuft die Probezeit von Frau Marks ab. Die Geschäftsführer des Unternehmens führen mit ihr ein Mitarbeitergespräch. Kreuzen Sie an: Was wird in einem Mitarbeitergespräch vereinbart?*

☐ Es wird vereinbart, dass Frau Marks morgen zur gewohnten Zeit zur Arbeit kommt.
☐ Die Karriereziele von Frau Marks werden besprochen und erreichbare Ziele werden formuliert.
☐ Frau Marks braucht nur neue Arbeitskleidung und der Rest bleibt beim Alten.
☐ Das Unternehmen ist sehr zufrieden mit Frau Marks. Deshalb wird ihr befristeter Vertrag in einen unbefristeten Vertrag umgewandelt.
☐ Frau Marks wird gelobt und zu einer vollwertigen Mitarbeiterin des Restaurant „Fairybell“ gemacht.

3 Unternehmensbeschreibung:

Sie sind Mitarbeiter/-in des Event- und Messecatering-Unternehmens Möwe GmbH mit Sitz in Hamburg. Das Unternehmen bietet alles zwischen standardisierter Gastronomie auf Imbissniveau bis hin zum ‚Gala-Level'. Die Anschrift der Zentrale lautet: Event- und Messecatering Möwe GmbH, Grindelallee 234, 22148 Hamburg, Telefon: 040 1234567-00, Telefax: 040 1234567-23, E-Mail: catering@moewe.de. Das Unternehmen beschäftigt 25 Vollzeitmitarbeiter/-innen und 20 Teilzeitmitarbeiter/-innen sowie acht Auszubildende. Das Unternehmen unterhält zudem einen ‚Pool' mit studentischen Aushilfen, welche auf Minijobbasis (450,00 €) immer einmal wieder bei Bedarf eingesetzt werden.

3.1 Situation: Ihnen liegt die folgende Rechnung vor:

Rechnung

	Menge	Einzelpreis	Gesamtpreis
Kalbsleber	17,00 kg	8,90 €	151,30 €
Roastbeef	36,00 kg	25,00 €	900,00 €
Parmesan	4,00 kg	15,00 €	60,00 €
	Zwischensumme		**1 111,30 €**
		– 4 % Rabatt	– 44,45 €
		+ 7 % USt.	74,68 €
	Gesamtsumme		**1 141,53 €**

a) *Kontieren Sie den Kauf der Ware, indem Sie aus den folgenden Posten die zutreffenden in das nebenstehende T-Konto eintragen.*

1. Forderungen aus Lieferungen und Leistungen
2. Verbindlichkeiten aus Lieferungen und Leistungen
3. Vorsteuer
4. Umsatzsteuer
5. Kreditinstitute
6. Wareneinkauf
7. Warenverkauf

b) *Warum fällt bei dieser Ware ein ermäßigter Umsatzsteuersatz an? Kreuzen Sie an.*

- ☐ Es handelt sich um lebendige Tiere.
- ☐ Es handelt sich um Einkaufsware, diese wird immer ermäßigt versteuert.
- ☐ Der ermäßigte Steuersatz wird auf alle Lebensmittel erhoben.
- ☐ Der höhere Steuersatz fällt nur beim Verkauf von Lebensmitteln an.

c) *Die Möwe GmbH braucht einen neuen Lkw mit Kühlmöglichkeit. Es liegt ein Angebot vor über 65 000,00 €. Wenn auf dem Lkw zusätzlich Werbung angebracht werden soll, kommen weitere 4 000,00 € dazu. Für den Lkw wird ein Kredit in Höhe von 55 000,00 € zu 8 % Zinsen p. a. aufgenommen. Vereinbarungsgemäß wird die Möwe GmbH von der Bank am 02.11.20.. mit den halbjährlichen Zinsen für die Monate November bis April belastet.*

Kontieren Sie die Rechnungsabgrenzung zum 31.12.20.., indem Sie aus den folgenden Posten die zutreffenden in das nebenstehende T-Konto eintragen.

1. Aktive Rechnungsabgrenzungsposten
2. Passive Rechnungsabgrenzungsposten
3. Sonstige Forderungen
4. Kreditinstitute
5. Sonstige Verbindlichkeiten
6. Zinsen und ähnliche Aufwendungen
7. Zinsen und ähnliche Erträge

d) *Ermitteln Sie, wie viel Euro am 31.12.20.. abgegrenzt werden.*

e) *Im Catering sind die Fahrzeuge essenziell und die Fahrtkosten relativ hoch. Sie überprüfen heute die Kosten des Fuhrparks. Die durchschnittlichen Gesamtkosten eines Kleintransporters betragen:*

- *Im 1. Jahr bei einer Fahrleistung von 25 000 km: 1,69 €/km*
- *Im 2. Jahr bei einer Fahrleistung von 30 000 km: 1,49 €/km*

Die anteiligen Fixkosten an den Gesamtkosten belaufen sich im 1. und 2. Jahr jeweils auf 4 000,00 €. Erläutern Sie, worauf die Kostensenkung im 2. Jahr zurückzuführen ist.

☐ Auf steigende variable Kosten
☐ Auf konstante variable Kosten
☐ Auf einen steigenden Fixkostenanteil je Kilometer
☐ Auf einen fallenden Fixkostenanteil je Kilometer
☐ Auf einen gleichbleibenden Fixkostenanteil je Kilometer

f) *Geben Sie an, welche zwei der folgenden Tätigkeiten der Kosten- und Leistungsrechnung zuzuordnen sind. Kreuzen Sie an (mehrere Antworten sind möglich).*

☐ Anwendung des Imparitätsprinzips
☐ Ermittlung des Deckungsbeitrags
☐ Bildung von Rückstellungen für Verluste im Folgejahr
☐ Erfassung betriebsbedingter Kosten
☐ Auswertung der Bilanz für Zeitvergleiche

3.2 Situation: Ihnen liegt der folgende Ausschnitt des Betriebsabrechnungsbogens Ihres Betriebs vor:

Kostenart	Betrag	Verteilerschlüssel		Kostenstelle	
		Küche	Catering vor Ort	Küche	Catering vor Ort
Personalkosten	125 000,00 €	2:	1		
Energiekosten	36 000,00 €	3:	2		
Steuern, Versicherung	40 000,00 €	Umsatz		28 000,00 €	12 000,00 €
Instandhaltung	25 000,00 €	Umsatz		15 000,00 €	10 000,00 €
Werbung	10 000,00 €	Umsatz		5 000,00 €	5 000,00 €
Transportkosten	15 000,00 €	1:	5		

a) *Wie werden die Transportkosten am besten auf die Kostenstellen umgelegt? Kreuzen Sie an.*

- ☐ Auf Grundlage der Gästezahlen
- ☐ Auf Grundlage des erzielten Deckungsbeitrags
- ☐ Auf Grundlage der Raumgröße in Quadratmetern
- ☐ Auf Grundlage des Umsatzes
- ☐ Auf Grundlage des Verbrauchs

b) *Die Personalkosten, die Energiekosten und die Transportkosten müssen noch verteilt werden. Der Verteilungsschlüssel ist gegeben. Errechnen Sie die Beträge.*

3.3 Situation: Ihre Bilanz enthält die folgenden Positionen in Euro:

Bank	15 000,00 €
Lagerhallen	150 000,00 €
Produktionshallen	250 000,00 €
Forderungen	22 000,00 €
Grundstücke	500 000,00 €
Kassenbestand	5 000,00 €
Langfristige Bankdarlehen	230 000,00 €
Umsatzsteuer	40 000,00 €
Verbindlichkeiten aus Lieferungen und Leistungen	37 000,00 €
Warenvorräte	21 000,00 €
Betriebs- und Geschäftsausstattung	100 500,00 €

a) *Ermitteln Sie aufgrund der gegebenen Zahlen das Eigenkapital in Euro.*

b) *Ermitteln Sie die Fremdkapitalquote.*

c) *Die Möwe GmbH möchte im Bereich des Anlagevermögens investieren. Stellen Sie fest, welche der folgenden Maßnahmen das Eigenkapital der Möwe GmbH erhöht.*

- ☐ Eine neue Produktionsküche
- ☐ Neubau eines Verwaltungsgebäudes, das verpachtet wird.
- ☐ Lagerung von Kleidung
- ☐ Ein großer Warenvorrat

3.4 Situation: Die Möwe GmbH hat dem Kunden Cornelius Wolf am 23.05.20.. ein Catering im Wert von 15 000,00 € ausgerichtet. Die Rechnung wurde am 25.05. verschickt, der Betrag war zum 27.05. zu zahlen. Am 30.06.20.. ist noch immer noch kein Zahlungseingang festzustellen.

a) *Erklären Sie, welche Möglichkeiten die Möwe GmbH hat, das Geld trotzdem noch zu bekommen.*

b) *Bei andauernder Zahlungsunfähigkeit gibt es für den Schuldner die Möglichkeit eines Insolvenzverfahrens. Welche Posten müssen mindestens durch die Insolvenzmasse abgedeckt sein, damit ein Regelverfahren eröffnet werden kann? Kreuzen Sie an.*

- ☐ Ungesicherte Forderungen eines Lieferers
- ☐ Gerichtskosten für das Insolvenzverfahren
- ☐ Bares Geld für besonders aggressive Gläubiger
- ☐ Bankguthaben, damit die Verbindlichkeiten aus Lieferungen und Leistungen noch vollzogen werden können

c) *Leider erweist sich Herr Wolf als dauerhaft zahlungsunfähig. Die Summe ist inzwischen auf 15 798,00 € (inkl. USt.) angewachsen. Das Insolvenzverfahren wird mit einer Insolvenzquote von 45 % abgeschlossen. Ermitteln Sie, wie viel die Möwe GmbH erhält, wenn es sich um ungesicherte Forderungen handelt.*

3.5 Situation: Im Jahresabschluss liegt Ihnen das folgende Gewinn-und-Verlust-Konto zur Bearbeitung vor:

Soll		G+V-Konto	Haben
Wareneinkauf	360 000,00	Umsätze aus Catering	1 063 500,00
Gehälter	256 000,00		
Soziale Aufwendungen	46 000,00		
Transportkosten	25 000,00		
Abschreibungen	5 000,00		
Eigenkapital	371 500,00		
Summe	1 063 500,00		1 063 500,00

a) *Kreuzen Sie an, ob der Sachverhalt richtig ist.*

- ☐ Im abgebildeten G+V-Konto ist der Saldo ein Verlust.
- ☐ Im abgebildeten G+V-Konto erkennt man: Umsätze – Eigenkapital = Aufwendungen
- ☐ Ein G+V-Konto allein sagt nichts aus.
- ☐ Ein G+V-Konto gehört zum Rechnungskreis II.

b) *Ermitteln Sie die Umsatzrentabilität.*

c) *Ermitteln Sie den Kalkulationsfaktor.*

4 Unternehmensbeschreibung:

Sie sind Mitarbeiter/-in im Schnellrestaurant „Flämisches Gold“ (Rechtsform: GmbH). Die „Flämisches Gold“-GmbH hat ihren Sitz in Oberhausen und betreibt bundesweit 50 gastronomische Betriebe in Innenstädten oder an Bahnhöfen. Das Unternehmen ist durch sein Logo – eine große Pommes-frites-Tüte in den Farben der belgischen Fahne – zu erkennen.

Die Anschrift lautet: „Flämisches Gold“ GmbH, Nimweger Straße 23, 43376 Oberhausen, Telefon: 0514 1234567-00, Telefax: 0514 1234567-23, E-Mail: info@flaemisches-gold.de.

Alle Filialen gehören zur GmbH; es gibt (noch) keine Filialen in Franchiseform. In den Filialen arbeiten 250 Vollzeitmitarbeiter/-innen, 50 Teilzeitmitarbeiter/-innen sowie zehn Auszubildende. Im Folgenden ist die Speisekarte des Restaurants abgebildet.

Flämisches Gold

Limonade
(Cola, Fanta, Sprite)
0,3 l – 2,50 €

Apfelsaft
0,2 l – 3,00 €
(Flasche)

Orangensaft
0,2 l – 3,00 €
(Flasche)

Mineralwasser
0,33 l – 2,50 €
(mit/ohne Kohlensäure)

„Flämisches Gold“
Pommes frites

klein (mit einer Soße nach Wahl)
2,50 €

groß (mit einer Soße nach Wahl)
3,50 €

„Flämisches Gold“
Süßkartoffel-Pommes frites

klein (mit einer Soße nach Wahl)
3,50 €

groß (mit einer Soße nach Wahl)
4,50 €

weitere Soßen und Zwiebeln:

Dänische Remoulade
Holländische Mayonnaise
Spanischer Tomatenketchup
Indisches Curry
Berliner Curry
Kanadische Käsesoße
frische Zwiebeln
Röstzwiebeln
je 0,50 €

„Flämisches Gold“
Wurst

Bockwurst/Bratwurst
2,00 €

Preise inkl. MwSt

4.1 Situation: Ihnen liegt die folgende Rechnung vor:

Lieferschein/Rechnung

	Menge	Einzelpreis	Gesamtpreis
Pommes frites -Kartoffeln	250,00 kg	0,90 €	225,00 €
Süßkartoffeln	250,00 kg	1,59 €	397,50 €
Kleine Kartoffeln	4,00 kg	1,99 €	7,96 €
Zwischensumme			**630,46 €**
		– 4 % Rabatt	– 25,22 €
		+ 7 % USt.	42,37 €
Gesamtsumme			**647,61 €**

Zu zahlen bis zum 02.05. mit Skonto: 634,66 € oder bis zum 22.05.: 647,61 €.

a) *Ermitteln Sie, wie viel Skonto gewährt wird.*

b) *Sie überweisen den Zahlbetrag. Dabei müssen Sie die IBAN eingeben. Was bedeutet IBAN? Kreuzen Sie an.*

☐ Individual Bank Identifier Code
☐ Individual Bank Account Number
☐ International Bank Identifier Code
☐ International Bank Account Number

c) *Wer transportiert die Ware?*

---

d) *Wer trägt die Kosten für den Transport?*

---

e) *Wie sollten Kartoffeln am besten gelagert werden sollten? Kreuzen Sie an.*

☐ Im Kühlhaus
☐ Im Tiefkühlhaus
☐ Kühl und dunkel
☐ Draußen
☐ Im Trockenlager

f) *Wie oft muss laut Gesetz eine Inventur gemacht werden? Kreuzen Sie an.*

☐ Zum Ende jedes Geschäftsjahrs
☐ Zum Ende des Quartals
☐ Zum Ende jedes Monats
☐ Zum Ende jeder Woche
☐ Zum Ende jedes Öffnungstags

g) *Warum wird eine Inventur gemacht? Kreuzen Sie an.*

☐ Sie dient zur Erfassung der Differenz zwischen Anfangs- und Endbeständen.
☐ Man will überprüfen, wie sauber die Lager wirklich sind.
☐ Man will genau zählen, ob der Istbestand mit dem Sollbestand übereinstimmt.
☐ Es handelt sich um die Ermittlung des Verbrauchs im jeweiligen Zeitraum.

h) *Mit welchen Preisen darf der Warenbestand im Lager bewertet werden? Kreuzen Sie an.*

☐ Mit den Nettobezugspreisen
☐ Mit den Bruttobezugspreisen
☐ Mit den Brutto-Bareinkaufspreisen
☐ Mit den Netto-Bareinkaufspreisen
☐ Mit dem Warenverkaufspreis

4.2 Situation: Beim Flämischen Gold dreht sich alles um Kartoffeln und Pommes. Die Lagerbestände müssen ständig überwacht werden, weil der Kartoffelpreis schwankt. Schließlich sind Kartoffeln Naturprodukte, bei denen die Preisbildung auch vom Ernteertrag abhängt.

Ihnen liegen folgende Zahlen über die Lagerbestände im vergangenen Jahr vor:

	Datum	Bestand
Anfangsbestand	01.01.	15 300,00 €
Endbestand	31.01.	12 200,00 €
Endbestand	28.02.	10 350,00 €
Endbestand	31.03.	8 000,00 €
Endbestand	30.04.	7 500,00 €
Endbestand	31.05.	350,00 €
Endbestand	30.06.	330,00 €
Endbestand	31.07.	850,00 €
Endbestand	31.08.	960,00 €
Endbestand	30.09.	15 000,00 €
Endbestand	31.10.	16 350,00 €
Endbestand	30.11.	12 000,00 €
Endbestand	31.12.	10 000,00 €

a) *Berechnen Sie den durchschnittlichen Lagerbestand des betrachteten Jahres in Euro.*

b) *Was sagt der durchschnittliche Lagerbestand aus? Erklären Sie.*

____

____

____

4.3 Situation: In den Schnellrestaurants von „Flämisches Gold" sollen neue Kassen angeschafft werden, mit denen ad hoc viele Daten ausgelesen werden können. So kann jede Filiale schnell selbst reagieren, wenn die Zahlen hinter den Erwartungen zurückbleiben.

a) *Mit den modernen Kassen kann man heutzutage den Umsatz und die Anzahl der Verkaufsvorgänge registrieren. Was kann die Geschäftsleitung am Hauptsitz der GmbH mit diesen Zahlen anfangen? Kreuzen Sie an.*

- ☐ Den durchschnittlichen Wert von Stammkunden ermitteln
- ☐ Den durchschnittlichen Wert von Lieferanten ermitteln
- ☐ Den Verbrauch an Getränken und Speisen ermitteln
- ☐ Den durchschnittlichen Wert pro Kaufvorgang ermitteln
- ☐ Den durchschnittlichen Bestand der Filiallager ermitteln

b) *Eine der Mitarbeiterinnen hat die Kasse zu hastig bedient. Als ein Kunde mit einem 50-Euro-Schein zahlen will, gibt sie versehentlich 500,00 € ein. Wie kann sie diesen Fehler wieder beheben? Kreuzen Sie an.*

- ☐ Sie bucht die restlichen 450,00 € einfach aus der Kasse und am Abend wieder ein.
- ☐ Sie kann den Stornier-Knopf drücken und damit den Vorgang rückgängig machen.
- ☐ Sie soll die zu oft eingegebene Null ignorieren und bei der Tagesabrechnung per Hand korrigieren.
- ☐ Sie schimpft mit dem Kunden, er solle endlich mit Karte zahlen, nun ‚habe er den Salat'...

4.4 Situation: In einer der Filialen von „Flämisches Gold" herrscht unten den Mitarbeitern eine sehr hohe Fluktuation. Die Personalabteilung möchte herausfinden, was die Ursache dafür sein könnte.

a) *Was bedeutet Fluktuation? Kreuzen Sie an.*

- ☐ Die Mitarbeiter haben keine Lust zum Arbeiten.
- ☐ Die Mitarbeiter kommen ständig zu spät zur Arbeit.
- ☐ Die Mitarbeiter sind häufig krank.
- ☐ Die Mitarbeiter wechseln häufig.

b) *Sogar die Geschäftsführung ist schon auf die hohen Fehlzeiten in dieser Filiale aufmerksam geworden. Die Personalabteilung erstellt eine Fehlzeitenstatistik. Welche Daten werden dazu benötigt? Kreuzen Sie an (drei Antworten sind möglich).*

- ☐ Dauer der Betriebszugehörigkeit
- ☐ Anzahl der geführten Krankenrückkehrgespräche
- ☐ Erfassungszeitraum
- ☐ Produktivität
- ☐ Zahl der Neueinstellungen

c) *Es stellt sich heraus, dass der Betriebsleiter der Filiale die Mitarbeiterinnen sexuell belästigt. Wie soll die Geschäftsführung darauf reagieren? Kreuzen Sie an.*

- ☐ Der Beschuldigte muss sofort freigestellt werden und Stellung nehmen.
- ☐ Der Beschuldigte und die Anklägerinnen müssen sofort freigestellt werden.
- ☐ Dem Beschuldigten muss sofort gekündigt werden.
- ☐ Die Anklägerinnen müssen erst beweisen, dass sie sexuell belästigt worden sind.
- ☐ Die Filiale muss vorübergehend geschlossen werden, weil schon die ganze Stadt um diese Anschuldigungen weiß.

4.5 Situation: Ihnen liegt der folgende Auszug aus dem Dienstplan einer Filiale von „Flämisches Gold“ vor:

Woche	Anna	Luise	Natalia	Mario	Frank
1	Mo–Fr	Mo–Fr	Di–Sa	Di–Sa	Mi–Sa
2	Mi–Sa	Mo–Fr	Mo–Fr	Di–Sa	Di–Sa
3	Di–Sa	Mi–Sa	Mo–Fr	Mo–Fr	Di–Sa
4	Di–Sa	Di–Sa	Mi–Sa	Mo–Fr	Mo–Fr

Die Öffnungszeiten sind täglich von 12:00 Uhr bis 20:00 Uhr, sonntags hat die Filiale geschlossen.

a) *In der Filiale arbeiten fünf Vollzeitkräfte, die alle im Plan erfasst sind. Wenn die Filiale an 313 Tagen im Jahr geöffnet ist und vier Personen anwesend sein müssen, um die Arbeit bewältigen zu können, reichen dann fünf Vollzeitkräfte? Der Krankenstand liegt bei 10 Tagen im Jahr.*

Errechnen Sie die Anzahl der benötigten Mitarbeiter mithilfe der folgenden Tabelle:

Kalendertage im Jahr	365 Tage
– Samstage/Sonntage	52 Tage
– Feiertage	13 Tage (je nach Bundesland)
– Urlaubstage	30 Tage
– Krankheitstage	10 Tage
– Sonstige Ausfalltage	2 Tage (Umzug)
Summe Arbeitstage im Jahr	
• Anwesenheitsstunden pro Mitarbeiter	8 Stunden
= Anwesenheitsstunden eines Vollzeitmitarbeiters	
• Anzahl Mitarbeiter in Vollzeit und Teilzeit	5 Mitarbeiter in Vollzeit
= Gesamte erreichbare Stunden (mit 5 Vollzeitmitarbeitern)	

b) *Natalia ist sehr erkältet und kann deshalb nicht zur Arbeit kommen. Erklären Sie, wie ihre Arbeitskraft in der ersten Woche ersetzt werden kann.*

c) *Da Natalia länger krank sein wird, fehlt am Samstag eine Arbeitskraft. Es gibt die Möglichkeit, eine Aushilfe aus dem Minijobpool anzurufen, die einspringen kann. Wie wird diese Person bezahlt? Kreuzen Sie an.*

- ☐ Personen, die einen Minijob haben, werden nach Tarif bezahlt oder bekommen Mindestlohn.
- ☐ Den Stundenlohn kann man mit dem Minijobber aushandeln.
- ☐ Minijobber arbeiten auch gerne für nur 5,00 €/Stunde.
- ☐ Der Minijobber steht in keinem normalen Dienstverhältnis, also muss man sich auch nicht an die Regeln halten.

d) *Einer der Minijobber hat sehr gut gearbeitet. Die Personalabteilung möchte ihm eine befristete Teilzeitstelle anbieten, denn für das anstehende Weihnachtsgeschäft werden noch zusätzliche Hilfen benötigt. Ist es erlaubt, einen Minijobvertrag in ein befristetes Teilzeitarbeitsverhältnis umzuwandeln? Kreuzen Sie an.*

- ☐ Ja. In diesem Fall ist das kein Problem.
- ☐ Ja. Man beendet den Minijobvertrag und schließt einen befristeten Teilzeitvertrag ab. Das geht ohne Probleme.
- ☐ Wenn Angestellte erst einen Teilzeitjob haben, kann man ihnen nicht mehr so schnell kündigen. Deshalb ist es besser, es beim Minijobverhältnis zu belassen.
- ☐ Ein Teilzeitverhältnis darf auf nicht länger als ein halbes Jahr befristet sein.

e) *Kreuzen Sie an. Wenn die Personalabteilung Personen in einem Teil- oder Vollzeitarbeitsverhältnis einstellt, dann müssen sie diese Person melden bei ... (zwei Antworten möglich)*

- ☐ ... der Rentenversicherung
- ☐ ... der Krankenkasse
- ☐ ... der Gewerbeaufsichtsbehörde
- ☐ ... einer zuständigen Kammer
- ☐ ... der Bank

Lösungen Steuerung und Kontrolle, Personalwesen

Aufgabe 1.1

a) *2*

b)
1. *Personalbedarf ermitteln*
2. *Personalentwicklung in die Wege leiten und begleiten*
3. *Verträge aufstellen und abschließen*
4. *Der Betriebsrat begleitet das Personalmanagement mit Expertise und durch fachliche Informationen.*
5. *Entgeltabrechnung erstellen*
6. *Personalcontrolling ausüben*

c) *Das Problem ist, dass nach der Erhebung jeder Mitarbeiter mehr als vier Wochen im Jahr krank ist und nicht arbeiten kann. Jeder Mitarbeiter fehlt einen ganzen Monat und das spüren wiederum die Mitarbeiter, die zur Arbeit kommen. Es herrscht immer ein Mangel an Arbeitskraft. Das (über)fordert die übrigen Mitarbeiter, die dadurch mehr arbeiten (Überstunden machen) müssen. Das sorgt vermutlich für Unruhe und Unfrieden.*

d)

Ermittlung der Stunden	
Kalendertage im Jahr	365 Tage
– Samstage/Sonntage	104 Tage
– Feiertage	13 Tage (je nach Bundesland)
– Urlaubstage	30 Tage
– Krankheitstage	23 Tage
– Sonstige Ausfalltage	2 Tage (Umzug)
• Anwesenheitsstunden	8 Stunden
= Anwesenheitsstunden eines Vollzeitmitarbeiters	*1 544 Stunden (193 • 8 Stunden)*
• Anzahl Mitarbeiter in Voll- und Teilzeit	*62,5 (50 Vollzeit/25 Teilzeit)*
= Gesamte verrechenbare Stunden des Betriebs	***96 500 Stunden***

e)

Stundenbedarf Winnetou Hamburg	
	Stundenbedarf
Tagschicht	*160 Stunden*
Abendschicht	*160 Stunden*
Nachtschicht	*104 Stunden*
Summe pro Tag	*424 Stunden*
• 365 Tage im Jahr	*154 760 Stunden*

f) *154 760 Stunden : 1 544 Stunden = 100,23 Vollzeitstellen*

Aufgabe 1.2

a) *Stellenbeschreibung Koch, Fachrichtung Systemgastronomie*

Stellenbezeichnung: Koch Fachrichtung Systemgastronomie
Stelleneinordnung: Der Stelleninhaber ist Teil des Küchenteams.
Stellenaufgaben: Der Stelleninhaber hat die Aufgabe, die Gerichte, die von der Winnetou Franchise Company entwickelt werden, zuzubereiten. Bei der Zubereitung sollen die Hygieneregeln eingehalten werden. Der Koch ist verantwortlich für die richtige Lagerung der Lebensmittel. Die HACCP-Richtlinien sollen berücksichtigt werden.
Stellenbefugnisse: Der Koch ist befugt, Waren anzunehmen und Speisen selbstständig zuzubereiten. Der Koch ist befugt, die Auszubildenden anzuweisen und zu begleiten. Der Koch ist befugt, Praktikanten anzuleiten und zu begleiten.
Stellenverantwortung: Der Stelleninhaber ist verantwortlich für das hygienische Zubereiten der Speisen im Winnetou-Restaurant in Hamburg.
Stellenziele: Das Ziel des Winnetou-Restaurants in Hamburg ist es, die Gäste auf ihrer Autofahrt zu begeistern, sodass sie dort eine erholsame Pause erfahren. Ziel ist es, dass der Gast auch das nächste Mal bei einem der Winnetou-Restaurants entlang der Autobahn anhält.
Stellenvertretung: Der Stelleninhaber wird bei Abwesenheit von seinen gleichgestellten Kollegen vertreten.
Stellenanforderung: Der Stelleninhaber soll eine Fachausbildung zum Koch oder zum Systemgastronomen absolviert haben. Der Stelleninhaber soll eine Affinität zu Lebensmitteln haben und seinen Beruf gerne und gewissenhaft ausführen. Ein gesunder Umgang mit Stress ist in dieser Position erforderlich. Ebenfalls Voraussetzung ist das Arbeiten in einem Team.

b)

1. *Auflistung der Kompetenzen (qualitativer Aspekt) und Auflistung, wie viele Kompetenzen (quantitativer Aspekt) das Unternehmen braucht*
2. *Die Planung des Personalbudgets kann genauer vorgenommen werden.*
3. *Eingruppieren eines Arbeitsplatzes in eine bestimmte Lohngruppe*

c)

1. *Die Aufgabenverteilung (mit Delegierung) ist klar festgelegt.*
2. *Der Vorgesetzte kann die Erfüllung der Aufgaben besser messen.*
3. *Eine Stellenbeschreibung erleichtert die Einarbeitung.*

Aufgabe 1.3

a) *4*

b) *3*

c) *Laut § 89 BetrVG hat der Arbeitgeber den Betriebsrat über Maßnahmen zu informieren, die den Arbeitsschutz betreffen. Das hat der Arbeitgeber in diesem Fall versäumt. Der Betriebsrat hat in einem solchen Fall allerdings kein Beratungsrecht; dieses hat er nur bei Maßnahmen der Bauplanung, der Anlageplanung, der Ablauf- und Verfahrensplanung oder der Planung des Arbeitsplatzes.*

d) *Wenn ein Unternehmen 200 oder mehr Mitarbeiter hat, soll der Vorsitzende des Betriebsrats komplett von seiner arbeitsvertraglichen Arbeitsaufgabe freigestellt werden. Die anderen Mitglieder des Betriebsrats werden während Sitzungen von ihrer Arbeit freigestellt. Sie bekommen weiterhin ihr unverändertes Entgelt.*

e) *2., 3., 1., 4.*

Aufgabe 1.4

a) *Eine Betriebsvereinbarung ist ein privatrechtlicher Vertrag zwischen dem Arbeitgeber und dem Betriebsrat. In der Regel werden folgende Hauptthemen in der Betriebsvereinbarung geregelt (mehrere Antworten sind möglich):*

1. *Maßnahmen zur Verhütung von Arbeitsunfällen*
2. *Einrichten einer privaten Altersvorsorge*
3. *Fördern der Kinder in einem Betriebskindergarten*
4. *Regelung der Urlaubszeiten*
5. *Kündigung eines Mitarbeiters*

b) *Der Betriebsrat ist über dieses Vorgehen zu informieren, er kann sogar selbst als „Einigungsstelle" fungieren. Allerdings muss es sich dann um einen Konflikt zwischen Arbeitgeber und Arbeitnehmer handeln. Das ist in diesem Fall nicht so (beide Streitparteien sind Arbeitnehmer). Der Betriebsrat kann als neutrale Position beim Schlichtungsgespräch anwesend sein, wenn die Beteiligten dies wünschen.*

c) ***Phasen der Mediation***

Um eine konstruktive Konfliktregelung durch Mediation zu erreichen, teilt sich der Ablauf in wichtige Phasen auf.

1 . Vorphase

In der Vorphase macht sich der Mediator Gedanken über das Herrichten einer vertrauensvollen Atmosphäre und sucht einen geeigneten Ort, wo in aller Ruhe über die Konflikte gesprochen werden kann. Der Mediator sucht einen für alle Beteiligten geeigneten Termin und lädt die Teilnehmer ein. Er muss sich auch Gedanken über die Sitzordnung und Herrichtung des Raumes machen. Um ihn die Beobachtung der Medianten zu erleichtern und eine offene Atmosphäre zu schaffen, sollte z. B. eine zugewandte Sitzordnung gewählt werden.

2. Begrüßung und Einführung in die Konfliktbewältigung

Diese Phase findet vor der eigentlichen Mediation statt und sollte das Ziel haben, den kooperativen Kommunikationsprozess sowie das Vertrauen aller Beteiligten aufzubauen und die Mediaten vorzubereiten. Der Mediator begrüßt alle Teilnehmer und erklärt den Rahmen sowie die Regeln, damit konstruktiv an den Problemen gearbeitet werden kann. Besonders hervorgehoben werden sollte der respektvolle Umgang untereinander.
Erst wenn keine offenen Fragen mehr existieren, die Erwartungshaltung der Beteiligten angesprochen wurde und alle Beteiligten mit den Umgangsformen und Vorgehensweisen der Mediation einverstanden sind, kann die Phase beendet werden.
Vor Beendigung der Vorbereitungsphase sollte der Mediator aber auch darauf hinweisen, dass er eher eine unterstützende und neutrale Rolle einnimmt und bei der Problemlösung nur hilft.

3. Teilnehmer erläutern ihre Sichtweise

In dieser Phase sollten die Anliegen und Themen, die in der Mediation angesprochen werden sollen, zentral gesammelt werden. Es ist wichtig, dass die Klärung noch nicht angestrebt wird. Hierfür sollten die Medianten abwechselnd sprechen und Ihr Anliegen der Gruppe und dem Mediator vortragen. Während des Vortragens sollte niemand unterbrochen werden. Ziel ist es, dass alle Teilnehmer das Problem aus ihrer Sicht erläutern können und sich die anderen Teilnehmer das Problem unvoreingenommen anhören. Niemand, dem das Wort erteilt wurde, sollte dabei unterbrochen werden. Manchmal kann ein Teilnehmer nicht recht identifizieren, welches Problem vorliegt. Durch gezielte offene Fragen (warum, was, wieso?) eines Mediators kann ein Problem strukturell aufgearbeitet und allen verständlich gemacht werden.

4. Der Konflikt wird definiert und festgelegt

Nachdem alle beteiligten Parteien ihre Sichtweise dargelegt haben, sollte das Problem genau definiert und wenn möglich auf den Punkt gebracht werden. Das machen die Teilnehmer gemeinsam mit dem Mediator, da die individuellen Bedürfnisse der Teilnehmer dabei nicht außer Acht gelassen werden dürfen.

5. Perspektivenwechsel

Ein Perspektivenwechsel sorgt dafür, dass die Position der Anderen wahrgenommen wird. Durch den direkten Austausch entstehen meist Verständnis und Lösungsansätze.

6. Es wird gemeinsam eine Lösung erarbeitet.

Die Teilnehmer sind mittlerweile miteinander am Kommunizieren und sollen in dieser Phase gemeinsam Lösungsansätze entwickeln, präzisieren und eine finale Lösung finden. Wichtig ist, dass alle Teilnehmer mit ihrer Lösung zufrieden sind.

7. Protokoll anfertigen

Damit die Lösung einen verbindlichen Charakter bekommt, wird aufgeschrieben, was abgesprochen wurde. Dieses Schreiben muss von beiden Parteien durchgelesen werden und Beanstandungen sollen gleich verarbeitet werden. Anschließend wird das Dokument von beiden Parteien unterschrieben. Als „Versöhnungssymbol" kann die Hand gereicht werden. Ein Mediator sollte während der Phasen immer wieder kontrollieren, ob alle Fragen geklärt wurden und das optimale Ergebnis erreicht worden ist.

Wenn diese Fragen geklärt sind, wird gemeinsam mit den Beteiligten eine schriftliche Vereinbarung formuliert. Es ist wichtig, dass die Vereinbarung in einer klaren, einfachen Sprache geschrieben ist und keine schwammigen Begriffe verwendet werden, zum Beispiel. „bald", „vernünftig" oder „oft". Spezifische Formulierungen, die Details angeben, sind sinnvoll (wo, wie groß, wie viel usw.).

Als Abschluss einer erfolgreichen Konfliktbewältigung können versöhnliche Worte oder ein Händedruck als Geste dienen. Um die Umsetzungsphase zu betreuen, wird bei Bedarf ein weiterer Termin vereinbart. Die Beteiligten berichten vom weiteren Verlauf. Falls erneut Probleme aufgetreten sind, wird entweder ein neuer Mediationstermin vereinbart oder eine Veränderung in der Vereinbarung vorgenommen.

Aufgabe 2.1

a) *4*

b) *Personalkosten:*
(125 000,00 € : 3) · 2 = 83 333,34 € (Küche)
(125 000,00 € : 3) · 1 = 41 666,67 € (Büfett)

Energiekosten:
(36 000,00 € : 5) · 3 = 21 600,00 € (Küche)
(36 000,00 € : 5) · 2 = 14 400,00 € (Büfett)

c) *1*

d) *3*

e) *4*

f) *3*

Aufgabe 2.2

a) *1*

b) *Der Gesamtumsatz ist nicht in Ordnung. Es sollte überlegt werden, ob die Auswahl der Speisen bei der Mehrzahl der Gäste gut ankommt. Evtl. sind andere Speisen bei den Gästen beliebter.*

c) *5*

Aufgabe 2.3

a) *2, 3, 1, 1, 3, 3, 2*

b) *2*

Aufgabe 2.4

a) *Es werden benötigt: 80 Portionen · 150 g = 12 000 g = 12 kg*
Im Lager sind vier Beutel vorhanden: 4 · 2,500 kg = 10 kg
Es fehlen noch 2 kg, daher muss ein Beutel bestellt werden.

b) *1, 2*

c) *3*

d) *4*

Aufgabe 2.5

a) *4, 1, 7, 5, 3, 6, 2*

b) *2*

c) *4*

d) *1, 4*

e) *2*

Aufgabe 3.1

a)

3, 6	*2*

b) *3*

c)

1	*6*

d) *(55 000,00 € : 100) · 8 = 4 400,00 €*
4 400,00 € : 2 = 2 200,00 €
2 200,00 € : 6 = 366,67 €/Monat
4 · 366,67 € = 1 466,68 €
Es werden 1 466,68 € abgegrenzt.

e) *4*

f) *2, 4*

Aufgabe 3.2

a) *5*

b) *Personalkosten = 83 333,34 € und 41 666,67 €*
Energiekosten = 21 600,00 € und 7 200,00 €
Transportkosten = 2 500,00 € und 12 500,00 €

Aufgabe 3.3

a) *EK = 756 500,00 €*

b) *FK = GK – EK = 1 063 500,00 € – 756 500,00 € = 307 000,00 €*
Fremdkapitelquote: (307 000,00 € : 1 063 500,00 €) · 100 = 28,87

c) *1*

Aufgabe 3.4

a) *Die Möwe GmbH kann dem Schuldner zunächst ein Mahnschreiben zustellen. Eventuelle Mahngebühren können dem Schuldner zur Last gelegt werden. In letzter Instanz kann es zu einer Zwangsvollstreckung kommen.*

b) *2*

c) *(15 798,00 € : 100) · 45 % = 7 109,10 €*

Aufgabe 3.5

a) *2*

b) *(371 500,00 € : 1 063 500,00 €) · 100 = 34,93 %*

c) *1 063 500,00 € : 360 000,00 € = 2,95*

Aufgabe 4.1

a) *(634,66 € : 647,61 €) · 100 = 98, d. h., es werden 2 % Skonto gewährt.*

b) *4*

c) *Der Lieferant*

d) *Der Lieferant*

e) *3*

f) *1*

g) *3*

h) *1*

Aufgabe 4.2

a) *Durchschnittlicher Lagerbestand = Summe Lagerbestände : Anzahl Monate, also:*
109 190,00 € : 13 Monate = 8 399,23 €

b) *Der durchschnittliche Lagerbestand erfasst die Vorräte, die im Durchschnitt im Lager zur Verfügung stehen. Allerdings sieht man an den Schwankungen des Bestands, dass der Einkauf besser organisiert werden sollte, damit der Lagerbestand regelmäßig etwa gleichbleibend hoch ist.*

Aufgabe 4.3

a) *3*

b) *2*

Aufgabe 4.4

a) *4*

b) *1, 3, 5*

c) *2*

Aufgabe 4.5

a) *313 Tage · 8 Stunden tägliche Öffnungszeiten = 2504 Stunden müssen im Jahr abgedeckt sein.*

Kalendertage im Jahr	365 Tage
– Samstage/Sonntage	52 Tage
– Feiertage	13 Tage (je nach Bundesland)
– Urlaubstage	30 Tage
– Krankheitstage	10 Tage
– Sonstige Ausfalltage	2 Tage (Umzug)
Summe Arbeitstage im Jahr	*258*
· Anwesenheitsstunden pro Mitarbeiter	8 Stunden
= Anwesenheitsstunden eines Vollzeitmitarbeiters	*2064*
· Anzahl Mitarbeiter in Vollzeit und Teilzeit	5 Mitarbeiter in Vollzeit
= Gesamte erreichbare Stunden (mit 5 Vollzeitmitarbeitern)	***10320***

Ja, fünf Vollzeitkräfte reichen.

b) *Frank hätte am Dienstag eigentlich einen freien Tag gehabt. Nun muss er doch zum Dienst kommen.*

c) *1*

d) *2*

e) *1, 2*

Wirtschafts- und Sozialkunde

1 Unternehmensbeschreibung:
Sie sind Mitarbeiter/-in der Restaurantkette „Winnetou". Die Winnetou GmbH, mit Sitz in Bad Segeberg, betreibt bundesweit 20 gastronomische Betriebe entlang der Autobahn. Das Logo des Unternehmens ist eine große, bunte Indianerhaube. Die Anschrift der Filiale lautet: Winnetou GmbH, Geesthachter Straße 22, 22145 Hamburg, Telefon: 040 1234567-00, Telefax: 040 1234567-23, E-Mail: Winnetouhamburg@winnetou.de, Homepage: „http://www.winnetou.de"

Es arbeiten in der Filiale Hamburg 50 Vollzeitmitarbeiter/-innen und 25 Teilzeitmitarbeiter/-innen, außerdem 25 Auszubildende.

1.1 Situation: In der „Winnetou"-Filiale in Hamburg ist ein Praktikant der Hotelfachschule eingesetzt. Er ist gelernter Systemgastronom und beschäftigt sich mit den neuen Stellenbeschreibungen.

a) *Welche Informationen sind in einer Stellenbeschreibung vorhanden? Kreuzen Sie an (mehrere Antworten sind möglich).*

☐ die Weisungsbefugnisse
☐ die Kündigungsfrist
☐ die Urlaubstage pro Jahr
☐ der Stundenlohn
☐ die übertragenen Aufgaben
☐ die für die Stelle erforderlichen Qualifikationen
☐ die für die Stelle erforderlichen Anforderungen

b) *Es ist sowohl für den Arbeitnehmer als auch den Arbeitgeber wichtig, dass der Arbeitnehmer beim Unterschreiben des Arbeitsvertrages gleichzeitig seine genaue Stellenbeschreibung bekommt. Kreuzen Sie an, welches Ziel hiermit angestrebt wird.*

☐ Schulung und Weiterbildung des Personals
☐ eine autoritäre Führung
☐ Der Mitarbeiter ist über den Inhalt seiner Aufgaben sofort und genau informiert. Dies unterstützt seine Einarbeitungsphase.
☐ Die Bürokratie wird gefördert.

c) *Die Aufgabe des Praktikanten ist es, die Arbeitsabläufe eines systemgastronomischen Konzeptes zu beobachten und darüber einen Praktikumsbericht zu schreiben. Damit der Praktikant auch echte Arbeitserfahrung erlangt, soll er ein wenig im Restaurantbetrieb mitarbeiten. Kreuzen Sie an, ob dies im Rahmen des Praktikums erlaubt ist.*

☐ Das Leisten von Praktika ist eine Gewohnheit, die in Deutschland üblich ist und durchgeführt werden muss.
☐ Ein Praktikum ist arbeitsrechtlich ein Problem. Ein Praktikant muss wie ein ehrenamtlicher Mitarbeiter behandelt werden.
☐ Praktikanten sind über ihre Schule abgesichert und das Praktikum gehört zum Lehrplan dazu. Ein Unternehmen kann deshalb einen Praktikanten auch praktische Tätigkeiten erledigen lassen.
☐ Praktikanten sind auf eigenes Risiko unterwegs. Schließlich wollen sie erfolgreich sein und müssen deshalb schon ein wenig Risiko eingehen.

d) *Der Praktikant schreibt einen Praktikumsbericht. Er soll darin die Arbeitszeiten in der Systemgastronomie thematisieren. Die Arbeit in einem systemgastronomischen Restaurant ist anspruchsvoll und kostet viel körperliche Energie. Kreuzen Sie an, wie ein Vorgesetzter sein Personal motivieren kann (mehrere Antworten sind möglich).*

☐ Bonuszahlungen
☐ Überstunden machen
☐ keine Splitt- oder Teildienste
☐ Jobrotation
☐ Fehlerkultur ablehnen

e) *Der Praktikant ist Schüler an einer Hotelfachschule. In Deutschland werden viele Berufe sowohl in der Berufsschule als auch in einem Unternehmen gelernt. Kreuzen Sie an, wie man diese Art der Ausbildung bezeichnet.*

☐ Berufsbildungssystem Deutschland
☐ Duales Ausbildungssystem
☐ Europäisches Ausbildungssystem, Abteilung Deutschland
☐ Überbetriebliche Ausbildung
☐ Ausbildung im Doppelpack

f) *Kreuzen Sie an, mit wem der Praktikant der Hotelfachschule einen Praktikumsvertrag abschließt.*

☐ Praktikumsbetrieb und IHK
☐ Fachschule und IHK
☐ Praktikumsbetrieb und Berufsschule
☐ Praktikumsbetrieb
☐ Fachschule

g) *Kreuzen Sie an, welche drei Angaben in einem Praktikumsvertrag enthalten sein müssen (drei Antworten sind möglich).*

- ☐ Name des Praktikanten
- ☐ Name des Praktikumsbetriebs
- ☐ Hobbies des Praktikanten
- ☐ Dauer der Fortbildung
- ☐ Aufgaben des Praktikanten

h) *Kreuzen Sie an, welches Gesetzt die Berufsaus- und Berufsfortbildung regelt.*

- ☐ Jugendschutzgesetz
- ☐ Arbeitszeitgesetz
- ☐ Bürgerliches Gesetzbuch
- ☐ Berufsbildungsgesetz
- ☐ Allgemeine Gleichstellungsgesetz

1.2 Situation: Der Praktikant darf das Auswahlverfahren der neuen Auszubildenden mit begleiten. Er hat sich bereits in die Lernaufgaben der systemgastronomischen Ausbildung vertieft und hat festgestellt, dass man als ein Systemgastronom eine freundliche Einstellung braucht und gut rechnen können muss. Da sich viele Bewerber gemeldet haben, muss die „Winnetou“-GmbH ein Auswahlverfahren durchführen. Der Praktikant hat ein paar Rechentests dafür vorbereitet.

a) *Der Praktikant erhält eine Entgeltabrechnung eines Mitarbeiters, der Single ist und aus der Kirche ausgetreten ist (also keine Kirchensteuer zahlt). Errechnen Sie dessen Nettogehalt, wenn das Bruttogehalt 2 000,00 € beträgt.*

Bruttogehalt	2000,00 €
– Lohnsteuer	–197,83 €
– Solidaritätszuschlag	–10,88 €
– Krankenversicherung (7,3 %)	
– Pflegeversicherung (1,275 %)	
– Rentenversicherung (9,35 %)	
– Arbeitslosenversicherung (1,50 %)	
Nettoentgelt (Überweisungsbetrag)	

b) *Errechnen Sie, wie viel Prozent des Bruttogehaltes an den Mitarbeiter als Nettogehalt überwiesen werden.*

c) *Der Arbeitgeber zahlt die Beiträge zur gesetzlichen Sozialversicherung. Kreuzen Sie an, an welche Institution diese überwiesen werden.*

☐ an der Hausbank
☐ an die Berufsgenossenschaft
☐ an die Krankenkasse des Mitarbeiters
☐ an die Bundesagentur für Arbeit
☐ an die Deutsche Rentenversicherungsanstalt

d) *Der Praktikant beschäftigt sich mit der Beitragsbemessungsgrenze. Ein Mitarbeiter hat den Antrag gestellt, von der gesetzlichen in die private Krankenversicherung wechseln zu wollen. Kreuzen Sie an, welche Voraussetzungen erfüllt werden müssen, damit der Wechsel vollzogen werden kann.*

☐ Das Bruttogehalt des Mitarbeiters muss über der Versicherungspflichtgrenze liegen.
☐ Das Nettogehalt des Mitarbeiters muss über der Versicherungspflichtgrenze liegen.
☐ Das sozialversicherungspflichtige Gehalt muss über der Versicherungspflichtgrenze liegen.
☐ Das Einkommen aus selbstständiger und unselbstständiger Arbeit muss insgesamt über der Versicherungspflichtgrenze liegen.

1.3 Situation: In der „Winnetou“-Filiale in Hamburg werden mehr Mitarbeiter gebraucht, da das Restaurant 24 Stunden lang an 365 Tagen geöffnet ist. Es sollen noch zehn zusätzliche Ausbildungsplätze zur Verfügung gestellt werden. Der Praktikant hat den Auftrag bekommen, sich mit der Ausbildung für Systemgastronomen zu befassen. Besonders zum Thema ‚Einsatzplanung‘ möchte die „Winnetou“-GmbH genau wissen, wann ein Auszubildender arbeiten darf und wann nicht.

a) *Kreuzen Sie an, wann eine Ausbildung in Deutschland beginnt.*

☐ nach der Probezeit
☐ nach dem Abschluss des Ausbildungsvertrages
☐ ab dem 1. August des Jahres
☐ ab dem ersten Tag in der Berufsschule
☐ nach einem Monat Ausbildung

b) *Wenn ein Auszubildender oder das Unternehmen die Erwartungen der anderen Seite nicht erfüllt, so kann ein Berufsausbildungsverhältnis gekündigt werden. Allerdings nur, wenn bestimmte Voraussetzungen erfüllt sind. Kreuzen Sie an.*

☐ Die zuständige Stelle ist informiert.
☐ Das Berufsausbildungsverhältnis wird einvernehmlich aufgelöst und die zuständige Stelle wird informiert.
☐ Die Ausbildung wird vom Auszubildenden aufgegeben.
☐ Der Auszubildende wechselt den Ausbildungsbetrieb.
☐ Der Auszubildende kommt mit der Arbeit an sich nicht zurecht.

c) *Die Auszubildenden haben einen Tag Unterricht in der Berufsschule. Dieser Tag muss mindestens fünf Stunden und 45 Minuten dauern, damit er gleichwertig mit einem achtstündigen Arbeitstag ist. Wie muss sich ein Auszubildender verhalten, wenn der Schultag kürzer als 5 Stunden und 45 Minuten ist?*

☐ Wenn die Stunden nicht vollständig in der Berufsschule genutzt werden, so muss der Auszubildende am selben Tag noch in den Ausbildungsbetrieb, um den Tag sinnvoll zu nutzen.
☐ Wenn die Schulstunden nicht vollständig genutzt werden, ist das nicht so schlimm. Sie verfallen dann einfach.
☐ Das Unternehmen soll die Auszubildenden von der Arbeit freistellen, damit sie die Berufsschule besuchen können. Die Stunden können dabei außer Acht gelassen werden.
☐ Wenn ein Schultag berücksichtigt wird, darf die Anreisezeit mitgerechnet werden.

d) *Der Praktikant fragt sich, wann das Berufsausbildungsverhältnis endet. Kreuzen Sie an.*

☐ Das Berufsausbildungsverhältnis endet, wenn die Prüfung bestanden worden ist.
☐ Das Berufsausbildungsverhältnis endet, wenn die mündliche Prüfung bestanden worden ist.
☐ Das Berufsbildungsverhältnis endet eigentlich nie.

e) *Ein qualifiziertes Arbeitszeugnis ist eine Niederschrift der Leistungen, die ein Mitarbeiter in seinem Arbeitsverhältnis erbracht hat. Kreuzen Sie an, ob Auszubildende auch ein Recht auf ein Zeugnis haben.*

- ☐ Auszubildende sind keine Mitarbeiter und bekommen bereits ein Abschlusszeugnis.
- ☐ Auszubildende bekommen ein Abschlusszeugnis; deshalb wird ein Arbeitszeugnis nicht mehr benötigt.
- ☐ Auszubildende haben auch ein Recht auf ein qualifiziertes Arbeitszeugnis. Dieses Recht muss allerdings eingefordert werden.
- ☐ Das qualifizierte Zeugnis ist heutzutage nicht mehr nötig.

f) *Während der Berufsschulausbildung gilt die Schulpflicht. Gilt diese auch für Auszubildende, die bereits 18 Jahre oder älter sind? Kreuzen Sie an (mehrere Antworten sind möglich).*

- ☐ Laut Gesetz besteht die Schulpflicht bis zum Alter von 18 Jahren. Dies gilt auch für die Berufsschulausbildung.
- ☐ Die Schulpflicht gilt auch für Auszubildende, die über 18 Jahre alt sind. Immerhin bezahlt der Staat die Ausbildung.
- ☐ Die Schulpflicht gilt für alle Auszubildenden. Sie ist Teil des Ausbildungsvertrages.
- ☐ Ab einem Alter von 18 Jahren gehen alle Schüler, Studenten und Auszubildenden freiwillig in die Schule, Ausbildungsstätte oder Universität.

g) *Viele der Auszubildende sind noch minderjährig, wenn ein Ausbildungsvertrag unterschrieben wird. Welche Möglichkeiten haben Auszubildende, wenn es gravierende Missverständnisse zwischen dem Auszubildenden und dem Ausbildungsbetrieb gibt? Kreuzen Sie an.*

- ☐ Die Berufsschule begleitet die Auszubildenden und ist die erste Anlaufstelle, wenn es Probleme mit dem Ausbildungsbetrieb geben sollte.
- ☐ Es gibt immer eine zuständige Stelle, die Meldungen über gravierende Missverständnisse entgegennimmt und sich darum kümmert.
- ☐ Die IHK ist nicht die zuständige Stelle für alle kaufmännischen Berufe. Dort kann der Auszubildende Hilfe suchen.
- ☐ Der Auszubildende sollte immer versuchen, selbst mit Problemen zurechtzukommen. Missverständnisse kommen auch im späteren Berufsleben vor.

1.4 Situation: Der Praktikant informiert sich über die erlaubten Arbeitszeiten. Er findet heraus, dass besonders die noch minderjährigen Auszubildenden in Bezug darauf durch das Jugendarbeitsschutzgesetz geschützt werden.

a) *Für Jugendliche gibt es abweichende Arbeitszeiten im Verhältnis zu der erlaubten Arbeitszeit für Erwachsene. Kreuzen Sie an, welche Aussage korrekt ist.*

- ☐ Ein 17-Jähriger darf eine Stunde in der Woche länger beschäftigt werden als einen 16-Jähriger.
- ☐ Jugendliche dürfen grundsätzlich nicht mehr als 30 Stunden in der Woche arbeiten.
- ☐ Jugendliche dürfen nicht am Sonntag arbeiten.
- ☐ Der Einsatz von Jugendlichen im Nachtdienst ist nicht erlaubt.
- ☐ Jugendliche sind jung und können viel länger als Erwachsene arbeiten.

b) *Der Praktikant glaubt sich aus seiner eigenen Ausbildungszeit noch daran erinnern zu können, dass er als minderjähriger Auszubildender ein wenig länger Pause hatte, als die anderen Mitarbeiter. Kreuzen Sie an, wie viel Pausenzeit in einem solchen Fall gewährt werden muss.*

- ☐ Laut Arbeitszeitgesetz müssen einem Jugendlichen grundsätzlich 45 Minuten Pause gewährt werden.
- ☐ Wenn ein Jugendlicher zwischen viereinhalb und sechs Stunden lang arbeitet, steht ihm eine Pause von 45 Minuten zu.
- ☐ Wenn ein Jugendlicher einen ganzen Tag arbeitet, also acht bis achteinhalb Stunden lang, so hat er Anrecht auf eine Stunde Pause am Tag.
- ☐ Die Pausen können über den Tag hinweg verteilt werden. Die Mindestpausenlänge beträgt zehn Minuten.

c) *Da die „Winnetou"-Filiale in Hamburg rund um die Uhr geöffnet ist, ist es wichtig zu wissen, ob man Auszubildende im 3. Lehrjahr nachts einsetzen darf. Dies ist bedingt möglich. Kreuzen Sie an.*

- ☐ Ist der Auszubildende jünger als 18 Jahre, so darf er nur von 00:00 Uhr bis 02:00 Uhr arbeiten.
- ☐ Jugendliche dürfen nach 20:00 Uhr nicht mehr eingesetzt werden.
- ☐ Eine Auszubildender, der 18 Jahre oder älter ist, darf nachts arbeiten. Voraussetzung ist, dass ein Ausbilder anwesend ist.
- ☐ Auszubildende sollen noch ein wenig beschützt werden. Deshalb sollen sie nachts noch nicht eingesetzt werden.

1.5 Situation: Die „Winnetou"-GmbH ist ein recht großes gastronomisches Unternehmen. Es gibt mehrere Filialen und insgesamt 1 500 Mitarbeiter. Die Gründer der Firma können sich vorstellen, mit ihrer Firma weiter zu expandieren. Allerdings kommt dabei nur eine Erweiterung des „Winnetou"-Konzeptes mittels Franchising infrage.

a) *Möglicherweise haben noch weitere Autobahnraststätten-Betreiber Interesse daran, in ihren Raststätten das „Winnetou"-Konzept zu implementieren. Entsprechende Gründe dafür wären z. B. das leicht wiederzuerkennende Logo (bunter Indianerkopfschmuck), die einfache und übersichtliche Speisekarte, der schnelle Service etc. Dies würde dann als sog. „Franchising" stattfinden. Nennen Sie die vier Merkmale des Franchisesystems.*

b) *Die „Winnetou"-GmbH möchte das Konzept des „Winnetou"-Restaurants mittels eines Franchisesystems verbreiten. Welche Leistungen kann das Unternehmen außer dem Konzept noch zusätzlich bieten? Nennen Sie drei weitere ‚Hilfestellungen' im Sinne des Franchisekonzeptes.*

1.

2.

3.

c) *Nennen Sie drei Bedingungen, welche ein Franchisegeber mindestens erfüllen muss.*

1.

2.

3.

1.6 Situation: Zwei Franchisekonzepte liegen vor. Es gibt bei beiden Konzepten die Möglichkeit einzusteigen. Erarbeiten Sie welches Konzept am lukrativsten ist.

Name	Ole Ambacht (Bio-Bäckerei)	„Fairybell“ (Low-Carb-Restaurant)
Art	Selbstbedienungsbäckerei	Restaurant (schneller Service)
Kontakt	Annemarie Duback Pfälzer Straße 21 33445 Bielefeld 05223/12222 duback@olle-ambacht.de	Odysseus GmbH Schmale Straße 3 22456 Lübeck 0451/112233 info@odyseus-gmbh.de
Website	www.olle-ambacht.de	www.odysseus-gmbh.de
Muss-Kriterien	30 % Eigenkapital kaufmännisches Geschick	40 % Eigenkapital Affinität zu Lebensmitteln kaufmännisches Geschick
Investitionskosten in €	100 000,00	150 000,00
Gebühren/Jahr	5,1 %	5,2 %
Umsatz in €	300 000,00 bis 1 000 000,00	1 000 000,00 bis 2 500 000,00
eventuelle Gewinne	ca. 150 000,00 €/Jahr	unbekannt
weitere Informationen	Umsatz/Gewinn ist abhängig vom Standort und Konkurrenz dort	Franchisemodell ist auf 10 Jahre ausgelegt. Es handelt sich hier um ein Restaurant.

a) *Errechnen Sie die Franchisegebühr beider Franchise-Angebote bei einem Umsatz von 850 000,00 €.*

b) *Wie viel Eigenkapital muss ein Franchisenehmer mitbringen, um das Betreiben eines „Fairybell"-Restaurants zu beginnen?*

c) *Nennen Sie drei grundlegende Unterschiede zwischen den beiden in der Tabelle angegebenen Konzepten.*

1. ____________________

2. ____________________

3. ____________________

2 Unternehmensbeschreibung

Sie sind Mitarbeiter/-in der Restaurantkette „Fairybell". Die Fairybell GmbH mit Sitz in Lübeck betreibt im Norden von Deutschland zehn Restaurants in den Innenstädten. Das Unternehmen zeichnet sich durch seine Low-Carb-Küche aus und orientiert sich gastronomisch an den aktuellsten Fitness-Food-Trends. Die Anschrift der Zentrale lautet: Fairybell GmbH, Schmale Straße 23, 23455 Lübeck, Telefon: 0451 1234567-00, Telefax 0451 1234567-23, E-Mail: fairybell-luebeck@fairybell.de. In Lübeck befindet sich die Urfiliale der „Fairybell"-Kette; diese Filiale gehört mit zur GmbH. Alle andere „Fairybell"-Restaurants sind nach dem Franchise-System aufgebaut.

In der Filiale arbeiten 13 Vollzeitmitarbeiter/-innen und 20 Teilzeitmitarbeiter/-innen. Außerdem werden 6 Auszubildende ausgebildet. Im Folgenden ist die Speisekarte des Restaurants abgebildet.

2.1 Situation: Die Mitarbeiter der „Fairybell"-Restaurants arbeiten gerne in ihrem Unternehmen. Der Vorstand möchte aus den Reihen dieser zufriedenen Mitarbeiter neue Betriebsleiter rekrutieren. Deshalb setzt man sich im Vorstand gerade mit dem Thema „Arbeitsvertrag" auseinander.

a) *Einige frisch eingestellte Mitarbeiter diskutieren über den Arbeitsvertrag. Einer von ihnen erzählt, dass er jemanden kenne, der gar keinen schriftlichen Arbeitsvertrag habe. Der andere meint, dass es eine sofortige Kündigung gebe. Kreuzen Sie an, welche Aussage über den Arbeitsvertrag definitiv* falsch *ist.*

☐ Der Arbeitsvertrag ist ein zweiseitiges Rechtsgeschäft.
☐ Der Arbeitsvertrag regelt die gegenseitigen Rechte und Pflichten.
☐ Der Arbeitsvertrag muss zumindest mündlich abgeschlossen werden.
☐ Der Arbeitsvertrag kann eine kürzere Kündigungsfrist vorsehen als gesetzlich erlaubt ist.
☐ Der Arbeitsvertrag enthält Angaben über den vereinbarten Lohn.

b) *Um die Mitarbeiter weiterhin zu motivieren und die „Fairybell"-Restaurantkette stetig wachsen zu lassen, überlegt die Geschäftsführung, einen Teil des Gehaltes in einer Vergütung auszuzahlen, die abhängig vom Unternehmenserfolg ist. Kreuzen Sie an, wie diese Vergütung bezeichnet wird, die eine Beteiligung des Mitarbeiters am Unternehmenserfolg beinhaltet.*

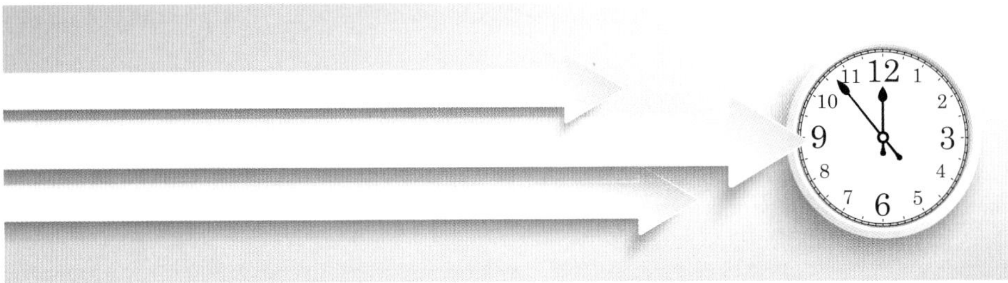

☐ Zeitlohn
☐ Akkordlohn
☐ Gewinnbeteiligung
☐ Provision
☐ Bonus

c) *Im „Fairybell"-Restaurant ist es nicht möglich, immer über den Beginn der eigenen Arbeitszeit zu bestimmen. Trotzdem ist es für Systemgastronomen wichtig zu wissen, was die sog. „gleitende Arbeitszeit" ist. Kreuzen Sie die richtige Definition dafür an.*

☐ Der Arbeitnehmer kann den Beginn und das Ende seiner Arbeitszeit variabel gestalten, muss jedoch zur ‚Kernarbeitszeit' anwesend sein.
☐ Der Arbeitnehmer kann seine tägliche Arbeitszeit frei einteilen.
☐ kurzfristige Kurzarbeit-Zeiten
☐ Arbeitnehmer, die sich einen Arbeitsplatz teilen, können selbst bestimmen, wann sie einander ablösen.
☐ Arbeitnehmer können ihre Urlaubstage verteilt über das ganze Jahr nehmen.

d) *Die Mitarbeiter im „Fairybell"-Restaurant bekommen 32 Tage Urlaub im Jahr. Der Mindesturlaub eines Beschäftigten wird durch das Bundesurlaubgesetz geregelt. Kreuzen Sie an, welche der folgenden Aussagen* nicht *mit dem Bundesurlaubsgesetz konform ist.*

☐ Jeder Arbeitnehmer hat in jedem Kalenderjahr Anspruch auf bezahlten Urlaub.
☐ Kann der Urlaub wegen Beendigung des Arbeitsverhältnisses ganz oder teilweise nicht mehr gewährt werden, so verfällt er. Eine Entschädigung dafür gibt es nicht.
☐ Der Arbeitgeber ist verpflichtet, bei Beendigung des Arbeitsverhältnisses dem Arbeitnehmer eine Bescheinigung über den im laufenden Jahr gewährten Urlaub auszustellen.
☐ Der volle Urlaubsanspruch besteht erst, nachdem ein Arbeitsverhältnis sechs Monate lang besteht.
☐ Der gesetzlich festgelegte Mindesturlaub darf zugunsten des Arbeitnehmers überschritten werden.

e) *Durch die vielen Buchungen in der Advents- und Weihnachtszeit können einige Mitarbeiter des Restaurants ihre restlichen Urlaubstage leider nicht mehr freinehmen. Bis wann müssen die restlichen Urlaubstage des Jahres ‚aufgebraucht' werden? Kreuzen Sie an.*

☐ bis zum 31. Dezember des noch laufenden (alten) Jahres
☐ bis zum 31. März des nächsten Jahres
☐ bis zum 30. April des nächsten Jahres
☐ bis zum 30. Juni des nächsten Jahres
☐ bis zum 31. Dezember des nächsten Jahres

f) *Seit dem 01.10 dieses Jahres arbeitet eine neue Mitarbeiterin im „Fairybell". Bei ihrem letzten Arbeitgeber hat sie bereits 20 Tage Urlaub in diesem Jahr in Anspruch genommen. Laut einer Urlaubsbescheinigung stehen ihr noch vier Tage Urlaub zu. Allerdings bekommen alle Mitarbeiter der „Fairybell"-Restaurants insgesamt 32 Tage Urlaub pro Jahr. Stehen der neuen Mitarbeiterin die weiteren Urlaubstage in ihrem neuen Arbeitsverhältnis zu? Kreuzen Sie an.*

☐ ja, sie bekommt die vollen 6 Tage Urlaub zugesprochen
☐ ja, pro verbleibende Kalendermonat einen Werktag
☐ ja, aber nur unbezahlten Urlaub
☐ ja, aber ihr stehen nur noch die vier Tage zu
☐ nein, sie bekommt keine Extra-Urlaubstage

2.2 Situation: Die Kundschaft – und folglich auch die Mitarbeiterschaft – in den „Fairybell"-Restaurants besteht größtenteils aus jungen Leuten. Bei der Beschäftigung vieler junger Frauen ist es nötig, sich mit dem Mutterschutzgesetz auseinanderzusetzen.

a) *Eine der Mitarbeiterinnen ist schwanger und legt Ihnen ihren errechneten Entbindungstermin vor. Voraussichtlich wird sie ihr Kind am 26. August 20.. zur Welt bringen. Kreuzen Sie an, ab wann der Mutterschutz einsetzt.*

☐ 15. Juli 20..
☐ 8. Juli 20..
☐ 29. Juli 20..
☐ 9. Juli 20..
☐ 5. August 20..

b) *Das Mutterschutzgesetz schützt Mutter und Kind. Bringen Sie die folgenden Schritte in die richtige Reihenfolge, indem Sie die Ziffern 1 bis 6 in die Kästchen eintragen.*

☐ Ein ärztliches Attest über eine Schwangerschaft liegt vor.

☐ Die sechswöchige Schutzfrist beginnt.

☐ Das achtwöchige Beschäftigungsverbot beginnt.

☐ Die Mutter bringt das Kind am 26. August 20.. zur Welt.

☐ Die Mutter beendet die Elternzeit.

☐ Es ist nicht mehr erlaubt, die Mutter nach 20.00 Uhr oder am Sonntag zu beschäftigen.

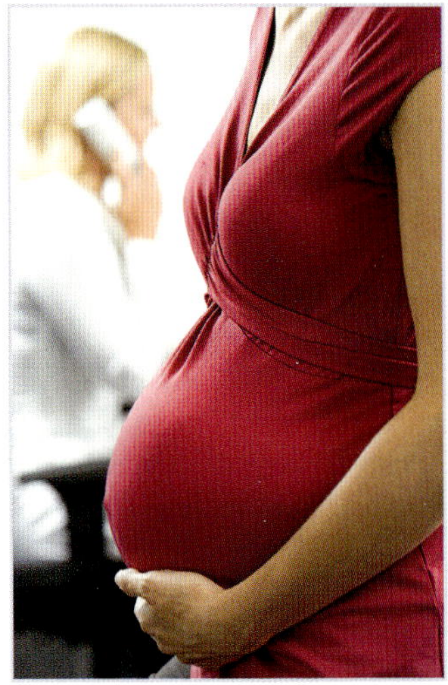

c) *Eine Ihrer schwangeren Mitarbeiterinnen will bis kurz vor der Geburt arbeiten und im Restaurant mithelfen – trotz der Mutterschutzzeit. Kreuzen Sie an, ob dies laut Mutterschutzgesetz und Mutterschutzverordnung zulässig ist.*

☐ Nein, laut Mutterschutzgesetz gilt ein absolutes Arbeitsverbot in den letzten sechs Wochen vor der Entbindung.
☐ Ja, wenn dringende betriebliche Erfordernisse vorliegen, ist dies erlaubt.
☐ Ja, wenn die Schwangere auf Erziehungsgeld verzichtet, ist alles möglich.
☐ Nein, auf keinem Fall; das Unternehmen macht sich sogar strafbar, wenn es die werdende Mutter weiter beschäftigt.
☐ Ja, sie darf auf ihren ausdrücklichen Wunsch bis zur Entbindung beschäftigt werden.

2.3 Situation: Der Tarifvertrag wird durch die Arbeitgeberverbände und die Arbeitnehmergewerkschaften ausgehandelt. Meistens gilt der Tarifvertrag für eine ganze Branche.

a) *Seit dem 1. Mai 20.. gilt der neue Tarif. Ihr Unternehmen ist Mitglied eines Arbeitgeberverbands. Welche Auswirkung hat der neue Tarif auf das Gehalt der Mitarbeiter in Ihrem Unternehmen? Kreuzen Sie an.*

☐ Alle Gewerkschaftsmitglieder im Betrieb haben Anspruch auf die neuen Tarifgehälter.
☐ Keine, denn die Tarife sind nur Gehaltsvorschläge.
☐ Der neue Tarifvertrag gilt nur für die leitenden Angestellten.
☐ Alle Mitarbeiter haben jetzt das Recht auf das neue Tarifgehalt.
☐ Keine, da der Tarif für dieses Unternehmen nicht bindend ist.

b) *Nach den Tarifverhandlungen herrscht ‚Friedenspflicht' für die beiden o. g. Parteien. Kreuzen Sie an, was zutrifft.*

☐ Die Friedenspflicht ist die Pflicht, Frieden und Ruhe bei den Vertragsverhandlungen zu bewahren, wenn es sich um den Tarifvertrag handelt.
☐ Bei Beginn der Tarifverhandlungen dürfen die Verhandelnden die Friedenspflicht aussetzen, damit ordentlich gestreikt werden kann.
☐ Während der Laufzeit des Tarifvertrages dürfen keine Kampfmaßnahmen gegen die bestehenden Vereinbarungen durchgeführt werden.
☐ Die Friedenspflicht ist der Kompromiss zwischen Gewerkschaften und Arbeitgeberverbänden.
☐ Beim Scheitern von Tarifverhandlungen bemüht sich ein Schlichter um das Zustandekommen eines Tarifvertrags.

2.4 Situation: Tamara, eine gute Freundin, möchte ihre Einkommensteuererklärung abgeben und bittet Sie dabei um Rat. Bei der Ermittlung der Werbungskosten setzt sie folgende Ausgaben an:

- Fahrten zwischen Wohnung und Arbeitsstätte: 1 250,00 €
- Weiterbildungskosten zur Hotelfachfrau: 500,00 €
- Reinigung von Arbeitskleidung: 75,00 €
- ADAC-Beitrag: 150,00 €
- professionelle Arbeitsschuhe: 320,00 €

a) *Prüfen Sie für Tamara die oben stehende Auflistung der Werbungskosten auf Richtigkeit und ermitteln Sie auch die Gesamtsumme der Werbungskosten.*

b) *Welche von Tamaras Einnahmen entstammen nichtselbstständiger Arbeit? Kreuzen Sie an.*

☐ Dividenden aus Aktienbesitz
☐ Zinsen aus Sparguthaben
☐ Erlös aus einem Ebay-Verkauf
☐ eine Prämie für Tamaras Leistung beim Verkauf von Hotelzimmerbuchungen
☐ Erlös aus dem privaten Verkauf eines Fahrrads

2.5 Situation: Das „Fairybell" will von der Innenstadt an den Strand umziehen. Es soll eine Strandlounge geben, wo die Gäste Latte Macchiato oder zuckerfreie Limonade genießen können. Die Geschäftsführung möchte dies mittels eines Franchise-Systems realisieren. Die Inhaber sollen die Strandlounge anmieten und eine Gebühr an die Franchisenehmer zahlen. Das Eigenkapital muss dabei nur 10 000,00 € betragen.

a) *Zur Finanzierung der Lounge-Ausstattung müssen die Franchisenehmer ein Darlehen in Höhe von 15 000,00 € auf zwei Jahre aufnehmen. Die Bank berechnet für diesen Zeitraum 975,00 € Zinsen. Ermitteln Sie den Jahreszins in Prozent.*

b) *Für die Strandlounge werden für die Monate April bis September die folgenden Zahlen erwartet:*

- *monatlicher Nettoumsatz: 25 000,00 €*
- *monatliche Kosten: 11 400,00 €*
- *zusätzliche Kosten im Jahr: 3 660,00 €*

In den Monaten Oktober bis März ist die Strandlounge geschlossen. Die monatlichen Kosten belaufen sich in dieser Zeit auf 3 600,00 €. Berechnen Sie den voraussichtlichen Gewinn bzw. Verlust am Ende des ersten Jahres.

2.6 Situation: Die Strandlounge „Fairybell" ist ein großer Erfolg. Im nächsten Sommer werden mehrere neue Mitarbeiter eingestellt, weil eine zweite Strandlounge-Filiale eröffnet wird.

a) *Ihre Mitarbeiter sind sozialversicherungspflichtig. Kreuzen Sie an, welche Versicherungen dazu zählen.*

☐ Rentenversicherung, Krankenversicherung, Pflegeversicherung, Haftpflichtversicherung
☐ Berufsunfähigkeitsversicherung, Krankenversicherung, Unfallversicherung, Pflegeversicherung
☐ Pflegeversicherung, Unfallversicherung, Krankenversicherungen, Rentenversicherung
☐ Pflegeversicherung, Krankenversicherung, Rentenversicherung, Arbeitslosigkeitsversicherung
☐ Arbeitslosigkeitsversicherung, Krankenversicherung, Rentenversicherung, Haftpflichtversicherung

b) *Damit beim Bewerbungsgespräch die richtigen Fragen gestellt werden, sollte eine Checkliste der häufig gestellten Fragen erstellt werden. Notieren Sie sechs Fragen, die während des Bewerbungsgespräches gestellt werden müssen.*

1. ______________________________

____

2. ______________________________

____

3. ______________________________

____

4. ______________________________

____

5. ______________________________

____

6. ______________________________

____

2.7 Situation: Ihnen liegt für Ihre neue „Fairybell"-Strandlounge die folgende Rechnung vor:

Fahrradhaus Hölltje
Kanalstraße 23, 23456 Lübeck

Fairybell Restaurant
Breite Straße 23, 23455 Lübeck,

Rechnungsdatum: 21. April 20..
Rechnungsnummer 1233

Rechnung

	Menge	**Einzelpreis**	**Gesamtpreis**
Fahrrad mit Ladefläche	2	1 199,00 €	2 398,00 €
Werbefläche	2	55,00 €	110,00 €
Körbe	4	35,00 €	140,00 €
		Zwischensumme	2 648,00 €
		– 15 % Rabatt	– 397,20 €
		+ 19 % USt.	+ 427,65 €
		Gesamtsumme	2 678,45 €

a) *Kontieren Sie die in der obigen Situation aufgeführte Rechnung. Verwenden Sie unterstehenden Konten.*

1. Forderungen aus Lieferungen und Leistungen
2. Kreditinstitute
3. Vorsteuer
4. Verbindlichkeiten aus Lieferungen und Leistungen
5. Umsatzsteuer
6. Fuhrpark
7. Nachlässe von Lieferanten
8. Umsatz

b) *Einer der Strandkörbe war nicht qualitativ einwandfrei und musste wieder zurückgegeben werden. Einen neuen Korb hatte der Fahrradhandel nicht vorrätig. Buchen Sie die Korrekturbuchung. Nutzen Sie dazu die unterstehenden Konten.*

1. Forderungen aus Lieferung und Leistungen
2. Kreditinstitute
3. Vorsteuer
4. Verbindlichkeiten aus Lieferungen und Leistungen
5. Umsatzsteuer
6. Fuhrpark
7. Nachlässe von Lieferanten
8. Umsatz

c) *Am 23. April 20.. wird ein Lieferwagen im Wert von 25 000,00 € gekauft. Errechnen Sie die Abschreibungssumme für das laufende Jahr, wenn das Auto über sechs Jahre hinweg abgeschrieben wird.*

d) *Kontieren Sie die Abschreibung am Jahresende 20... Nutzen Sie unterstehenden Konten.*

1. Technische Anlagen und Maschinen
2. Fuhrpark
3. Vorsteuer
4. Verbindlichkeit aus Lieferung und Leistungen
5. Sonstige Aufwendungen
6. Abschreibungen auf Sachanlagen

e) *Errechnen Sie den Buchwert des o. g. Wagens am Jahresende.*

3 Unternehmensbeschreibung:

Sie sind Mitarbeiter/-in des Event- und Messecatering- Unternehmens „Möwe GmbH" mit Sitz in Hamburg. Die Anschrift der Zentrale lautet: Event- und Messecatering Möwe GmbH, Grindelallee 234, 22148 Hamburg, Telefon: 040 1234567-00, Telefax: 040 1234566-23, E-Mail: HYPERLINK „mailto:catering@moewe.de" catering@moewe.de. Das Unternehmen bietet alles zwischen standardisierter Gastronomie auf Imbissniveau bis hin zum „Gala-Level".

3.1 Situation: Als Einsatzleiter bei der Möwe GmbH haben Sie meistens eher wenig mit der Buchführung zu tun. Dies möchte man bei der Möwe GmbH ändern; man hat ein Jobrotationsprogramm eingeführt. Sie sind jetzt deshalb zwei Monate lang in der Buchhaltung eingeteilt. Dort müssen Sie sich mit grundlegender Buchführung, aber auch mit Wareneinkauf auseinandersetzen.

a) *Ordnen Sie die folgenden zehn Begriffe korrekt dem Bereich „Aktiva" bzw. „Passiva" durch Ankreuzen zu:*

Begriff	Aktiva	Passiva
1. Eigenkapital		
2. Gebäude		
3. Bankguthaben		
4. Forderungen		
5. Kasse		
6. Darlehen		
7. Verbindlichkeiten aus Lieferung und Leistungen		
8. Vorräte		
9. Betriebs- und Geschäftsausstattung		
10. Grund und Boden		

b) *Nennen Sie das System, nach dem die Aktivseite der Bilanz geordnet wird.*

c) *Nennen Sie das System, nach dem die Passivseite der Bilanz geordnet wird.*

d) *Ordnen Sie richtig zu, indem Sie die Zahlen links mit den passenden Begriffen bzw. Kästchen rechts durch Pfeile verbinden.*

1. der Kauf eines Lieferwagens auf Rechnung
2. das Ablösen eines Darlehens
3. das Bezahlen von Lebensmittelvorräten in bar
4. einen kurzfristigen Kredit in ein Darlehen umwandeln

- *Passivtausch*
- *Aktivtausch*
- *Aktiv-Passiv-Mehrung*
- *Aktiv-Passiv-Minderung*

e) *Ermitteln Sie die Zahllast oder den Vorsteuerüberhang!*

Vorsteuer	
32 500,00 €	5 300,00 €
	Saldo →

Umsatzsteuer	
8 200,00 €	59 100,00 €

f) *Ordnen Sie die folgenden neun Punkte (Zahlen 1 bis 9) in die jeweils passende Umsatzsteuersatz-Spalte in der nebenstehenden Tabelle ein:*

1. Kanarienvogel
2. Kaminholz
3. Vermietung oder Verpachtung
4. Briefmarke
5. Flasche Rotwein
6. Gemälde
7. Rosinenbrötchen
8. T-Shirt
9. Winterjacke

ermäßigter Steuersatz (7 %)	steuerfreie Umsätze (0 %)	‚Normaler' Steuersatz (19 %)

3.2 Situation: Die Möwe GmbH hat das Angebot bekommen, ein Gala-Catering auf Mallorca durchzuführen. Dies ist für ihren Bereich Logistik etwas ganz Neues. Auch muss berücksichtigt werden, dass in der Rechnung keine Umsatzsteuer berechnet werden muss.

a) *Erklären Sie, warum die Umsatzsteuer im o. g. Fall nicht berechnet werden muss.*

---

b) *Die Möwe GmbH bestellt echte dänische Schokoküsse für eine beliebte Nachspeise direkt beim Hersteller. In Dänemark beträgt die Umsatzsteuer 25 %. Erklären Sie, wie in diesem Falle die Besteuerung gehandhabt wird.*

3.3 Situation: In der Buchhaltung der Möwe GmbH wird vieles dokumentiert. Die Rechnungen werden, nachdem sie verbucht worden sind, abgelegt.

a) *Nennen Sie den Zeitraum, in dem Rechnungen laut Gesetzgeber aufbewahrt werden müssen.*

---

b) *Nennen Sie den Zeitraum, in dem Handels-Korrespondenz aufbewahrt werden muss.*

---

c) *Heute führen fast alle Unternehmen ihre Buchführung mittels einer Software durch. Diese Software muss den Richtlinien des GoS entsprechen. Erklären Sie, wofür das Kürzel „GoS" steht.*

3.4 Situation: Die Saison steht wieder vor der Tür und die Mitarbeiter geschult in der Betriebssicherheit und im Gesundheitsschutz geschult. So ist das Unternehmen sich sicher, dass das Personal sensibilisiert ist, Unfälle zu verhindern und gut auf die eigene Gesundheit zu achten.

a) *Ein Gast erleidet während eines Gala-Diners einen Unfall und kommt zu Schaden. Ein Mitarbeiter hatte eine Stolperstelle nicht kenntlich gemacht. Kreuzen Sie an, welche Versicherung für diesen Schadensfall zuständig ist.*

- ☐ die Unfallversicherung des Unternehmers
- ☐ die Unfallversicherung des Kunden
- ☐ die betriebliche Haftpflichtversicherung des Unternehmers
- ☐ die Berufsgenossenschaft
- ☐ die private Haftpflichtversicherung des Unternehmers

b) *Die Möwe GmbH hat eine Konzession. Kreuzen Sie die korrekte Definition einer „Konzession" an.*

- ☐ die Erlaubnis, eine Planung für den Betrieb durchzuführen
- ☐ die amtliche Erlaubnis zur Führung eines Restaurants
- ☐ die amtliche Erlaubnis zum Ausschank alkoholischer Getränke
- ☐ die amtliche Schließung eines Gaststättenbetriebes

c) *Wenn die Möwe GmbH auf Mallorca (zu Spanien gehörend) ihre Service-Dienstleistung anbietet, wird auch eine Konzession für Spanien benötigt. Kreuzen Sie an: Wie ist ein solcher Fall in der EU geregelt?*

- ☐ Wenn man als deutsches Unternehmen in Spanien Alkohol verkaufen will, muss man sich bei den spanischen Behörden melden.
- ☐ Wenn man als deutsches Unternehmen in Spanien Alkohol verkaufen will, muss man dafür zur spanischen Botschaft in Deutschland gehen.
- ☐ In einem solchen Fall hilft die deutsche Industrie- und Handelskammer.

d) *Ein Angestellter findet bei der Kontrolle einer frisch eingetroffenen Lieferung heraus, dass es daran erhebliche Mängel gibt. Kreuzen Sie an, was zu tun ist.*

- ☐ mangelhafte Ware 24 Monate aufbewahren
- ☐ unverzüglich die Mängel rügen und die Ware gleichzeitig an den Lieferer zurückschicken
- ☐ Ware sofort an den Lieferer zurücksenden
- ☐ mangelhafte Ware innerhalb von 24 Monaten zurücksenden
- ☐ unverzüglich die Mängel rügen und die Ware zur Verfügung des Lieferers halten

e) *Sie haben für Ihre Cocktailbar per E-Mail vier Kisten Orangen für den morgigen Nachmittag bestellt. Kreuzen Sie an, in welchem Fall der Kaufvertrag zustande kommt.*

- ☐ Der Großhändler bestätigt die Bestellung ebenfalls per E-Mail.
- ☐ Der Großhändler bestätigt die Bestellung telefonisch.
- ☐ Der Großhändler schreibt ein Expressbrief, der am nächsten Morgen an Sie zugestellt wird.
- ☐ Der Großhandel liefert am nächsten Morgen vier Kisten Orangen, ohne sich vorher zu melden.
- ☐ Der Großhandel ruft an und meldet, dass er Ihnen morgen nur vier Kisten Zitronen liefern kann.

3.5 Situation: Während Ihrer Jobrotation sind Sie auch ein paar Tage in der Personal-Abteilung eingeplant. Wenn es früher einmal kompliziert wurde, haben Sie oft gesagt: „Fragen Sie mal in der Personalabteilung nach ...". Jetzt können Sie die Antworten selbst geben.

a) *Kreuzen Sie an, woraus Bewerbungsunterlagen bestehen.*

- ☐ Anschreiben, Lebenslauf und Zeugnisse
- ☐ Anschreiben, Zeugnisse und ein Podcast
- ☐ Anschreiben und ein Briefumschlag ohne Eselsohren
- ☐ Zeugnisse, Lebenslauf und Führungszeugnis
- ☐ Führungszeugnis, Zeugnisse, Anschreiben

b) *Kreuzen Sie an, was die kleinste organisatorische Einheit eines Unternehmens ist.*

- ☐ die Stellenausschreibung
- ☐ die Stellenbeschreibung
- ☐ das Stellenangebot
- ☐ das Bewerbungsverfahren
- ☐ das Assessmentcenter

c) *Kreuzen Sie an: Welche Fragen eines Bewerbungsgespräches müssen vom Bewerber nicht beantwortet werden?*

- ☐ Fragen nach der Religionszugehörigkeit, dem Familienstand und der Ausbildung
- ☐ Fragen nach der Religionszugehörigkeit, den Hobbies und dem Lieblingsfilm
- ☐ Fragen nach der Mitgliedschaft in einer politischen Partei bzw. in der Gewerkschaft und nach der Religionszugehörigkeit
- ☐ Fragen nach der Mitgliedschaft einer politischen Partei bzw. in der Gewerkschaft und nach einer bestehenden Schwangerschaft
- ☐ Fragen nach der Familienplanung und nach der Mitgliedschaft in einer politischen Partei bzw. in der Gewerkschaft

d) *Kreuzen Sie an, welche Unterlagen die Personalabteilung beim Abschließen eines Arbeitsvertrages braucht.*

- ☐ Steueridentifikationsnummer, Geburtsurkunde und die Geburtsurkunde der Kinder
- ☐ Sozialversicherungsnachweis, Steueridentifikationsnummer, Geburtsurkunde und die Heiratsurkunde
- ☐ Sozialversicherungsnachweis, Steueridentifikationsnummer, Krankenversicherungsbescheinigung
- ☐ Krankenversicherungsbescheinigung, Kopie des Ausweises, Sozialversicherungsnachweise

e) *Der Personalabteilung muss von den erforderlichen Unterlagen eine Kopie machen. Kreuzen Sie an, was dann mit diesen Kopien zu tun ist.*

- ☐ die Unterlagen im Safe der Firma aufbewahren
- ☐ die Unterlagen wieder an den Eigentümer wieder zurückgeben
- ☐ die Unterlagen an den jeweiligen Versicherungsträger schicken, damit überprüft wird, ob alles ‚echt' ist
- ☐ die Unterlagen wieder an den Eigentümer zurückgeben; wenn das Arbeitsverhältnis aufgekündigt wird, müssen diese Daten vernichtet werden

f) *Ein Mitarbeiter darf auch nach Beendigung eines Arbeitsverhältnisses die Betriebsgeheimnisse seiner ehemaligen Firma nicht ‚ausplaudern'. Gemäß Bundesdatenschutzgesetz ist der Mitarbeiter an die Geheimhaltungspflicht gebunden. Kreuzen Sie an, wie lange die Geheimhaltungspflicht gilt.*

☐ 2 Jahre
☐ 3 Jahre
☐ für immer
☐ das kommt auf das ehemalige Arbeitsverhältnis an
☐ diese Pflicht endet, sobald das Arbeitsverhältnis endet

g) *Ein Mitarbeiter erkrankt während seines Urlaubs. Kreuzen Sie an, was in diesem Falle zutrifft.*

☐ Die Urlaubstage werden dem Mitarbeiter gutgeschrieben. Er darf dann seinen Urlaub einfach um die Anzahl der Krankheitstage verlängern.
☐ Ist ein Personalmitglied während seiner Ferien erkrankt, kann er mit Zustimmung des Vorgesetzten seinen Urlaub um die Krankheitstage verlängern.
☐ Der Urlaub darf nicht einfach verlängert werden. Dies muss im Team abgesprochen werden.
☐ Aus versicherungstechnischen Gründen muss sich der Mitarbeiter krankmelden. Die Krankheitstage können zu einem anderen Zeitpunkt nachgeholt werden.

h) *Kreuzen Sie an, welche Versicherung nur vom Arbeitgeber bezahlt wird.*

☐ Krankenversicherung
☐ Unfallversicherung
☐ Arbeitslosenversicherung
☐ Rentenversicherung
☐ Lohnsteuer
☐ Haftpflichtversicherung

i) *Der deutsche Staat gewährt jedem Bürger einen steuerlichen Freibetrag. Kreuzen Sie an, was dies bedeutet.*

☐ Dies bedeutet, dass der Arbeitnehmer für diese Summe keine Steuern bezahlen muss.
☐ Dies bedeutet, dass der Arbeitgeber für diese Summe keine Steuern bezahlen muss.
☐ Dies bedeutet, dass jeder Bürger, der 18 Jahre alt oder älter ist, keine Steuern bezahlen muss
☐ Dies bedeutet, dass jeder Bürger, der 18 Jahre alt oder älter ist, für diese Summe keine Steuern bezahlen muss.
☐ Dies bedeutet, dass jeder Bürger eine steuerfreie Summe zur freien Verfügung hat.

4 Unternehmensbeschreibung

Sie sind Mitarbeiter/-in im Schnellrestaurant „Flämisches Gold" (Rechtsform: GmbH). Die „Flämisches Gold"-GmbH hat ihren Sitz in Oberhausen und betreibt bundesweit 50 gastronomische Betriebe in Innenstädten oder an Bahnhöfen. Das Unternehmen ist durch sein Logo – eine große Pommes-frites-Tüte in den Farben der belgischen Fahne – zu erkennen.

Die Anschrift lautet: „Flämisches Gold" GmbH, Nimweger Straße 23, 43376 Oberhausen, Telefon: 0514 1234567-00, Telefax: 0514 1234567-23, E-Mail: info@flaemisches-gold.de.

Alle Filialen gehören zur GmbH; es gibt (noch) keine Filialen in Franchiseform. In den Filialen arbeiten 250 Vollzeitmitarbeiter/-innen, 50 Teilzeitmitarbeiter/-innen sowie zehn Auszubildende. Im Folgenden ist die Speisekarte des Restaurants abgebildet.

Flämisches Gold

Limonade
(Cola, Fanta, Sprite)
0,3 l – 2,50 €

Apfelsaft
0,2 l – 3,00 €
(Flasche)

Orangensaft
0,2 l – 3,00 €
(Flasche)

Mineralwasser
0,33 l – 2,50 €
(mit/ohne Kohlensäure)

„Flämisches Gold"
Pommes frites

klein (mit einer Soße nach Wahl)
2,50 €

groß (mit einer Soße nach Wahl)
3,50 €

„Flämisches Gold"
Süßkartoffel-Pommes frites

klein (mit einer Soße nach Wahl)
3,50 €

groß (mit einer Soße nach Wahl)
4,50 €

weitere Soßen und Zwiebeln:

Dänische Remoulade
Holländische Mayonnaise
Spanischer Tomatenketchup
Indisches Curry
Berliner Curry
Kanadische Käsesoße
frische Zwiebeln
Röstzwiebeln
je 0,50 €

„Flämisches Gold"
Wurst

Bockwurst/Bratwurst
2,00 €

Preise inkl. MwSt

4.1 Situation: Im Unternehmen „Flämisches Gold" werden zwei Auszubildende in der Buchhaltung eingesetzt. Sie arbeiten dort und beantworten den beiden ihre Fragen über Versicherungen und Wirtschaft.

a) *Jedes Unternehmen braucht eine Haftpflichtversicherung; ein Unfall kann immer passieren. Was sichert die Haftpflichtversicherung genau ab? Kreuzen Sie an.*

- ☐ Die Haftpflichtversicherung sichert die Schäden eines Versicherungsnehmers ab.
- ☐ Die Haftpflichtversicherung haftet für Inhaftierte.
- ☐ Die Haftpflichtversicherung ersetzt Schäden, die der Versicherungsnehmer verursacht hat.
- ☐ Die Haftpflichtversicherung ersetzt Schäden, die von Sonstigen verursacht worden sind.
- ☐ Die Haftpflichtversicherung ist notwendig, um für die Gäste zu haften.

b) *Ein Unternehmer, der verschiedene Möglichkeiten des Bezahlens anbietet, trägt das Risiko, dass eine Rechnung auch einmal nicht bezahlt wird. Kreuzen Sie an, wie sich ein Unternehmer für diesen Fall absichern kann.*

- ☐ weniger Zahlungsmethoden anbieten
- ☐ nur jene Zahlungsmethoden anbieten, die sicher sind
- ☐ eine Kreditversicherung abschließen, die den Unternehmer teilweise gegen Zahlungsausfälle schützt
- ☐ nur Bargeld annehmen

c) *Welche Versicherung schützt die Mitarbeiter bei Unfallfolgen? Kreuzen Sie an.*

- ☐ Gesetzliche Krankenversicherung
- ☐ Gesetzliche Rentenversicherung
- ☐ Gesetzliche Unfallversicherung
- ☐ Unfallversicherung des ADAC
- ☐ Gesetzliche Haftpflichtversicherung

d) *Kreuzen Sie an, ab wann ein Mitarbeiter sozialversicherungspflichtig ist.*

- ☐ beim Abschließen des Arbeitsvertrages
- ☐ ab dem ersten Arbeitstag
- ☐ nach der Einarbeitung
- ☐ nach der Probezeit
- ☐ sobald das Unternehmen den Mitarbeiter beim Sozialversicherungsträger angemeldet hat

e) *Kreuzen Sie an, bei welchen Ausgaben es sich um Werbungskosten im Sinne der Einkommenssteuer handelt (mehrere Antworten sind möglich).*

- ☐ Arbeitsschuhe
- ☐ Arbeitsfahrrad
- ☐ Pkw
- ☐ Weiterbildungskosten
- ☐ Spanisch-Kurs

f) *Ein Mitarbeiter ist arbeitsunfähig. Kreuzen Sie an, ab welchen Tag die Arbeitsunfähigkeitsbescheinigung laut Gesetzgeber vorliegen muss.*

- ☐ dies ist von der Regelung im Arbeitsvertrag abhängig
- ☐ spätestens am dritten Tag der Arbeitsunfähigkeit
- ☐ am ersten Tag der Arbeitsunfähigkeit
- ☐ sofort
- ☐ wenn der Arbeitnehmer wieder gesund am Arbeitsplatz erscheint

g) *Im Falle einer Krankheit wird einem Mitarbeiter das Gehalt erst einmal weiterhin gezahlt. Kreuzen Sie an, wie lange das Gehalt vom Arbeitgeber weitergezahlt wird.*

- ☐ Das Gehalt wird vier Wochen lang weitergezahlt.
- ☐ Das Gehalt wird fünf Wochen lang weitergezahlt.
- ☐ Das Gehalt wird sechs Wochen lang weitergezahlt.
- ☐ Das Gehalt wird bis zu 12 Wochen lang weitergezahlt; danach muss der Mitarbeiter zum Berufsverbandsarzt.

4.2 Situation: In Deutschland gibt es zwei Formen der Krankenversicherung, die gesetzliche Krankenversicherung und die private Krankenversicherung.

a) *In erster Instanz liegt der Unterschied zwischen den Mitgliedschaften in der privaten oder der gesetzlichen Krankenversicherung in dem zur Verfügung stehenden Einkommen des Versicherungsnehmers. Was trifft zu? Kreuzen Sie an.*

- ☐ Übersteigt das Bruttogehalt eines Mitarbeiters die Beitragsbemessungsgrenze, so kann sich der Mitarbeiter in der privaten Krankenkasse versichern lassen.
- ☐ Übersteigt das Bruttogehalt eines Mitarbeiters die Beitragsbemessungsgrenze, so muss sich der Mitarbeiter in der privaten Krankenkasse versichern lassen.
- ☐ Übersteigt das Nettogehalt eines Mitarbeiters die Beitragsbemessungsgrenze, so kann sich der Mitarbeiter in der privaten Krankenkasse versichern lassen.
- ☐ Übersteigt das sozialversicherungspflichtige Gehalt eines Mitarbeiters die Beitragsbemessungsgrenze, so kann sich der Mitarbeiter in der privaten Krankenkasse versichern lassen.

b) *Was trifft zum Thema „Rentenversicherung" zu? Kreuzen Sie an.*

- ☐ Die Rentenversicherung deckt viele Ungewissheiten ab, die einem Menschen zustoßen können.
- ☐ Ein Mitarbeiter ist über die Rentenversicherung für seine Rente im Alter und für seine Berufsunfähigkeit versichert.
- ☐ Ein Mitarbeiter ist über die Rentenversicherung versichert, um ein Einkommen im Alter zu haben.
- ☐ Ein Mitarbeiter ist über die Rentenversicherung für etwaige Arbeitsunfähigkeit im Alltag versichert.
- ☐ Ein Mitarbeiter muss über die Rentenversicherung versichert sein, um sich eine Sicherheit für den Alltag aufzubauen.

c) *Ein Auszubildender hat einen schweren Unfall auf dem Weg zum Ausbildungsbetrieb und muss ins Krankenhaus. Kreuzen Sie an, wer die Kosten der Behandlung im Krankenhaus trägt.*

☐ die gesetzliche Krankenversicherung des Auszubildenden
☐ die gesetzliche Krankenversicherung des Ausbildungsbetriebs
☐ die Unfallversicherung des Auszubildenden
☐ die gesetzliche Unfallversicherung des Unternehmens
☐ die gesetzliche Rentenversicherung des Unternehmens

d) *Ein langjähriger Mitarbeiter ist durch die Unachtsamkeit eines Kollegen gestürzt und liegt mit einem doppelten Beinbruch im Krankenhaus. Kreuzen Sie an, welche Versicherung die Kosten des Arbeitsausfalles trägt.*

☐ Die gesetzliche Krankenversicherung zahlt die Lohnfortzahlung an den Mitarbeiter.
☐ Die gesetzliche Krankenversicherung zahlt die Kosten des Krankenhausaufenthaltes.
☐ Die gesetzliche Krankenversicherung zahlt die Lohnfortzahlung an den Mitarbeiter und die Kosten seines Krankenhausaufenthaltes.
☐ Die gesetzliche Unfallversicherung zahlt alle anfallenden Kosten.
☐ Die private Unfallversicherung zahlt die Lohnausfallkosten und die Kosten des Krankenhausaufenthaltes.

4.3 Situation: Das Unternehmen „Flämisches Gold" möchte ein familiärer, verständnisvoller Arbeitgeber sein, doch nicht alle Probleme mit den Mitarbeitern lassen sich mit Verständnis allein regeln. Eine Mitarbeiterin wurde beim Stehlen aus der Kasse erwischt; die Frau hat große Geldsorgen. Im Unternehmen setzt man sich vor diesem Hintergrund mit dem Thema „Kündigung" auseinander.

a) *Was kann der Arbeitsgeber tun, wenn diese Mitarbeiter im Unternehmen beim Stehlen erwischt wird? Kreuzen Sie an.*

☐ In diesem Falle kann man der Mitarbeiterin fristlos kündigen. Sie soll sich unverzüglich bei der Agentur für Arbeit melden.
☐ In diesem Falle kann das Unternehmen entscheiden, ob es der Mitarbeiterin kündigt. Ein Gespräch mit ihr wäre zuvor wichtig.
☐ Die Mitarbeiterin hat einen Vertrauensbruch begangen und dies kann nur mit der Kündigung enden.
☐ Die Mitarbeiterin hat arge Probleme. Man kann sich auf eine Ratenzahlung einigen und versuchen, ihr Problem zu beheben.

b) *Wenn der Mitarbeiterin fristlos gekündigt wird, hat sie kein Einkommen mehr. Was muss man tun, um in Deutschland eine Art ‚Einkommen' zu erhalten, wenn man keine Arbeit mehr hat? Kreuzen Sie an.*

- ☐ Man muss sich bei der Rentenkasse melden.
- ☐ Man muss sich bei der Krankenkasse melden.
- ☐ Man muss sich bei der Agentur für Arbeit melden.
- ☐ Man muss sich sofort um eine neue Anstellung kümmern, damit man sich nicht bei der Agentur für Arbeit melden muss.

c) *Es ist wichtig, dass sich Auszubildende, die von ihrer Ausbildungsfirma nicht übernommen werden können oder wollen, bei der Agentur für Arbeit melden. Kreuzen Sie an, warum dies wichtig ist.*

- ☐ Die Auszubildenden haben ein Recht auf Arbeitslosengeld, wenn sie nicht übernommen werden können.
- ☐ Ein Auszubildender ist nach der Ausbildung ein ausgebildeter Erwachsener. Wenn man in Deutschland keine Arbeit hat, ist man über die Agentur für Arbeit versichert.
- ☐ Ein Auszubildender, der mit der Ausbildung fertig ist und nicht übernommen werden kann, kann sehr schnell anderswo eine Anstellung finden. Deshalb braucht er sich nicht bei der Agentur für Arbeit zu melden.
- ☐ Die Agentur für Arbeit will nur ihre Statistik komplettieren – nur deshalb soll man sich dort melden.

d) *Ein Mitarbeiter hat sich krankgemeldet. Allerdings fehlt nach einer Woche Arbeitsunfähigkeit immer noch die Bescheinigung vom Arzt. Der Arbeitgeber stellt daraufhin die Bezahlung des Gehaltes ein. Ist der Arbeitgeber damit im Recht? Was ist in diesem Falle korrekt? Kreuzen Sie an.*

- ☐ Der Arbeitgeber sollte sich zuerst informieren, warum immer noch keine Bescheinigung vorliegt.
- ☐ Wenn eine alleinstehende Person ins Krankenhaus muss, hat diese keine Möglichkeit, zum Hausarzt zu gehen und eine schriftliche Arbeitsunfähigkeitsbescheinigung einzuholen. In diesem Falle genügt ein Telefonat mit dem Arbeitgeber.
- ☐ Der Arbeitgeber sollte sich zuerst informieren. Die Bescheinigung kann auch auf dem Postweg verloren gegangen sein.
- ☐ Der Arbeitgeber ist damit im Recht und kann dem Mitarbeiter gleichzeitig fristlos kündigen.

e) *Eine Mitarbeiterin ist schwanger; sie ist in der 14. Woche. Kreuzen Sie an: Muss die Schwangere jetzt bereits ihren Arbeitgeber informieren?*

- ☐ Bei „Flämisches Gold“ herrschen die üblichen Arbeitszeiten. Deshalb muss sie den Arbeitgeber noch nicht informieren und kann den Verlauf der Schwangerschaft noch ein wenig abwarten.
- ☐ Da die Mitarbeiterin im lebensmittelproduzierenden Gewerbe arbeitet, sollte sie so schnell wie möglich die Schwangerschaft bekanntgeben.
- ☐ Eine Schwangerschaft zu verheimlichen wäre ein Vertrauensbruch gegenüber den Kollegen – und das geht gar nicht. Sie muss es so schnell wie möglich bekanntgeben.
- ☐ Eine Schwangerschaft muss man nicht sofort mitteilen, sofern keine Gefahr für das Leben der Mutter und das des ungeborenen Kindes besteht.

Lösungen Wirtschafts- und Sozialkunde

Aufgabe 1.1

a) *1, 4, 5, 6, 7*
b) *3*
c) *3*
d) *1, 3, 4*
e) *2*
f) *2*
g) *1, 2, 5*
h) *4*

Aufgabe 1.2

a)

Bruttogehalt	*2 000,00 €*
– Lohnsteuer	*–197,83 €*
– Solidaritätszuschlag	*–10,88 €*
– Krankenversicherung (7,3 %)	*–146,00 €*
– Pflegeversicherung (1,275 %)	*–25,50 €*
– Rentenversicherung (9,35 %)	*–187,00 €*
– Arbeitslosenversicherung (1,50 %)	*–30,00 €*
Nettoentgelt (Überweisungsbetrag)	***1 403,32 €***

b) *(1 403,32 € : 2 000,00 €) · 100 = 70,16 → 70,16 %*
c) *3*
d) *1*

Aufgabe 1.3

a) *3*
b) *2*
c) *1*
d) *1*
e) *3*
f) *2, 3*
g) *2*

Aufgabe 1.4

a) *4*
b) *3*
c) *3*

Aufgabe 1.5

a)

1. *Beide Vertragspartner sind Unternehmer und arbeiten unter eigenem Namen und auf eigene Rechnung.*
2. *Der Franchisegeber (hier: die „Winnetou"-GmbH) stellt das System und die Bekanntheit der Kette zur Verfügung. Der Franchisenehmer bezahlt dem Franchisegeber einen bestimmten Prozentsatz des Umsatzes als Vergütung für die Erlaubnis, dessen Konzept benutzen zu dürfen.*
3. *Die Bedingungen werden vertraglich festgelegt.*
4. *Das Franchisesystem ist eine auf Dauer angelegte Kooperation und dient der Verbreitung des Konzeptes (hier: „Winnetou").*

b)

1. *Standortanalyse*
2. *Unterstützung bei der Finanzierung in Form günstiger Kredite*
3. *Training, Schulungen und Einarbeitung in bereits existierenden Restaurants der Kette*

c)

1. *Besitz von ausreichendem Eigenkapital*
2. *Unternehmergeist*
3. *kaufmännische Erfahrung*

(Der Prüfling muss auf jeden Fall den Begriff „Eigenkapital" nennen. Die beiden anderen Punkte können gegen andere verwandte Begriffe wie z. B. „Kreativität", „Engagement", „Einsatzbereitschaft" etc. ausgetauscht werden.)

Aufgabe 1.6

a) *Olle Ambacht → 43 350,00 €*
Fairybell → 44 200,00 €
b) *40 % von 150 000,00 € = (150 000,00 € : 100) · 40 = 60 000,00 €*

c)

1. *In der Bäckerei gibt es nur ein Minimum an Service. Im Restaurant gibt es mehr und schnelleren Service.*
2. *Die Bäckerei wird schon früh am Tag geöffnet. Das Restaurant wird erst zur Mittagszeit seine Türen öffnen.*
3. *Das Umsatzvolumen in der Bäckerei ist wesentlich geringer als im Restaurant.*

Aufgabe 2.1

a) *4*
b) *3*
c) *1*
d) *1*
e) *2*
f) *2*
g) *4*

Aufgabe 2.2

a) *3 (29. Juli 20.., d. h., 28 Tage vor der Geburt)*
b) *1, 6, 2, 4, 3, 5*
c) *5*

Aufgabe 2.3

a) *1*
b) *3*

Aufgabe 2.4

a) *tatsächliche Werbungskosten:*

- *Fahrten zwischen Wohnung und Arbeitsstätte: 1 250,00 €*
- *Weiterbildungskosten zur Hotelfachfrau: 500,00 €*
- *Reinigung von Arbeitskleidung: 75,00 €*
- *professionelle Arbeitsschuhe: 320,00 €*

Gesamtsumme = 2 145,00 €

b) *4*

Aufgabe 2.5

a) *3,25 %*

b) *Monatlicher Nettoumsatz* *25 000,00 € · 6 = 150 000,00 €*
– monatlich anfallende Kosten *11 400,00 € · 6 = 68 400,00 € (–)*
– zusätzliche Kosten im Jahr *3 660,00 € · 12 = 43 920,00 € (–)*
Gewinn *= 37 680,00 €*

Aufgabe 2.6

a) *4*
b)

1. *Welche Stärken zeichnen Sie aus?*
2. *Können Sie uns etwas über eine Ihrer Schwächen erzählen?*
3. *Wie würden Ihre Freunde Sie beschreiben?*
4. *Wieso haben Sie sich entschieden, sich bei uns zu bewerben?*
5. *Was haben Sie in der Zeit von ... bis ... getan? (→ Eingehen auf Lücken im Lebenslauf)*
6. *Warum haben Sie sich für diesen Beruf entschieden?*

Aufgabe 2.7

a) *6,3 an 4*
b) *4 an 6,3*
c) *(25 000,00 € : 72 Monate) = 347,22 €/Monat*
8 (Monate Mai bis Dezember) · 347,22 € = 2 777,76 €
d) *6 an 2*
e) *22 222,24 €*

Aufgabe 3.1

a)

Begriff	*Aktiva*	*Passiva*
1. Eigenkapital		*X*
2. Gebäude	*X*	
3. Bankguthaben	*X*	
4. Forderungen	*X*	
5. Kasse	*X*	
6. Darlehen		*X*
7. Verbindlichkeiten aus Lieferung und Leistungen		*X*
8. Vorräte	*X*	
9. Betriebs- und Geschäftsausstattung	*X*	
10. Grund und Boden	*X*	

b) *Liquidierbarkeit*
c) *Fälligkeit*
d)

1: Aktiv-Passiv-Mehrung
2: Aktiv-Passiv-Minderung
3: Aktivtausch
4: Passivtausch

e) *Es ist eine Zahllast von 23 700,00 € entstanden.*
f)

ermäßigter Steuersatz (7 %)	*steuerfreie Umsätze (0 %)*	*‚Normaler' Steuersatz (19 %)*
1, 2, 6, 7	*3, 4*	*5, 8, 9*

Aufgabe 3.2

a) *Mallorca (Spanien) gehört zum Europäischen Binnenmarkt, innerhalb dessen man die ‚vier Freiheiten' (freier Warenverkehr; Personenfreizügigkeit; Dienstleistungsfreiheit; freier Kapital- und Zahlungsverkehr) nutzen darf. Die Dienstleistungen oder Waren werden in den jeweiligen Ländern besteuert.*

b) *Wenn die Schokoküsse direkt von der dänischen Fabrik zur Möwe GmbH in Deutschland geliefert werden, müssen die Schokoküsse nicht besteuert werden. Wenn eine Güterbewegung zwischen zwei Ländern der Europäischen Union stattfindet, dann wird das Produkt dort besteuert, wo es an den Konsumenten oder auch Zwischenhändler verkauft wird.*

Aufgabe 3.3

a) *Laut § 257 Abs. 5 HGB beginnt die Aufbewahrungsfrist mit dem Ende des Buchungsjahres; Rechnungen müssen zehn Jahre lang aufbewahrt bleiben.*

b) *Handels-Korrespondenz muss sechs Jahre lang aufbewahrt bleiben. Die Aufbewahrungsfrist beginnt mit dem Ende des Geschäftsjahres.*

c) *GoS = Grundsätze ordnungsmäßiger Speicherbuchführung*

Aufgabe 3.4

a) *3*
b) *3*
c) *1*
d) *2*
e) *1*

Aufgabe 3.5

a) *1*
b) *2*
c) *3*
d) *3*
e) *2*
f) *3*
g) *4*
h) *2*
i) *4*

Aufgabe 4.1

a) *3*
b) *2*
c) *3*
d) *2*
e) *1, 2, 4*
f) *2*
g) *2*

Aufgabe 4.2

a) *1*
b) *2*
c) *3*
d) *4*

Aufgabe 4.3

a) *1*
b) *3*
c) *2*
d) *1*
e) *4*

Bildquellenverzeichnis

Abbildungen

BC GmbH Verlags- und Medien-, Forschungs- und Beratungsgesellschaft, Wiesbaden: 149.2, 163.4

fotolia.com, New York: Abe Mossop 149.4, 163.6; Balk, Stefan 106.1; by-studio 26.1; createur 189.1, 220.1; Dark Vectorangel 148.3, 163.2; ExQuisine 35.1; Firma V 29.1; HLPhoto 80.1; ilfotokunst 95.2; Kadmy 21.1; Kaljikovic, Amir 30.1; karepa 22.1; klesign 149.3, 163.5; Kneschke, Robert 34.1; Kzenon 20.2; M.Schuppich 259.1; merly69 189.3, 220.3; Meyer, Wolfgang 148.2, 163.1; Milevska, Elena 8.1; Monkey Business 288.1; olegmalyshev 23.1; Petrovic, Uros 201.1; photocrew 177.2; Raths, Alexander 277.1; rcfotostock 85.1; Sanders, Gina 169.1; Style-Photography 278.1; T.Michel 149.1, 163.3; Vincek, Dani 172.1; waldemarus 84.1, 245.1

stock.adobe.com, Dublin: 9comeback 39.1; A_Lein 9.1; Alenavlad 175.1; anaumenko 44.2; Atkins, Peter 42.1; auremar 134.1; bigacis 89.2; bit24 100.1; boysen 291.1; Butch 156.1; contrastwerkstatt 143.1; epics 91.1, 122.1; euthymia 136.1; ExQuisine 206.1; Family Business 89.1; Farina3000 31.1; FomaA 79.1; fotohansel 148.1; fotomek 188.1, 189.2, 220.2; Hempel, Shawn 109.1; ilfotokunst 17.1; J.Mühlbauer exclus.37.1; karandaev 40.1; Kneschke, Robert 44.1; kolesnikovserg 24.1; kustvideo 282.1; lassedesignen 14.1; Lucky Dragon 105.1; magele-picture 236.1; mammoth19 96.1; monticellllo 28.1, 183.2; PhotoSG 85.2, 111.1; Picture-Factory 135.1, 175.2; Pithart, Cornelia 43.1; ra2 studio 238.1; rcfotostock 193.1; rh2010 158.1; Rudyi, Denys 296.1; Sanders, Gina 113.1; Sangasaeng, Atiketta 20.1; Schwier, Christian 108.1; sebra 110.1; Stockwerk 168.2; stokkete 12.1; Style-Photography 286.1; tl6781 145.1; Wiarda, Knut 45.1; wsf-f 103.1; xfotostudio 160.1

Grafiken

Biermann-Schickling, Birgitt, Hannover: 56.1, 62.1, 63.1, 67.1, 171.1, 211.1

Hild, Claudia, Angelburg: 166.1, 167.1, 167.2, 168.1, 177.1, 181.1, 182.1, 182.2, 183.1, 200.1, 230.1, 231.1, 231.2, 232.1, 238.2, 239.1, 239.2, 240.1, 257.1, 301.1

Jouve Germany GmbH & Co.KG, München: 95.1, 114.1, 191.1, 207.1, 221.1, 229.1

Umschlagfoto

fotolia.com, New York: ikonoklast_hh